国家出版基金项目
NATIONAL PUBLICATION FOUNDATION

中国物理教育研究丛书
郭玉英　主编

罗　莹　著

大学入学物理考试内容效度研究

DAXUE RUXUE WULI KAOSHI
NEIRONG XIAODU YANJIU

GEP 广西教育出版社

序

20世纪90年代，广西教育出版社出版了《学科现代教育理论书系·物理》，由我的导师阎金铎教授担任主编，在物理教育领域产生了重要影响，已经成为本学科专业发展的里程碑。二十多年过去了，随着新世纪中国基础教育课程改革的全面推进，物理教育研究呈现出前所未有的繁荣景象，涌现出丰富的研究成果。当2014年该社提出要我组织编写一套《中国物理教育研究丛书》，汇集新时期的标志性成果时，我认为这是一个现实与历史意义兼具的重要选题，同时也感到是一个非常艰巨的任务，责任重大。

我国的物理教育有研究与教学紧密结合的优良传统，许多优秀的中学物理教师和教研员植根于教学实践开展研究，积累了大量本土化、原创性的研究成果，展示出物理教育的中国特色。近十几年来，随着研究生教育的发展，物理教育的国际交流不断拓展和深化，越来越多的年轻学者借鉴国际科学教育研究的经验和方法，针对我国物理教育实践中的问题，开展了多角度、多层次的具体深入的实证研究，如围绕新课程倡导的科学探究和探究教学的研究，针对物理学科核心概念和关键能力展开的学习进阶研究，促进学生发展的课堂教学模式的研究，关于物理课程和教材的深入研究和国际比较研究，关于物理教育测量和评价的研究，物理教育与信息技术整合的研究，针对物理教师观念的研究等。研究内容涵盖了课程与教学论的各个分支领域，研究对象从课程教材到课堂、学生、教师、试题，研究视角从哲学到物理、心理、技术，研究方法从思辨到定量、实证，呈现出多元化和多样化的研究取向，拓宽了物理教育研究的视野和范围，为我国物理教育理论和中学物理教学实践提供了研究基础和方法论指导。

本丛书的选题力图涵盖上述诸方面的主要研究成果，简要介绍如下。

在来自一线教师和教研员的研究成果中，包含了从哲学层面到物理课堂教学操作层面的四本著作。《物理与哲学——中学物理教学的视角》呈现了中学物理教师的哲学思考。作者从物理与哲学的关系入手，结合中学物理教学的具体内容，论述了哲学的洞见与物理教学实践密不可分，将中学物理教学上升到哲学高度。在实验教学方面，毕生从事高中物理实验教学与研究的专家撰写了《高中物理实验教学研究》，从科学技术发展和教育理念进步的角度，突出了以学生为主体的教育理念和学科素养在实验中的表现及培养的途径，重点探讨了高中物理实验教学的目标、内容和方法策略方面的热点问题。在课堂教学实践层面，《中学物理习题教学研究》凝聚了中学物理特级教师的经验和智慧，从习题和试题的不同功能出发，以大量的题例阐述了习题和试题的编写要领，论述了优化习题教学的各种途径，提出了科学实施习题教学的策略，把习题教学的目标落实到提高学生解决问题的素养上来。《中学物理教学疑难问题研究》则来自基层教研工作者，从一线教学实际和物理教师的需求出发，对新课程实施过程中遇到的多方面的具体疑难问题进行了深入分析和探讨。

丛书围绕新课程实施以来物理教育研究领域关注的重点——科学探究和探究教学呈现了三个不同视角的研究成果。《科学探究能力模型与培养研究》系统介绍了国际科学教育领域对科学探究能力及其培养的研究和实践，构建了基于知识和技能的科学探究能力结构模型，结合案例论述了在中学物理教学中如何利用探究式教学法培养学生的科学探究能力。《促进认知发展的物理探究教学研究》聚焦目前中学物理探究教学中亟待解决的核心问题，从物理学科自身特点出发，构建了促进认知发展的探究教学模型，并对实施该探究教学模型的教学策略进行了探讨。《中学物理教师的探究教学观研究》则聚焦教师观念和行为，基于对探究教学的理论探讨，提出了教师探究教学观的分析框架与研究方法，从语言表达和教学行为两个层面研究了物理教师的探究教学观现状及其影响因素。

围绕学科核心概念展开的对学生认知和能力发展的研究是近几年的研究热点，学习进阶是将学生核心素养的发展与课程、教材和评价紧密联系在一起的桥梁，是具有发展潜力的新兴研究领域，丛书呈现了其中四方面的最新研究成果。《高中物理概念学习进阶及其教学应用研究》针对我国概念教学中存在的问题，构建了核心概念统领下的物理概念层次结构模型和概念学习进阶模型，以静电场核心概念为例进行了实证检验，并应用于教师培训。中学物理中的能量概念既是物理学科的核心概念，又是与社会发展和技术进步密切相关的共通概念，对于学生的发展至关重要。《中学物理能量学习进阶研究》构建了以学生为中心、具有实证有效性的“能量”进阶框架，并以此对学生“能量”概念的认知状态和发展情况进行了刻画和阐释，针对如何帮助学生提升“能量”概念的认知水平给出了相关建议。《中学物理课程中科学解释学习进阶及其教学应用》结合科学哲学的相关理论，提出了科学解释的“现象—理论—资料—推理”框架，确立了学习进阶的二维进阶模式及其进阶变量，通过跨年级测试建构了科学解释的学习进阶，并结合能量学习进阶进行了准教学实验研究。《基于学习进阶的中学物理教学设计研究》将物理概念和能力学习进阶的研究成果与现代教学设计理论相结合，建立了教学设计模型，结合大量中学物理教学案例，论述了如何基于学习进阶的研究成果开展以学生为中心的教学设计，从而促进学生物理核心素养的进阶发展。

关于课程和教材的研究呈现了两方面的研究成果，分别体现了不同的研究范围和方法。《高中物理量子理论课程研究》聚焦中学物理中的量子内容，从课程角度开展研究。采用理论和实证研究相结合的方法，对高中物理课程中量子理论的地位与教育价值、课程发展历程与现状进行了系统深入的探讨。《中学物理教材比较研究》选取中国、美国、俄罗斯、英国、法国、德国、日本、韩国、新加坡和澳大利亚十个国家的初中物理主流教材为比较对象，对教材的难度、广度、平均深度进行了比较研究，并分别比较了教材中实验的内容、例题和习题及拓展内容情况，分析了教材特点并提出了教材建设的启示与建议。

学生物理核心素养的测评一直是本领域关注的重要问题，特别是像高考、中考这样的高利害考试的有效性已经成为全社会关心的热点。《大学入学物理考试内容效度研究》对大学入学物理考试的内容效度进行了多方面的定量研究。一方面以高中物理课程标准为效标，研究比较和评估了我国（包括台湾和香港地区）大学入学考试物理试卷的内容效度；另一方面从比较我国的高考物理考试与美国 AP 物理考试、英国 A-Level 物理考试出发，研究评估了我国大学入学物理考试的内容效度，提出了对我国现行高考制度的改革建议。

《中学物理教学与信息技术整合研究》展示了跨领域的研究视角，凸显了现代技术特色。在“数据探究”理论指导下，探讨了信息技术与中学物理教学深度融合的基本概念、理论等问题。同时还根据物理学科教学的特点，选取了几何画板软件、物理虚拟仿真实验软件、Camtasia视频制作软件、FrontPage网站制作等技术，用案例说明了信息技术在物理教学中的实际应用。

大学物理教学研究是我国物理教育研究领域中正在发展的研究方向，关于心智模型和建模教学的研究也是新的研究热点。《基于学生心智模型进阶的物理建模教学研究》介绍了国内外关于模型与学习进阶、建模与建模教学的相关研究。在此基础上整合心智模型、学习进阶和建模教学的研究，结合我国物理教学的实际，从教学要素和学生心智模型进阶两个维度建构了基于学生心智模型进阶的导引式建模教学模式，并以大学物理“静电学”为例展开实践研究。其研究内容和方法对中学物理教学与研究均有参考价值。

十几位学者参与了本套丛书的编著工作。他们有的是长期从事物理教育研究和中学物理教学的专家，凝聚毕生研究之学术精华；有的是具备海外学习经历的年轻学者，用现代科学教育研究方法研究我国的实际问题。其中多数作者为本领域的博士。作者们都为丛书的出版付出了艰辛的劳动。本丛书从策划、编辑到出版面世，得到时任广西教育出版社副总编黄力平编审、编辑部主任黄敏娴副编审和各书责任编辑的积极参与和付出辛劳，也得到不少同行的关心和帮助，其中参阅引用了大量相关的研究成果，均已在参考文献中列出，在此一并表示感谢！期望本丛书的出版有助于物理教育研究领域的繁荣与发展，也期望这些研究成果能够在物理教育实践中得到进一步的检验、修正和完善。

郭玉英

2016年11月于北师大

前言

2005年7月29日，时任国务院总理温家宝在看望病中的著名科学家钱学森时介绍了我国正在制定的新一轮科技发展规划，钱学森思维敏捷地说："您说的我都同意。但还缺一个。""我要补充一个教育问题，培养具有创新能力的人才问题。"钱学森谈到一个有科学创新能力的人不但要有科学知识，还要有文化艺术修养。病榻上的钱学森坦言："现在中国没有完全发展起来，一个重要原因是没有一所大学能够按照培养科学技术发明创造人才的模式去办学，没有自己独特的创新的东西，老是'冒'不出杰出人才。这是很大的问题。"

2009年10月31日钱学森去世后，安徽高校的11位教授于同年11月11日在《新安晚报》上给当时的教育部部长及全国教育界发出一封公开信：让我们直面"钱学森之问"！信中把钱老谈的关于什么样的大学办学模式才有利于培养科技创新人才的问题，归纳为"为什么我们的学校总是培养不出杰出人才？"并把这句话概括为"钱学森之问"。

面对"钱学森之问"，首先需要回答的是我国高等学校选拔人才的标准和方式是否科学合理。改革开放后，承担我国高校选拔人才的高考制度至今已经实施30多年了。大学入学考试（在我国，即高考）选拔出的人才是否具备杰出优秀人才的潜质，是大学能否培养杰出人才的先决条件。因此，评定大学入学考试的效度是非常必要的！因为大学入学考试的效度表征了其实现目标的有效程度，是评定大学入学考试所选拔的人才质量的量化指标。如何提高大学入学考试的效度是世界各国教育研究领域共同面临的重要课题。

考试效度的评定，长期以来一直是教育测评领域中的难题。在科学测量中，人们可以通过建立一个公认的、精准的、客观的标准，将所要测量的量与其比较进行测量。例如测量讲台的长度只需将其与米尺进行比较，然后对测量结果的正确性、有效性进行评定。但对于考试的正确性和有效性的评定，却一直无法找到一个可以进行比较的客观标准，只能以经验为基础进行考试效度的判断。评定一个具体考试的效度永远包括主观因素，也正是因为如此，教育学家、心理学家必须收集各种来源的相关证据以证实考试的有效性，也就是形成评定考试的多种类型的效度，例如考试的内容效度、考试的构想效度等。

为了评定我国高考物理考试的内容效度，本书对大学入学物理考试的内容效度从两个方面进行了定量评定。首先，以高中物理课程标准为效标，研究比较和评估了海峡两岸暨香港大学入学考试物理试卷的内容效度。在这个研究中以物理内容和认知水平两个维度为评定框架，分别研究了近几年海峡两岸暨香港大学入学考试物理试卷与其对应的高中课程标准的一致性；再对所得到的试卷与课程标准的一致性进行研究比较，以评定我国高考物理考试的内容效度。

其次，大学入学考试是高等学校选拔人才的通用手段，尽管这些考试的形式各不相同，但其考核的内容却是相似的。在中国、韩国和日本每年都举行全国统一的大学入学考试，在美国、英国等国家也有SAT、AP、AS、A-level等类似我国高考的考试。物理考试是这些大学入学考试的重要组成部分之一，且其考试内容具有相似性。因此，将这些物理考试彼此互设为效标，进行定量地比较研究，从而获得大学入学物理考试的内容效度，对我国高考物理考试的内容效度做进一步的深入研究。

为了对我国高考物理考试给出更为全面、客观的内容效度评价，本书采用以学生的学习成果输出的角度来划分认知水平层次的SOLO分类理论，对我国高考物理考试与美国AP物理考试、英国A-level物理考试分别进行了比较研究，以对我国高考物理考试的内容效度进行全面的评定。

时光荏苒，从开始研究我国高考物理考试至今，不知不觉已过去了十几个年头了。随着对我国高考物理考试研究的不断深入，我深感大学入学考试的效度对大学选拔人才至关重要，因为效度是衡量考试有效性和正确性的唯一量化指标。此外，大学入学物理考试对中学物理教学更是有着指导性的巨大影响力。高考效度的研究不仅具有教育测评理论研究的意义，更对我国高等教育和基础教育有重大的现实意义。

本书中很多定量的研究是在我指导硕士研究生和本科生的过程中进行的，其中：高中物理课程标准与大学入学考试物理试卷之间的一致性研究由张薇薇硕士完成具体比较研究工作；各国大学入学考试物理试卷间的比较研究是郭晨跃硕士、王琳硕士、杨帆硕士以及董少彦学士四人具体完成的。他们的学位论文和研究工作是这本书的基础，在此，我对他们辛勤的付出和卓越的工作表示衷心感谢。本书的研究工作是我对我国高考物理考试研究的重要组成部分，它既是对我长期研究工作阶段性的梳理和总结，更是对我今后研究工作的激励和鞭策。

本书的研究与撰写工作得到了北京未来教育高精尖创新中心资助项目（项目批准号 BJAICFE6SR-005）和北京市教育科学“十三五”规划 2016 年底课题“基于学习进阶的北京高中生学业水平考试等级评定模型研究”（课题批准编号 CADA16039）的资助，在此表示感谢。再次对本书的研究与撰写给予帮助和支持的各位朋友、家人及单位表示衷心的感谢。

2015 年秋

目 录

第一章　绪论

通常来说，无论一个国家的高等教育毛入学率有多高，进入大学学习的学生都需要经过相应的测评。特别是进入世界名校的测评，要求就更高。只有测评合格的学生才能进入大学学习。这个测评也被称为大学入学考试,在我国俗称高考(普通高等学校招生全国统一考试)。每个国家或地区的大学入学考试的设置各不相同，其主要目的之一是评定考生已有的学习基础是否能够胜任大学的学习。物理学科通常是大多数国家大学入学考试内容的重要组成部分，可被称为大学入学物理考试。各国或地区的大学入学物理考试的设置也具有各自的特点，与其教育、经济及社会的发展息息相关。大学入学物理考试的效度高低，直接影响着人才培养的优劣。评定大学入学物理考试的效度，对于提高大学入学物理考试的效度，提高大学人才质量是非常必要的。

第一节　什么是效度

生活中不会有人用米尺称量人的体重，用天平去测量时间，这是因为米尺是用来测量长度的，而天平是用来测量质量的。用米尺去度量长度之外的任何测量，其结果都是无效的。在教育和心理测量中，如果测量工具所测量的特质与测验的目标不相符，那么无论测量的信度（重复性）多高，都是无效的测量。因此，评定测量的准确性和正确性是非常必要的。图 1-1（a）（b）是两把手枪分别射击 7 次后击中靶的情况，显然射击图（a）靶的手枪准星有问题，因为 7 次射击均没有击中靶心，且距离靶心的位置基本一致。出现这种现象首先应怀疑是手枪准星出了问题，其次才是射击人射击技术不好。如果是射击技术问题，手枪射击的靶通常都如图（c）所示；而射击图（b）靶的手枪准星很好，基本都射在靶心附近。手枪上的准星系统对于击中目标是非常重要的，它是击中目标的重要保证。准星系统是任何枪支都必备的系统，这个系统的精准程度是衡量枪支好坏的重要指标。

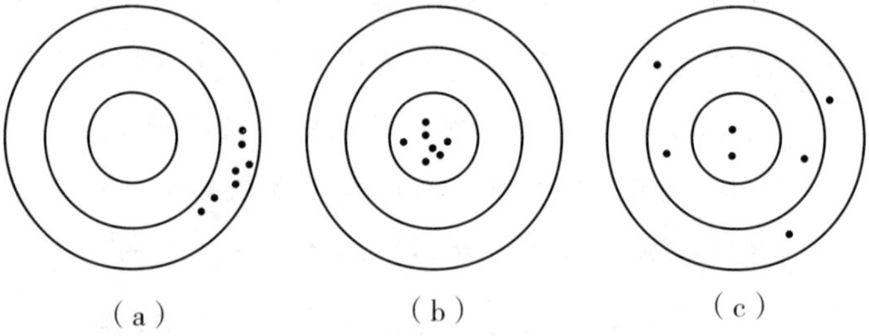

图 1-1

可以说对于任何测量都需要评定其准确性和正确性，通常用准确度来描述。对于教育学和心理学的测验，通常用效度来描述测验的准确性。那么什么是效度？这个词通常有着非常复杂的含义，很多文章和著作都论述了效度问题。现阶段，大多数研究者认为，效度是对实证证据和理论原理在多大程度上支持从测验分数或其他评估形式中所得出的推论和决定的充分性和适宜性做出的整体的评估判断。简单地说，效度可以看成是评估考试是否能够实现其设定目标的工具，这个目标可能是为了验证受试者是否掌握一定程度的知识，或者是帮助大学做出是否录取一个考生的决定，或者证明这个受试者是否拥有从事医疗行业，或者做律师、教师应当具备的知识、技术和能力，等等。

概括来说，效度是指对于一个既定的目标，在做出决策和提供解释的过程中，测量的有效程度。例如，如果一个教师能够估算出学生在不同课程学习中成功的概率，那么就可以提高他分类决策的准确度。如果测验提供的是误导或无关信息，那么测验就不能提高决策的准确度，测验就是无效的。效度表征测量的有效程度，可以显示出测量工具能够测量出所要测量特质的程度；效度是科学的测量工具必须具备的、最重要的条件之一。对考试而言，效度是衡量考试有效性和正确性的重要指标，也是评价考试科学性的主要指标之一。

对于效度的含义有两种解释。一种认为效度是测验本身的属性，这个观点在自然科学领域经常被使用，如衡量科学实验的有效性，通过考查测试的条件、环境以及相关变量是否被控制等因素来评定实验的有效性和正确性。另一种认为效度是测验分数背后所反映的属性。在教育学领域中，普遍地采用后一种观点，并认为效度不是测验本身所具有的一种属性，而是对测验分数进行说明和解释的理论框架所应该具有的属性。换言之，真正需要具有效度的并非分数和测验本身，而应该关注通过分数对现实所做出的解释与说明是否有效、正确。美国教育研究协会、美国心理学协会和全美教育测量学会公布的 1999 年版的《教育与心理测试标准》(下称《标准》) 认为："效度指根据指定用途支持分数解释的那些事实和理论的有效程度。"[1]

考试的效度具有相对性。因为一次考试的有效性，总是与其特定的目的、功能和适用范围相关联的，而不是就任何目的、功能和适用范围而言的。一次考试对于其特殊目的、功能和适用范围是正确的、有效的，但对另一个目的、功能和适用范围来说，就可能是不正确的、无效的。对于任何一种目的、功能和范围都有效的测验是不存在的。此外，由于考试是通过行为样本间接地推测所要测量的特质，这种推测不可能完全

[1] 美国教育研究协会，美国心理学协会，全美教育测量学会. 教育与心理测试标准［M］. 燕娓琴，谢小庆，译. 沈阳：沈阳出版社，2003:12.

有效、正确，或完全不正确、无效。一般来说，考试的效度不可能完全实现其目标（考试的效度全有）或根本无效（考试的效度全无），只能是差异程度上的不同[1]。

与科学实验中的测量不同，影响教育测量结果的因素不仅来自测量环境、测量工具的质量、人工操作等外部因素，更有所测量的心理特质与外部刺激之间关系的非确定性（即非一一对应性）这一内部因素。研究者通过一定的外部刺激测查学生头脑中构建的知识体系和对知识的掌握与应用情况，教育测量不是通过精密的仪器进行的。

在科学测量中，通常是建立一个公认的、精准的、客观的标准，然后将所要测量的物理量与其比较。例如测量讲台的长度就需要将其与米尺进行比较，然后对测量结果的正确性、有效性进行评定。

相比较而言，对于教育测验、心理测验的正确性和有效性的评价，却无法找到一个可以进行比较的客观标准，只能而且应该牢固地以经验为基础进行测量效度的判断。因此，建立一个具体测验的效度永远是部分主观的，也正是因为测验效度的部分主观性使得测验效度的验证问题比物理测量更为复杂，教育学家、心理学家必须收集各种来源的证据以证实测验的有效性。

从效度的解释（效度指根据指定用途支持分数解释的那些事实和理论的有效程度）中也可以看出，评价测验的有效性不能固守测验本身，而应该从测验具体的使用入手，这种视角无疑具有极大的实践价值和深刻的方法论意义。然而，我们不能因此而认为效度只是分数解释与测验使用的有效性问题，而不包含测验本身的有效性问题，更不能认为测验使用状况的好坏与测验本身的好坏无关。正如评价测验的有效性而引入了效度，对此问题深入而精确化的研究要求把测验与测验的使用分开来考虑。因此，对效度的科学理解应注重测验与测验使用的联系；具体研究时，在没有找到更好的方法之前，对二者的区分是可以而且必要的。

[1] 王孝玲.教育测量（修订版）[M].上海：华东师范大学出版社，2005:64.

第二节　效度评定的实证方法

在日常的教学工作中，教师很少会特意地评定教学测验的效度，其原因可能是：日常的教学测验太多，教师只关注学生对测验的反应就可以达到了解学生学习状况的目的，即使有的测验没有达到其目的，很快就被另一个改进的测验来代替。教师对于教学测验的不断改进，也就是一个不断提高测验效度的过程。但是，对于大型的考试就需要评定考试是否达到预设的目标了，评定考试的效度是衡量考试成败的一个重要方面。

一般来说，评定考试的效度需要从两方面入手，一是这个考试所测量的是它所想要测量的东西（某种特质）吗？二是这个考试能够预测它想要的预测结果吗？这些问题非常重要，因为很多人是根据考试结果来做决策，没有证据表明这个测验能够测量出它所标称的特质（如智力），那么就会使人怀疑依据测验结果做出的决策是否正确。

1999 年美国教育研究协会、美国心理学协会和全美教育测量学会公布的 1999 年版《标准》中重新定义了测验效度，效度被定义为“关于测验分数的特定解释所得到的支持程度，这种支持来自累积的证据或理论，这种解释是测验应用的基础”。效度评估起始于对测验分数如何解释的清晰说明，和关于分数解释与测验应用之间关系的说明。

在美国教育研究协会、美国心理学协会和全美教育测量学会 1985 年公布的《标准》中，测验专家、教师以及心理学、教育学课本都表述了三种有代表性的效度形式：内容效度、效标效度和构想效度。效度证据来源于构念、内容和效度标准三个方面。但在 1999 年版的《标准》中，没有再沿用这种关于效度的分类，而是更多地关注对测验分数的解释，以及“收集为预定分数解释提供一个优良的科学基础的证据”，特别强调了从多种渠道积累效度证据的重要性，并从以下五个方面讨论了效度证据的来源[1]。

---

[1] MCLNTIRE S A，MILLER L A. 心理测量［M］. 骆方，孙晓敏，译. 北京：中国轻工业出版社，2009.

1. 基于内容的证据（Evidence Based on Content）。

这部分传统上被称为内容效度，包括了逻辑上对测验内容的检验和评价，其目的是确定测验内容在多大程度上代表了所要测量的维度。

2. 基于反应过程的证据（Evidence Based on Response Processes）。

这部分之前被看作是构想效度的一个方面，关注的是要求被试者完成的任务或反应的类型在多大程度上与所测量的构想匹配，这个效度的来源包括观察被试者在完成测验时的表现，并在测验完成后对其进行访谈，以了解被试者选择特定答案的原因。这种效度来源还包括探究那些评价测量结果的人（观察者、鉴定人和评分者）如何使用确定的标准来证明或评估被试者的行为、表现等。

3. 基于内部结构的证据（Evidence Based on Internal Structure）。

这部分之前也被看作是构想效度的一个方面，仍然关注要求被试者完成的任务或反应的类型在多大程度上与所测量的构想匹配，这种效度的来源包括通过验证性因素分析来确定因素的存在，以及分析测验问题以确定它们是否偏向于不同的组，即当被试者能力相同但属于不同组时，在一个问题上正确的可能性是否不同。

4. 基于与其他变量之间关系的证据（Evidence Based on Relations to Other Variables）。

这部分传统上被称为效标效度，也可看作是构想效度的一个方面。这种效度来源包括找出与其他测量方式所得分数间的关系，看看是否如所期望的那样。与认为应该相关的测量工具有显著相关，而与另一些认为不相关的测量工具的相关性不显著。

5. 基于测验结果的证据（Evidence Based on Consequences of Testing）。

这是一种新的效度解释方式，这种效度来源包括评价测验的积极结果和消极结果。虽然已有人提出了在大型量表评估程序中获得这类效度证据的方法，但至今还没有被认可的、能获得这种效度来源的可操作方案。

通过效度证据的不断积累，可以更恰当地使用测验分数，更准确地对测验分数进行解释，且可以对测验构念的定义不断完善，对测验本身不断地进行修订和完善。同时，在效度证据积累的过程中，可以发现和提出新的需要研究的问题。测验的效度依赖于测验的精心编制，依赖于测验编制的理论框架，依赖于测验的施测和计分过程，依赖于分数等值，依赖于及时纠正测验过程中出现的不公平因素等。

尽管这个标准不再强调传统的、三种有代表性的内容效度、效标效度和构想效度，但在效度的评定中，这三种效度在心理、教育测量方面的教科书和相关的心理、教育测验效度的评定中仍然被广泛使用。因为在这个《标准》中给出了五种效度证据来源，这三种效度评估了其中的前四种证据来源，而第五种证据来源评定的可操作性很弱。下面详细介绍一下这三种效度。

1. 内容效度（Content Validity）。

内容效度是指测验所选定的测量目标在多大程度上反映了测验任务的全部范围或领域，可以通过测验题目对所要测量目标内容的取样的适用性来评定测验内容反映所要求的测量内容代表程度。例如：假设最少用 300 道物理试题就能够覆盖高考物理考试说明所要求的全部内容，显然，每年的大学入学物理试卷不能将这 300 道试题都包括在内，因此每次考试时需要从这 300 道试题中抽样。高考物理试卷最多包含 20 多道试题（取决于学生的考试时间、试题的题型、学生的熟练程度等因素）。如果命制的高考物理试卷与高考物理考试说明要求的知识和行为一致，就认为高考物理试卷具有内容效度。

2. 效标效度（Criterion-related Validity）。

效标效度是指测验分数与外部效标间的相关。外部效标是衡量测验有效性的参照标准，它是能够反映或显示所要测量的特质的变量。例如：大学入学考试就是用于预期学生在大学中的成就的，该考试的分数越高，就越容易被大学录取。很多统一的职业测验也是被用来预测工作成就的。如教师资格考试、律师资格考试。

一般来说，有两种类型的效标效度：预测效度和同时效度。如果测验的分数与被试者未来行为之间有关系，这时就使用预测的方法评估效度，也就是寻找测验分数与未来某种表现或行为间的相关性。预测的方法可以是首先将一个测验应用于一个大的群体，并将其得分保留一段预定的时间，等过了这段时间，再对某个行为（效标）进行评定，然后求出分数之间的相关。当测验的分数系统地与效标相关时，这个测验就有了预测效度的证据，可被用于预测被试者的行为，那么此时测验与效标间的关联被称为预测效度。评价大学入学考试是否完成了选拔优秀人才的任务就需要寻找预测效度。

同时效度关注的不是测验对未来行为的预测，而是测验与效标的测量是否同时进行。如果测验和效标测量几乎是同时获得的，那么就可以得出同时效度系数。例如：雇主可以使用一个目前的表现评估作为效标，而不需要等待一段时间。如果一个表现评估的结果能够说明工作表现好的员工在职业测试中也取得好的成绩，而工作表现差的员工在职业测试中的成绩也很差，那么这个测验就有好的同时效度。

评定一个测验的效度，可以选择不同的外部效标。例如，评价工作成就的效标可以选择薪金水平、工作的时间、同事的评价或上级的推荐、在特定的时期获得的奖金以及出勤情况和其他工作的满意度，等等。通常来说，选择恰当的效标不是一件容易的事情，对于选定的效标还需要进行界定并详细地说明效标的特质等。这些在心理和教育测量领域均被称为效标问题。

在教育、心理学中常用的效标有：

（1）学业成就：如在校成绩、学历、有关的奖励和荣誉、教师对学生智力的评定等。这些常作为智力测验的效标，也可作为某些多重能力倾向测验和人格测验的效标。

（2）特殊训练成绩。

（3）等级评定：是观察者根据测验欲测量的心理特质在被试者身上的表现而做出的一种个人判断。

（4）先前有效的测验：一个新测验与先前有效的测验的相关也经常作为效度检验的证据。

一个好的效标必须具备以下条件：①效标必须能最有效地反映测验的目标，即效标测量本身必须有效；②效标必须具有较高的信度，稳定可靠，不随时间等因素而变化；③效标可以客观地加以测量，可用数据或等级来表示；④效标测量的方法简单，省时省力，经济实用。

3. 构想效度（Construct Validity）。

编制一个测验，首先需要回答的问题就是："这个测验测量的是什么？”对这个问题的回答，就是“构念”。例如，英语水平考试测量的是英语能力，高考物理考试测量的是物理能力，一个焦虑性测验测的是焦虑。这里，“英语能力”“物理能力”“焦虑”就是“构念”，是研究者为了对这些问题进行研究而构造出来的概念。

构想效度不像内容效度和效标效度那么容易定义和理解。构想效度是指测验分数在多大程度上测量了或解释了某种理论上的构想或特质，也可以说测验的结果能够证实或解释某一理论的假设、术语或构想、解释的程度。

建立测验的构想效度是一个逐步收集证据的过程，需证实测验分数与可观察的行为之间的关系符合构想之下的理论所预期的方式。在1999年版的《标准》中，不但指出了能够说明测验是否与其他测验相关的证据，还指出了以测验内容结构为基础的证据。一般来说，有两种建立构想效度的方法：聚合效度和区分效度。聚合效度是指那些在理论上应该与测验分数相关的构想与实际测量分数相关。而区分效度则是指那些理论上不应该与测验分数相关的构想与测验分数不相关。例如：如果设计了一个物理思维的测验，应期望物理思维应该与一些构想相关，如智力因素，而与另一些构想不相关，如价值观因素。如果物理思维测验的分数与智力量表的测量结果相关，那么就有了聚合效度；如果物理思维测验的分数与价值观问卷测量的结果不相关，那么就有了区分效度。如果已经获得了一个测验的聚合效度和区分效度的证据，那么就有了构想效度的证据。

一般来说，确定构想效度应该包含以下六个步骤：

（1）有明确的原因认为这一构想在教育或心理领域有重要的价值。与理论或实践无关的构想是没有意义的。例如：为了说明智力测量的必要性，吉尔福特证明了智力在理论上的价值，并说明了智力对于心理学、教育活动以及职业测试的重要性[1]。

（2）假设构想与其他相似的构想存在差异。例如：吉尔福特认为用发散思维来定义通常所指的创造力更好些，因为创造力通常是通过长期

[1] GUILFORD J P. Three faces of intellect [J]. American Psychologist, 1959, 14: 469-479.

努力获得的一个新颖的产物或想法。而发散思维不包括持久性的努力，因为持久性的努力在逻辑上属于动机范畴而不是智力范畴。

（3）假设构想必须可以测量。吉尔福特的智力理论认为形象发散思维和抽象发散思维间存在可以测量的差异。形象发散思维是测量具体的内容，如大小、颜色、形状、位置和结构。而抽象发散思维需要使用字母、数字和其他常见的符号。目前有许多测量吉尔福特理论构想的测验。

（4）可以从不同的来源获得证据来支持构想。通常，研究人员试图编制不同的测验分别测量相同的特质。例如：形象发散思维应能够由不同的测验测量到，这些测验都包含大小、颜色、形状、位置和结构的测量。如果不同的测验都测量到了相同的构想，那么这个构想具有好的聚合效度。

（5）必须有证据证明构想与无关因素不相关，即构想要有区分效度。例如：发散思维的测验不应与习惯性思维的测验有高度相关，因为这两种特质在逻辑上是不相容的。证明构想不表示什么和证明它表示什么同等重要。

（6）为了与新进展相符，需要完善构想。随着新证据的积累，研究者应完善构想的特质。构想如果有哪些不足或没有得到预测，就需要修改。新证据将改变原来的预期，进而为研究者提供新的方法。

第三节 考试的内容效度评定

内容效度是确认测验效度的三大方面之一。一个测验的内容效度反映了测验考查的内容在多大程度上代表了测量目标所涵盖的内容。例如：大学入学物理考试通常是考查学生高中三年学习的物理课程的全部教学内容，考试的时间通常为1~2个小时，每年大学入学考试的物理试卷所考查的内容不可能包含全部的考试要求的内容。高考物理试卷考查的内容对于高中三年的全部物理教学内容的代表程度就是大学入学物理考试的内容效度。

获得内容效度证据的方法通常有两种。第一种方法是在命制试卷的过程中通过一系列的步骤来保证要测量的构想界定明确，并保证用于测量这个构想的试题在该构想的范围内具有代表性。这个过程只能让试卷的命制者和试卷的使用者确定试卷中的题目是所构想的领域中具有代表性的，是所构想领域的典型。第二种获得内容效度证据的方法是在命制好测验之后对其内容进行评价。这个评价可以作为确认过程的一部分，通常由命题者或研究者来完成。这个方法可以获得一个用于量化测验的内容效度。

1. 命题过程中内容效度证据的获得。

为了保证测验具有高的内容效度，就需要严格地按照一系列程序命制试卷。通常来讲，命制试题时按照以下程序进行。

确定考试内容效度的第一步是准确地界定测量总体，也就是想要测量的属性、特质或特征，也称为界定测量的构想。这个步骤应该包括研究其他的、与考试所测量的构想相关的测量工具，访谈对这个构想熟悉的专家，然后做一些关于这个构想的理论或实证研究，目的是确保测量的构想是想要测量的构想，同时使构想能够清晰地被定义。例如，高考物理考试是能力测验，想要测量学生的物理能力，在确定高考物理考试目标时就需要对物理能力给出明确的界定。我国高考物理考试大纲中对高考物理试卷考查的物理能力给出了明确的界定。

我国高考物理科目要考核的能力主要包括以下几个方面。

（1）理解能力：理解物理概念、物理规律的确切含义，理解物理规律的适用条件以及它们在简单情况下的应用；能够清楚认识概念和规律的表达形式（包括文字表述和数学表述）；能够鉴别关于概念和规律的似是而非的说法；理解相关知识的区别和联系。

（2）推理能力：能够根据已知的知识和物理事实、条件，对物理问题进行逻辑推理和论证，得出正确的结论或做出正确的判断，并能把推理过程正确地表达出来。

（3）分析综合能力：能够独立地对所遇到的问题进行具体分析、研究，弄清其中的物理状态、物理过程和物理情境，找出其中起重要作用的因素及有关条件；能够把一个复杂问题分解为若干较简单的问题，找出它们之间的联系；能够提出解决问题的方法，运用物理知识综合解决所遇到的问题。

（4）应用数学处理物理问题的能力：能够根据具体问题列出物理量之间的关系式，进行推导和求解，并根据结果得出物理结论；必要时能运用几何图形、函数图像进行表达和分析。

（5）实验能力：能够独立完成所要求的实验，能明确实验目的，能理解实验原理和方法，能控制实验条件，会使用仪器，会观察、分析实验现象，会记录、处理实验数据，并得出结论，对结论进行分析和评价；能发现问题、提出问题，并制定解决方案；能运用已学过的物理理论、实验方法和实验仪器去处理问题，包括简单的设计性实验。

这五个方面的能力要求不是孤立的，着重对某一种能力进行考查的同时在不同程度上也考查了与之相关的能力。同时，在应用某种能力处理或解决具体问题的过程中也伴随着发现问题、提出问题的过程。因而高考物理考试对考生发现问题、提出问题以及探究能力的考查也渗透在以上对各种能力的考查中。

第二步是编写命题计划。在确定了测验的总体之后，要保证考试具有高的内容效度，在命制试卷前就需要编写一个命题计划，也就是通常所说的双向细目表。这个命题计划的作用与建造房屋前的设计图相似。在这个命题计划中应包括试卷考查的内容、考查的能力（通常由考查学生的认知水平来替代）、试题的数目以及各个考查内容的分值等。

第三步是确认考试的形式。在明确考试目标和命题计划后，就需要确定考试的形式。因为不同的考试形式所需要的试题的形式不同。例如：纸笔考试的实验试题和动手实验考试的试题是不同的，纸笔考试的试题与用计算机考试的试题也是不同的。纸笔考试让参加测验的人回答一系列的问题，动手实验考试要求参试者在特定情境中完成实际的操作，而通过计算机回答的试题通常都是一些客观试题。

第四步为命制测验试题。在确立了测量总体、命题计划和考试的形式后，就需要命制符合以上要求的测验试题。需要注意的是试卷中的每一道试题都应是测验想要测量的内容范围或目标的代表。

2. 考试完成后内容效度证据的获得。

尽管在命制考试试卷的过程中通过一系列系统性的程序来保证了考试的内容效度，但仍然需要在考试完成后，对考试的内容效度进行评定。获得内容效度证据的方式有很多种，通常从试卷的内容和命题专家两个方面来进行试卷内容效度的评定。试卷的内容方面包括：评估试卷考查的内容与考试目标所要求的内容间有多大程度的一致性；选择合适的效标，然后评估试卷的内容与效标间的相关性，以此评估内容效度。命题专家方面则是评估命题专家在多大程度上就试卷的内容效度达成一致。

第四节　评定大学入学物理考试内容效度的方法

在全球各国，无论一个国家的高等教育毛入学率有多高，从中学跨入大学都要设置相应的门槛，只有跨过了这个门槛，才能进入大学学习。这个门槛就是我们所指的大学入学考试，在我国，也就是大家熟知的高考（高等学校招生考试）。每个国家或地区的大学入学物理考试的设置具有各自的特点，与本国或地区的教育、经济及社会的发展息息相关。大学入学物理考试的效度高低，直接影响着人才培养的优劣。因此，评定大学入学物理考试的效度是非常必要的。

这里先讨论大学入学物理考试进行之后，获得其内容效度证据的方法。在考试完成以后，评定考试的内容效度大多数是从试卷内容方面进行，而不选择从命题专家方面进行评价，因为命题专家对于试卷内容代表性的看法，在命题过程中已经达成了一致，特别是对于大型考试而言，命制试卷的过程中命题专家对于试卷内容的选择是必须达成一致的。

通过试卷考查物理内容来评估大学入学物理考试的内容效度，可以从两个方面寻求大学入学物理考试内容效度的证据。

第一个方面是评估大学入学物理试卷的考查内容与高中物理课程标准间的一致性。这是因为高中物理课程标准是确定高中物理课程的纲领性文件，是国家对学生在高中阶段内接受教育后在物理领域所应具有的知识、能力和基本素养的基本要求，是教材编写、教学、评估和考试命题的根本依据。我国颁布的《基础教育课程改革纲要（试行）》中指出："国家课程标准是教材编写、教学、评估和考试命题的依据，是国家管理和评价课程的基础。"因此，笔者选择高中物理课程标准作为效标来评估大学入学物理考试的内容效度，评估考试体系的标准与课程标准间的一致性。通过对这种一致性的评定能够发现测评体系的标准与高中教学间的差异，有利于引导考试评价体系回归于课程标准的内在要求；有利于高中测评体系体现学生学习什么就考什么的教育评价原则；有利于避免大学入学考试成为基础教育的指挥棒，避免使基础教育变为考什么就教什么的应试教育。

第二个方面是比较不同国家和地区的大学入学物理试卷，将其彼此作为效标，研究它们之间的一致性，从中发现试卷考查物理内容的共性，依次确定试卷所考查物理内容的代表性，评估试卷的内容效度。

一致性研究方法。

美国是最早研究学业评价与课程标准一致性的。美国国会于 1991 年设立了全国教育标准与检测委员会（NCEST），用来指导开发新的课程标准与评价标准，并由此掀起了一系列课程研究者关注和研究评价标准与课程标准之间一致性问题的热潮。目前已有的评价一致性的研究模式有韦伯分析模式、SEC 分析模式、ACHIEVE（成功）分析模式等，这些模式为教育决策者检查不同地区的学业评价与课程标准之间的一致程度提供了有效的方法。表 1-1 是这三种研究模式的简单介绍。

表1-1　关于一致性研究的三种模式

名称	韦伯分析模式	SEC 分析模式	ACHIEVE（成功）分析模式
研究时间	1993 年	1998 年	1996 年
研究者	诺曼·韦伯	安德鲁·帕特 约翰·史密森	罗伯特·罗斯曼 简·思莱特
认知要求	评价项目的认知水平与课程标准期望达到的要求一致性水平	记忆、执行、交流、理解、解决非常规问题、猜想证明	评价项目的认知水平与课程标准期望达到的要求一致性水平
应用范围	美国 24 个州	美国 11 个州	美国马萨诸塞等州

（1）韦伯分析模式。

1993 年开始，美国学者诺曼·韦伯对课程标准与学业成就评价的一致性进行了深入、系统的研究，并于 1999 年发表 *Alignment of Science and Mathematics Standards and Assessments in Four States*，奠定了韦伯分析模式的系统框架和思想[1]。

在理念上，韦伯主张判断学业评价与课程标准的一致性首先要形成金字塔形的课程内容目标层级体系。金字塔的顶部是对课程内容目标的

[1] WEBB N L. Alignment of science and mathematics standards and assessments in four states（Research Monograph No. 18）[J]. Monthly Notices of the Royal Astronomical Society，1999，289（3）：559-569.

最一般的描述即内容领域，金字塔的中部是内容领域下位的目标即单元目标，金字塔的底部是学习单元中更为具体的目标。一般来说，分析评价学业水平与课程标准的一致性水平，应该依据金字塔形的课程内容层级目标体系来进行。在内容上，韦伯关于学业评价与课程标准一致性的判断从四个维度进行。这四个维度包括：知识种类、知识深度、知识广度、知识分布平衡性。

①知识种类。

判断评价项目涉及的内容主题范畴与课程标准的内容标准中描述的内容主题范畴之间一致程度的尺度，采用舒伯克（Suborok）统计方法。一致性水平判断标准为击中领域目标的测验题目的平均数大于或等于六道题目。

②知识深度。

判断认知要求等级（有四个水平：回忆、技能或概念、策略性思维、拓展类思维）与内容标准中期望学生“应当知道什么”和“应当做什么”的目标之间一致程度的尺度。一致性水平判断标准为符合具体目标深度水平题目平均数的百分比等于或大于50%。

③知识广度。

判断课程标准中所涉及的知识跨度与学生为了正确回答评价项目所需的知识跨度之间一致程度的尺度。一致性水平判断标准为测验题目击中水平下目标数的平均数的百分比等于或大于50%。

④知识分布平衡性。

判断评价项目对应课程内容标准的分布程度的尺度。一致性水平判断标准为知识分布平衡性指数等于或大于0.70。平衡性指数公式为

$$平衡性指数=1-\frac{\sum\left|\frac{1}{O}-\frac{I_k}{H}\right|}{2}$$

O 为被命中的某一级主题所包括的目标总数；I_k 为命中目标（即等于或高于目标认知水平）的知识点个数；H 为命中该一级主题的知识点总数。当某一内容标准对应的所有评价试题都平均分布在各个目标上时，平衡性指数达到最大值1。与某一目标对应的试题越多，意味着其他目标对应的试题就越少，平衡性指数也就越小。

（2）SEC 分析模式[1]。

1999 年，安德鲁·帕特等人在借鉴韦伯分析模式的基础上，从教师教学、评价和课程标准的视角共同开发、确定了描述学习内容主题和认知要求的同一语言——“描述符(Descriptor)”。建立描述内容的同一语言，包括学习内容主题的“描述符”和认知要求的“描述符”,用该二维度“描述符”来表示数据处理中的主题项目和认知要求的分类项目，来描述教学内容的二维矩阵。

①学习内容主题的“描述符”。以我国物理课程必修 1 的学习内容为例，即按照运动的描述、相互作用与运动规律主题设定“描述符”。

②认知要求的“描述符”是对认知水平的分类，如：布卢姆认知教育目标分类或其他认知水平分类。

一致性分析的定量评估。

根据内容、认知水平的二维矩阵计算，根据矩阵的匹配程度来衡量一致性。安德鲁·帕特等人研究并验证了不同的一致性系数计算的方法，其中得到研究者认可并行之有效的一致性系数计算公式为

$$P=1-\frac{\sum_{i=1}^{n}\left|X_i-Y_i\right|}{2}$$

其中 X_i 表示一个矩阵中的评价单元比例；Y_i 代表另一个矩阵中的标准单元比例；n 表示二维矩阵矩阵元的个数。

运用此公式计算得到的两个二维矩阵的匹配程度，可以用来表示学生学业评价与课程标准之间的一致性程度。一致性系数的范围在 0~1，一致性系数越趋近于 1，两者的一致性程度越高。

SEC 分析模式采用统一的研究框架、数字化的编码方式以及有效的计算公式，使得不同教育系统要素的比较成为可能，从而可以了解世界课程发展的水平和特征以及不同地域课程标准之间的差异。

本研究没有选用 ACHIEVE（成功）分析模式评价一致性，这里不作介绍。

［1］刘学智，马云鹏. 美国“SEC”一致性分析范式的诠释与启示——基础教育中评价与课程标准一致性的视角［J］. 比较教育研究，2007，28（5）：64-68.

第二章　大学入学物理试卷与高中物理课程标准间的一致性研究方法

高中课程标准体现了国家对公民基本素养的要求，是国家基础教育高中课程建设的指导性、纲领性文件，是基础教育质量保证的基础。高中物理课程标准（以下简称高中物理课标）是高中阶段物理课程教学必须达到的基本要求，也是高中毕业生在物理学科应达到的最低水平。大学入学物理考试是为高校选拔优秀高中毕业生而设立的测评。高中物理课标的要求与大学入学物理考试间的差别，反映了高中毕业生物理学科的最低水平与高水平间的差别。大学入学物理试卷的命制是以高中物理教学为基础的，高中物理教学要符合高中物理课标的要求，因此大学入学物理试卷与高中物理课标在内容上的一致性，展示了以高中物理课标为校标的大学入学物理试卷的内容效度。大学入学物理试卷与高中物理课标间保持一定的一致性，有助于发挥高考的引导作用，大学入学物理考试的内容回归高中物理课标有助于引导高中物理教学避免应试教育，走向素质教育。

第一节　研究框架

为了了解大学入学物理试卷与对应的高中物理课标的一致性，需要拟定统一的分类标准和编码框架。这个框架从物理内容和认知水平两个维度来分析试卷与课标间的一致性。在对大学入学物理试卷和高中物理课标进行编码前，需要对物理内容和认知水平进行分类。参考美国各州首席教育官员委员会（Council of Chief State School Officers，简称CCSSO）发展的课程调查规范（Surveys of Enacted Curriculum，简称SEC）中关于物理科学内容的分类标准，以及选择的研究对象的特点，将物理试卷的内容和物理课程的内容划分为科学的本质、科学与技术、科学中的测量与计算、能量、运动与力、电磁学、波、热学及其平衡、物性学九个主题。

认知水平的分类依据布卢姆教育目标分类学修订版[1]，将认知分为记忆、理解、应用、分析、评价和创造六个水平。各认知水平的界定为：记忆——从长时记忆系统中提取有关信息；理解——从口头、书面和图画传播的教学信息中建构意义；运用——在给定的情境中执行或使用程序；分析——把材料分解为它的组成部分并确定各部分之间如何互相联系以形成总体结构或达到目的；评价——依据标准做出判断；创造——将要素加以组合以形成一致的或功能性的整体，将要素重新组织成为新的模式或结构。

布卢姆教育目标分类法的主要内容。

泰勒（美国著名教育心理学家）提出陈述目标的最有用形式是按行为类别和内容两个维度陈述。行为类别指意欲通过教学发展的学生的行为类型；内容指学生的行为加以运作的教材内容。目标的陈述包括一个动词和一个名词：

[1] 安德森，等. 学习、教学和评估的分类学——布卢姆教育目标分类学修订版（简缩本）［M］. 皮连生，主译. 上海：华东师范大学出版社，2008：56-80.

动词，描述我们意欲实现的认知过程（行动）。

名词，描述预期学生要学习或建构的知识（内容）。

修订的布卢姆教育目标分类法则采用了“知识”和“认知过程”的二维框架。知识是指学习时涉及的相关内容，从具体到抽象分为四类：事实性知识、概念性知识、程序性知识和反省认知（元认知）知识。每一类又分为若干亚类，具体描述见表2-1。

表2-1 修订版布卢姆教育目标分类法的知识类别维度

主要类别与亚类
A 事实性知识——学生通晓一门学科或解决其中的问题所必须知道的基本要素
A1 术语知识 A2 具体细节和要素的知识
B 概念性知识——能使各成分共同作用的较大结构中的基本成分之间的关系
B1 分类或类目的知识 B2 原理和概括的知识 B3 理论、模型和结构的知识
C 程序性知识——如何做，研究方法和运用技能、算法、技术和方法的标准
C1 具体学科的技能和算法的知识 C2 具体学科的技术和方法的知识 C3 决定何时运用适当程序的标准的知识
D 反省认知（元认知）知识——一般的认知知识和自我认知的知识
D1 策略性知识 D2 包括情境性的和条件性的知识在内的关于认知任务的知识 D3 自我知识

认知过程是指学习过程中需要达到的认知程度，从浅到深分为六类：记忆、理解、运用、分析、评价和创造。具体每类的描述及其亚类见表2-2。

表2-2 修订版布卢姆教育目标分类法的认知水平维度

类目与认知过程	替代名称	定义
1. 记忆——从长时记忆系统中提取有关信息		
1.1 再认	识别	从长时记忆系统中找到与呈现材料一致的知识
1.2 回忆	提取	从长时记忆系统中提取相关知识

续表

类目与认知过程	替代名称	定义
2. 理解——从口头、书面和图画传播的教学信息中建构意义		
2.1 解释	澄清、释义、描述、转换	从一种呈现形式转换为另一种形式
2.2 举例	示例、具体化	找出一个概念或一条原理的具体例子
2.3 分类	类目化、归属	确定某事物属于某一个类目
2.4 概要	抽象、概括	抽象出一般主题或要点
2.5 推论	结论、外推、内推、预测	从提供的信息得出逻辑结论
2.6 比较	对照、匹配、映射	确定两个或两个以上客体、事件、观点等之间的异同
2.7 说明	构建、建模	建构一个系统的因果模型
3. 运用——在给定的情境中执行或使用程序		
3.1 执行	贯彻	把一程序运用于熟悉的任务
3.2 实施	使用	把一程序运用于不熟悉的任务
4. 分析——把材料分解为它的组成部分并确定各部分之间如何相互联系以形成总体结构或达到目的		
4.1 区分	辨别、区别、选择	从呈现材料的无关部分区别出有关部分
4.2 组织	发现一致性、整合、列提纲、结构化	确定某些要素如何在某一结构中的功能
4.3 归属	解构	确定呈现材料中潜在的观点、偏好、假定或意图
5. 评价——依据标准做出判断		
5.1 核查	协调、探测、监测、检测	查明某过程或产品的不一致性或谬误；查明某种程序在运行时的有效性
5.2 评判	判断	查明过程或产品和外部标准的不一致性
6. 创造——将要素加以组合以形成一致的或功能性的整体，将要素重新组织成为新的模式或结构		
6.1 生成	假设	根据标准提出多种可供选择的假设
6.2 计划	设计	设计完成某一任务的一套步骤
6.3 产生	建构	发明一种新产品

在前面对于物理内容和对应的物理内容的认知水平分类框架下，界定所研究的物理内容隶属的物理内容分类和对应于这个物理内容的认知水平，然后应用SEC模式或韦伯模式来分析大学入学物理试卷与高中物理课标的一致性。

第二节 高中物理课标的知识内容分类

对于高中物理内容，选择课程调查规范（SEC）中关于物理科学内容的九个主题作为一级主题，分别为科学的本质、科学与技术、科学中的测量与计算、能量、运动与力、电学（电与磁，为了简便，这个主题的内容主要以电学为主，因此简写为电学）、波、热学及其平衡、物性学。其中前三类不包含具体哪一类的知识内容，剩余六类与之相关的均可以归纳进去。二级主题则根据 SEC 科学内容中的二级主题与海峡两岸暨香港相应课标中的二级主题共同确立，以方便将所有知识点归纳进去。具体二级主题确立原则为：首先以 SEC 的二级主题为基础，剩下的二级主题，按照海峡两岸暨香港相应课标中的二级主题来定，共同有的就按内地的二级主题确定，香港和台湾都有的就按香港的确定。

一级主题和二级主题的具体内容如表 2-3 所示。

表2-3　主题内容

一级主题	二级主题
1. 科学的本质	科学的本质和结构，科学创新的历史
2. 科学与技术	科学探究与技术，技术
3. 科学中的测量与计算	国际单位制，质量与重量，长度，温度，有效数字，导出单位，密度，大气压强（测量与单位），电流（单位）
4. 能量	势能，动能，能量（质量）守恒，热能及其转化，热力学定律与熵，功与能，核能，功与功率，能源与可持续发展，机械能守恒，热与热机
5. 运动与力	动量，冲量和守恒（即碰撞与动量守恒），摩擦，万有引力，力与机械，直线运动（即运动的描述），平面运动（即平抛运动与圆周运动），胡克定律，力的矢量性，静力平衡，牛顿运动定律，空气浮力，经典力学的成就与局限性，角动量与转动惯量
6. 电学	静电学（产生、传递和分布），库仑定律，电场，电流，磁场，场的相互作用，导体和绝缘体，电容器，电阻与欧姆定律，电表的使用，基尔霍夫定律，家庭电路，交变电流，传感器，集成电路

续表

一级主题	二级主题
7. 波	波的性质和行为，声（方向、传播速度），电磁波，光，振荡（包括机械振动与机械波、共振），激光，X 射线，光学仪器
8. 热学及其平衡	分子运动，压强，分子动能与温度，热力学定律，比热容
9. 物性学	同位素，原子，光子与光谱，量子理论与电子云，固体、液体与气体，原子核，宇宙

其中，科学探究与技术即科学对技术的影响，技术则指单纯的技术和技术对人类的影响。

除规定一级主题和二级主题外，课标中的每一条具体内容中尽量只包含一个知识点，对具体内容进行拆分以后再归入一、二级主题。

例如，我国高中物理课标的物理必修 1 部分的“相互作用与运动规律”的第三点：“通过实验，理解力的合成与分解，知道共点力的平衡条件，区分矢量与标量，用力的合成与分解分析日常生活中的问题。”分为以下四个知识点：

①通过实验，理解力的合成与分解。

②知道共点力的平衡条件。

③能区分矢量与标量。

④能用力的合成与分解分析日常生活中的问题。

第三节 高中物理课标中知识要求的认知水平界定

我们选择布卢姆教育目标分类法作为比较试题与课标间认知水平一致性的标准。

建立课标具体教学目标的认知水平分两步来完成。在布卢姆教育目标分类法中关于认知水平的界定通过行为动词来确定，故第一步是根据布卢姆教育目标分类法中关于认知水平的描述建立物理课标中描述教学目标的行为动词所处的布卢姆教育目标分类法中的认知水平；第二步依据所确立的行为动词标准确定课标中具体教学目标的认知水平。海峡两岸暨香港相应课标中描述教学目标的行为动词与布卢姆教育目标分类法中的认知水平的行为动词的对应关系见表 2-4。

表2-4 海峡两岸暨香港相应课标中对应布卢姆教育目标分类法中认知水平的行为动词总表

布卢姆认知水平	内地课标	台湾课标	香港课标
1. 记忆	了解 认识 知道 观察	简介 简单介绍	明了 了解 极简要说明
2. 理解	了解 描述 说出 举例说明 列举 表述 识别 比较 简述 对比 认识 阐述 解释 理解 说明 区分 区别 探究 判断 计算	简述 举例 介绍 简单说明 简要陈述 说明 解释 展示	提出例证 描述 简单说明 比拟 说明 定性讨论 简要讨论 解释 判别 区别
3. 应用	计算 使用 运用 实验（会、测量、测定）验证 估计	导出 应用 定义并证明	导出 推导 认识……及其应用 简单计算 定量研究 证明 应用
4. 分析	分析 掌握 探究	详细讨论 归纳	
5. 评价	评估 验证		
6. 创造			

表 2-4 中的行为动词有的地方有所重复，如内地课标中的“了解”和“认

识”这两个行为动词介于记忆和理解之间，界定不是很明显，而且根据其后内容不同，它们所代表的含义也就不同，所以会在表中有所重复。还有一些情感态度与价值观方面的行为动词不便列在其中，如“体会”“关注”“思考”“具有……意识”等行为动词。此外，内地有些实验内容的行为动词不好划分，根据布卢姆教育目标分类法，会使用和实施属于认知水平3应用类，所以对实验操作的内容统一划分为认知水平3，以此为最低水准。

高中物理课标具体教学目标所属认知水平界定信度分析如下。

在确定了高中物理课标具体教学目标的认知水平界定标准后，为了检验这个界定标准的可操作性，判断由此得到的教学目标认知水平划分的结果是否可信，我们进行了信度分析。先由四名物理课程与教学论专业的研究生根据建立的标准确立海峡两岸暨香港的课标中具体目标的认知水平，然后进行信度分析；再由四人讨论标准中不明确的地方对标准进行修改；最后由两名课程论研究生根据调整的标准重新确立具体目标的认知水平并再次进行信度分析，结果较好。将确立的标准分别应用于：①内地的全日制普通高级中学物理课程标准（2003年）中必修1、必修2，选修3-1到选修3-5，选修2-2；②台湾普通高级中学课程暂行纲要，即九五暂纲；③香港2010年的物理高级程度。检验结果见以下各表。

表2-5　内地课标第一次计算的皮尔逊相关系数

		第一人	第二人	第三人	第四人
第一人	皮尔逊相关系数	1	0.806**	0.866**	0.624**
	Sig.（2-tailed）		0	0	0
	课标知识点个数 N	213	213	213	213
第二人	皮尔逊相关系数	0.806**	1	0.821**	0.693**
	Sig.（2-tailed）	0		0	0
	课标知识点个数 N	213	214	214	214
第三人	皮尔逊相关系数	0.866**	0.821**	1	0.663**
	Sig.（2-tailed）	0	0		0
	课标知识点个数 N	213	214	214	214
第四人	皮尔逊相关系数	0.624**	0.693**	0.663**	1
	Sig.（2-tailed）	0	0	0	
	课标知识点个数 N	213	214	214	214

注：** 表示按双侧检验，检验水平为0.01，该相关系数具有统计学意义；Sig.（2-tailed）表示双侧近似 P 值。下同。

由结果可知，虽然四人做出的结果是显著相关的，但相关系数最低的只有 0.624，说明标准还有待调整。表 2-6 即为调整后，重新做出的标准的相关系数。

表2-6 内地课标第二次计算的皮尔逊相关系数

		第五人	第六人
第五人	皮尔逊相关系数	1	0.973**
	Sig.（2-tailed）		0
	课标知识点个数 N	214	214
第六人	皮尔逊相关系数	0.973**	1
	Sig.（2-tailed）	0	
	课标知识点个数 N	214	214

由表 2-6 可知，相关系数已达到 0.973，说明建立的标准在内地课标的使用中信度较高，可以采用。

表2-7 台湾九五暂纲第一次计算的皮尔逊相关系数

		第一人	第二人	第三人	第四人
第一人	皮尔逊相关系数	1	0.659**	0.674**	0.434**
	Sig.（2-tailed）		0	0	0
	课标知识点个数 N	207	207	207	207
第二人	皮尔逊相关系数	0.659**	1	0.721**	0.570**
	Sig.（2-tailed）	0		0	0
	课标知识点个数 N	207	210	210	210
第三人	皮尔逊相关系数	0.674**	0.721**	1	0.613**
	Sig.（2-tailed）	0	0		0
	课标知识点个数 N	207	210	210	210
第四人	皮尔逊相关系数	0.434**	0.570**	0.613**	1
	Sig.（2-tailed）	0	0	0	
	课标知识点个数 N	207	210	210	210

由表 2-7 可知，相关系数最低只有 0.434，最高也仅到 0.721，说明

标准需要进一步调整。

表2-8 台湾九五暂纲第二次计算的皮尔逊相关系数

		第五人	第六人
第五人	皮尔逊相关系数	1	0.940**
	Sig.(2-tailed)		0
	课标知识点个数 *N*	210	210
第六人	皮尔逊相关系数	0.940**	1
	Sig.(2-tailed)	0	
	课标知识点个数 *N*	210	210

由表 2-8 可知，相关系数已达 0.940，说明建立的标准在台湾九五暂纲的使用中信度较高，可以采用。

表2-9 香港高级程度第一次计算的皮尔逊相关系数

		第一人	第二人	第三人	第四人
第一人	皮尔逊相关系数	1	0.662**	0.682**	0.480**
	Sig.(2-tailed)		0	0	0
	课标知识点个数 *N*	162	162	162	162
第二人	皮尔逊相关系数	0.662**	1	0.851**	0.518**
	Sig.(2-tailed)	0		0	0
	课标知识点个数 *N*	162	179	179	179
第三人	皮尔逊相关系数	0.682**	0.851**	1	0.544**
	Sig.(2-tailed)	0	0		0
	课标知识点个数 *N*	162	179	179	179
第四人	皮尔逊相关系数	0.480**	0.518**	0.544**	1
	Sig.(2-tailed)	0	0	0	
	课标知识点个数 *N*	162	179	179	179

由表 2-9 可知，相关系数最低只有 0.480，最高只有 0.851，说明标准需要进一步调整。

表2-10 香港高级程度第二次计算的皮尔逊相关系数

		第五人	第六人
第五人	皮尔逊相关系数	1	0.917**
	Sig.(2-tailed)		0
	课标知识点个数 N	179	179
第六人	皮尔逊相关系数	0.917**	1
	Sig.(2-tailed)	0	
	课标知识点个数 N	179	179

进一步调整后的数据由表2-10可得，相关系数已达0.917，说明建立的标准在香港高级程度的使用中信度较高，可以采用。

至此，确定了课标中具体内容认知水平标准的信度，也确立了海峡两岸暨香港课标中具体目标的认知水平。

以上的数据显示，所建立的这个界定标准具有很好的可操作性，由此得到的教学目标认知水平划分的结果也具有很好的重复性，性能可靠。

第四节　大学入学物理试卷的内容分析标准

对于大学入学物理试卷中考查的物理知识点，仍然采用与高中物理课标相同的分类进行，只有这样，才能在同一个框架下将物理试卷与课程标准进行比较，评估它们之间的一致性。

1. 大学入学物理试题考查的知识点标记原则。

除了确立考查的知识点的认知水平以外，应保证每套试卷考查的知识内容与知识点个数是一致的，进行编码的原则是：

（1）当在一个情境中同一知识点考查多次的时候不重复计数；

（2）当在一个情境中考查的多个知识点之间有包含关系时，不再计被包含的知识点。

由两名物理课程论的硕士研究生同时确定 2012 年新课标物理试卷中考查的知识内容和知识点个数，结果有细微差别，体现在对受力分析的处理上，受力分析中涉及的力是否计为知识点个数是差别的源头。对此，定下的原则为：如受力分析中涉及的力有与之相关的计算和方向的知识，则计为知识点个数。

2. 大学入学物理试卷考查知识点认知水平标准。

试题考查知识点认知水平标准的界定过程有三步：首先根据修订版的布卢姆教育目标分类法中对知识类别和认知水平的亚类及描述，由两名研究生确立不同认知水平对应的物理题情境；其次根据两人所写的内容进行讨论，综合两人的观点确立初步的试题认知水平标准；最后根据初步标准，两人同时对海峡两岸暨香港相应的 2010 年大学入学物理试卷进行分析，用于检测初步的标准，同时将遇到的新的考题类型补充进去，并对初步标准在试题中不明确的地方进行调整，得到的最后结果如表 2-11 所示。

表2-11 修订版布卢姆教育目标分类法应用到具体物理知识点的考查方式表

布卢姆认知水平	具体物理知识点考查方式
1. 记忆	认识并记忆。 考题中主要有：回忆相关常识（多为事实性知识，如物理史实、物理常识，如近代物理知识、家庭用电以及一些物理概念、生活经验）。 简单举例：20 世纪物理学中出现的“两朵乌云”是什么；家庭电路常见电压是多少；根据经验，车突然停止时，人会怎么样
2. 理解	需要对事物有一定领会。 考题中主要有：辨析知识（如物理概念、物理定律定理，多为选择题）、根据物理知识进行定性的推论、根据物理知识进行分类、解释生活中的某些现象、为证实定律定理举生活中的例子、用另一种方式说明某些定律定理、读数、计算（概念性知识）、根据图像得出信息、误差分析（对单个测量）、根据数据作出图像。 简单举例：关于牛顿第一定律说法正确的是……；介质中的一列简谐机械波传播，其中的某个振动质点将怎么样；以下哪些是晶体；用惯性来解释为什么汽车开动时，人会往后倒；请用生活中的例子来证实牛顿第三定律的正确性；你能用自己的语言来说清楚什么是惯性吗
3. 应用	对所学习的概念（概念性知识）、法则、原理（程序性知识）的运用。 考题中主要有：计算（程序性知识）、实验中的控制变量法、根据电路图连接实物图或根据实物图画出电路图、定量推导某个物理定律。 简单举例：已知高度、抛射距离，求平抛水平初速度
4. 分析	注重不同知识点之间的联系。 考题中主要有：复杂计算的题目（涉及两个及以上程序性知识或一个程序性知识加上一个概念性知识）。 简单举例：求在电场中的从高度 H 自由落下的物体的末速度
5. 评价	理性而深刻地对事物进行评价与核查。 考题中主要有：误差来源分析（整个实验）、研究方法是否合理、对结论进行讨论、是否选择合适的实验仪器或数据、选择合适的数据处理方法或仪器的意义。 简单举例：研究摩擦力的大小时使用以上哪一种方法比较合适；小明得出的研究结论是不是合理，或以上用外接法测出的结果是准确的结果吗；用打点计时器测重力加速度的实验中，多次实验之后学生能够选择一条实验结果比较好的纸带进行测量计算，舍弃坏数据的意义是什么
6. 创造	将要素重新组织成为新的模式或结构。 考题中主要有：设计一个实验，对某一设想或原理进行检验，将某个器材换掉重新设计实验方案。 简单举例：除以上方法外，试设计出另一种方法来测量不同长度的电阻的大小；重新设计一套实验方案检验动量守恒定律

除表 2-11 以外，如果由看图得到的信息来计算一个知识点，知识点认知水平提高；当题目中出现多个知识点时，如果解决题目中的问题需要三个及以上知识点，则最后一个知识点认知水平提高一个认知水平；如果某个情境中计算复杂，提高一个认知水平。应该注意，当选择题中多个选项考查多个知识点，但各选项之间独立时，认知水平不提高。

接下来，将以研究的具体试题为例，按照六个认知水平的顺序，说明试题中考查的知识点的认知水平。

【例 1】(2011 年海南卷第 7 题) 自然界的电、热和磁等现象都是相互联系的，很多物理学家为寻找它们之间的联系做出了贡献。下列说法正确的是（　　）。

A. 奥斯特发现了电流的磁效应，揭示了电现象和磁现象之间的联系

B. 欧姆发现了欧姆定律，说明了热现象和电现象之间存在联系

C. 法拉第发现了电磁感应现象，揭示了磁现象和电现象之间的联系

D. 焦耳发现了电流的热效应，定量得出了电能和热能之间的转换关系

分析：该题考查的是对物理学史内容的回忆，认知水平属于记忆。考查的知识内容为“科学创新的历史”中的“收集资料，了解电磁感应现象的发现过程，体会人类探索自然规律的科学态度和科学精神”。

【例 2】(2010 年海南卷第 3 题) 下列说法正确的是（　　）。

A. 若物体运动速率始终不变，则物体所受合力一定为零

B. 若物体的加速度均匀增加，则物体做匀加速直线运动

C. 若物体所受合力与其速度方向相反，则物体做匀减速直线运动

D. 若物体在任意的相等时间间隔内位移相等，则物体做匀速直线运动

分析：该题考查对匀变速直线运动的理解，认知水平属于理解。考查的知识内容为“了解匀变速直线运动的规律和运动与力的关系”。

【例 3】[2008 年香港试卷二乙部第 2 题 b (1)] 下图所示为杨氏双缝实验的装置，其中 S 为原狭缝而 S_1、S_2 为双缝。在屏上可以看到相间的亮纹和暗纹。

S_1S_2 缝距为 d，而屏与双缝的距离为 D。利用 d、D 和单色光的波长 λ 推导条纹间距的表达式。

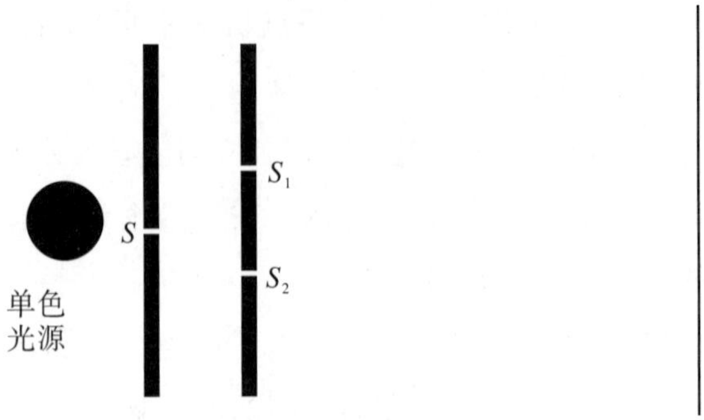

杨氏双缝实验

分析：该题考查杨氏双缝条纹间距表达式的推导，认知水平属于应用。考查的知识内容为“用下列器材估计光波的波长：(a)双窄缝；(b)平面衍射光栅”。

【例 4】[2012 年海南卷第 15 题(1)] 如下图，在竖直平面内有一固定光滑轨道，其中 AB 是长为 R 的水平直轨道，BCD 是圆心为 O、半径为 R 的 3/4 圆弧，两轨道相切于 B 点。在外力作用下，一小球从 A 点由静止开始做匀加速直线运动，到达 B 点时撤除外力。已知小球刚好能沿圆轨道经过最高点 C，重力加速度大小为 g。求小球在 AB 段运动的加速度的大小。

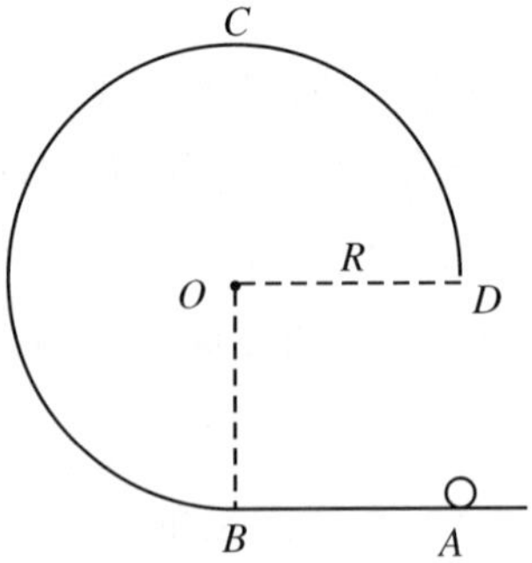

分析：该题考查的是对牛顿第二定律、向心力和机械能守恒知识的综合运用，其中机械能守恒是程序性知识，功能关系是概念性知识，所以认知水平属于分析。考查的知识内容为“会用牛顿第二定律分析匀速圆周运动的向心力”和“用机械能守恒定律分析生活和生产中的问题”。

【例 5】(2011 年香港卷二乙部第 3 题 c)(1) 描述你会如何改动 (b)

部的实验以探究感生电动势最大值 ε_{max} 与磁铁所下坠高度 h 的关系。定量解释预期的结果，并提出可使结果偏离预期的一个因素。

（2）一学生进行该实验时发现 ε_{max} 值太小，故难做准确测量。试提出两个可能的改进方法。

分析：（1）题是设计一个实验使之研究与上一部分不同的结果，并进行预估和评价；前一部分属于创造层次，后一部分属于评价层次。（2）题是对（1）题中设计的实验进行评价并提出改进方法，属于评价层次。考查的知识内容为"运动导体在磁场中产生的感生电动势"，因（1）题中对同一个知识点考查了两个不同认知水平，按照制定的标准，这属于高水平的认知水平，即创造。

【例 6】[2010 年香港卷一甲部第 4 题 b（3）] 在 1909 年，卢瑟福收集了若干 α 粒子，而这些 α 粒子从外界获得电子后变成某种气体的原子。他将这些气体载入真空管内，并于两端装上电极 A 和 B，如图所示。说明卢瑟福如何利用这个装置证明 α 粒子实际上是氦原子核。

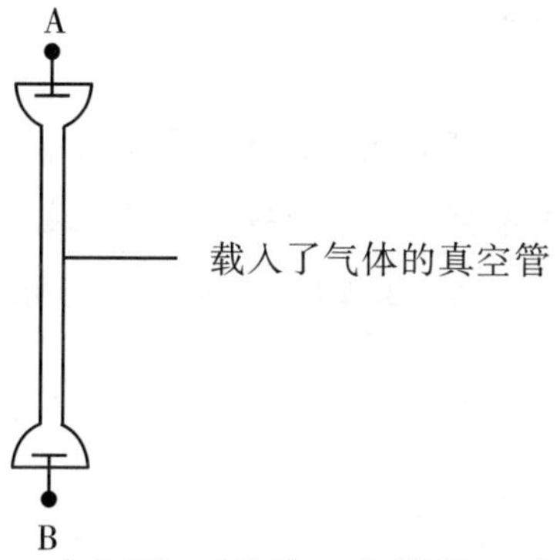

分析：该题是设计一个实验，证明一个猜想，考查认知水平属于创造。考查的知识内容为"用衍射光栅观察不同的线状光谱，如单原子气体的线状光谱（例：氢、钠、水银、氖），并用光量子和能级的概念加以解释电离能和激发能"。

第五节 大学入学物理试卷中知识点的计数方式比较

在以往的应用 SEC 一致性分析方法分析考试试卷的研究中，大多数是按照每道试题中知识点的分值作为最小分析单元来统计的，因为分值能较好地体现考查的知识点的分布。对于我们这里应用 SEC 方法的研究而言，按照考查的知识点个数也能够较好地体现考查的知识点的分布。那么，选择分值还是知识点个数作为分析单元，选择这两者到底有没有实质上的差别，我们进行了如下研究。

选择海峡两岸暨香港相应 2011 年的大学入学物理试卷，按照上述构建标准进行编码后统计，得到六个二维表格。每个地方均按照分值和知识点个数来比较考查知识点的分布，下面以台湾为例进行说明。在按分值进行计算时，选做题部分按照比例来计算分值，每个情境中的多个知识点之间按平均来计算分值。

表2-12 2011年台湾指考（指定科目考试，下同）物理试卷按考查知识点个数建立的二维表

	1. 记忆	2. 理解	3. 应用	4. 分析	5. 评价	6. 创造	总数
1. 科学的本质	1个	0	0	0	0	0	1个
2. 科学与技术	0	1个	0	0	0	0	1个
3. 科学中的测量与计算	0	0	0	0	0	0	0
4. 能量	0	2个	3个	0	0	0	5个
5. 运动与力	0	3个	6个	0	0	0	9个
6. 电学	0	4个	2个	0	0	0	6个
7. 波	0	8个	1个	0	0	0	9个
8. 热学及其平衡	0	0	0	0	0	0	0
9. 物性学	0	2个	1个	0	0	0	3个
总数	1个	20个	13个	0	0	0	34个

表2-13 2011年台湾指考卷按考查分值建立的二维表

	1. 记忆	2. 理解	3. 应用	4. 分析	5. 评价	6. 创造	总数
1. 科学的本质	3 分	0	0	0	0	0	3 分
2. 科学与技术	0	3 分	0	0	0	0	3 分
3. 科学中的测量与计算	0	0	0	0	0	0	0
4. 能量	0	5.5 分	8.5 分	0	0	0	14 分
5. 运动与力	0	8.5 分	13.5 分	0	0	0	22 分
6. 电学	0	14 分	3 分	0	0	0	17 分
7. 波	0	25 分	3 分	0	0	0	28 分
8. 热学及其平衡	0	0	0	0	0	0	0
9. 物性学	0	8 分	5 分	0	0	0	13 分
总数	3 分	64 分	33 分	0	0	0	100 分

得到两个二维表后，对两个二维表进行归一化处理，之后按照 SEC 方法计算这两个归一化后二维矩阵间的一致性系数，其结果为 0.92。按照同样的方法，得到 2011 年内地新课标卷和 2011 年香港试卷的分值和知识点个数间的一致性系数分别为 0.80 和 0.88。

按照 Matlab 软件的 Unidrnd 函数，随机赋值两个九行六列的矩阵，再对两个矩阵进行标准化处理，计算出一致性结果 Porter 系数，将这一过程重复 20000 次，得到关于 Porter 系数的正态分布。这个正态分布均值为 0.6736，标准差为 0.0372，95% 水平的参考值是 0.7446（均值 + 标准差 ×1.96），此结果说明要达到 0.05 水平的统计显著性，需要 Porter 系数大于 0.7446。可以看到三个结果都达到要求，从统计意义看，都达到了显著水平，且用分值与知识点分析的一致程度达到了近 90%，其差别只有 10%，这两者分析试卷考查知识内容并无太大差异。但用分值处理的时候，对选做题按分值比例取值时，一是计算起来较为复杂，二是降低了选做题部分考查的比重。所以本文的研究均按照知识点个数来计算考查知识点的权重。这样选择的结果会使大学入学物理试卷与其课程标准间的一致性偏低，也就是说，我们更加严格地评定了大学入学物理试卷的内容效度。

第三章 中国大学入学物理试卷与其课标间的一致性研究

恢复高考试制度以来，我国高考的命题方式经历了多番改变。1989 年以前，采取的是全国统一命题；1989 年以后，逐步采取分省自主命题。上海市率先进行自主命题试点。2004 年，教育部要求 11 个省（区、市）进行自主命题。从 2004 年 9 月开始，宁夏、海南、广东和山东四个地区的高中开始进行普通高中新课程实验，我国普通高中新课改背景下新一轮的高考改革的序幕就此拉开。研究大学入学物理试卷与高中课程标准间的一致性，既是评定大学入学物理试卷内容效度的需要，更是我国高考物理改革的需要。

毫无疑问，课程标准与评价是息息相关的，它们相互影响、相互制约。大学入学物理试卷与高中物理课标在内容上的一致性越高，越有利于高中物理教学质量的提高，越能够满足引导评价目标回归课程标准的内在要求，有利于提高大学入学物理考试的内容效度，有利于引导我国的基础教育从应试教育走向素质教育。

第一节　新课标物理试卷和海南物理试卷的结构

从恢复高考制度以来，我国高考的命题方式经历了多番改变。在1989年以前，采取的是全国统一命题；分省自主命题始于1989年，上海市率先进行自主命题试点。2004年，教育部要求11个省（区、市）进行自主命题。从2004年9月开始，宁夏、海南、广东和山东四个地区的高中开始进行普通高中新课程实验，我国普通高中新课改背景下新一轮的高考改革的序幕就此拉开。

普通高中新课程改革是高考改革的最直接动力。除1985年上海、2002年北京获得高考自主命题权外，还有15个省（区、市）有高考试题自主命制的资格，其中获得高考物理或理综命题权的有13个，分别是上海、北京、宁夏、广东、安徽、福建、山东、江苏、天津、浙江、海南、重庆、四川。2007年开始，宁夏、海南、山东、广东便开始按照新课标理念自主命制高考理综卷或物理卷，对这些高考试卷均以自主命题的省份的名字命名。2010年宁夏卷正式改名为新课标卷，以区别新课改前的试卷。2012年已经有12个省（区、市）开始使用新课标卷。

2014年，全国高考共有来自教育部考试中心和自主命题省（区、市）共计16套命题。教育部门有关负责人表示，2015年高考新增3个省使用国家统一试卷，2016年再增7个省。2016年，有25个省（区、市）在高考中使用由教育部考试中心统一命题的试卷。

为了研究大学入学考试物理试卷与对应课标间的一致性，我们选择了四类有代表性的物理试卷作为研究对象。

尽管目前我国高考命题是分省命题，但全国卷使用的范围还是远大于其他省（区、市）的试卷。我们选取试卷使用范围比较大的、采用理综形式进行测试的新课标物理试卷作为研究对象。由于新课标卷是在2010年由宁夏卷变化而来的，2007年到2009年的物理试卷结构与2010年到2012年的物理试卷结构在选做题部分从原来的四选一变为三选一。以后高考物理试卷的结构基本保持不变。所以选择这些高考物理试卷作为第一类研究对象。

同时选取海南省物理单科试卷作为第二类研究对象。海南省试卷多年来一直是高考研究的话题，物理以单科的形式进行考试已经多年，海南省的试题一直是由教育部考试中心命制，试题质量比较高，且在2007年到2014年海南卷的结构一直未变。新课标物理试卷和海南物理试卷的结构见表3–1。

表3–1 新课标卷理综物理试题和海南省物理试卷结构

试卷	类型	时间	总分	选做或必做题	题号	试题类型	题量	分值
新课标卷（2007—2009年）	综合	约60分钟	110分	必做题	14~21	不定项选择题	8	48
					22~23	实验题	2	15
					24~25	综合题	2	32
				选做题	30~33	选择题或填空题、综合题	4选1	15
新课标卷（2010—2012年）	综合	约60分钟	110分	必做题	14~21	不定项选择题	8	48
					22~23	实验题	2	15
					24~25	综合题	2	32
				选做题	33~35	选择题或填空题、综合题	3选1	15
海南卷	单科	90分钟	100分	必做题	1~6	单项选择题	6	18
					7~10	多项选择题	4	16
					11~12	填空题	2	8
					13~14	实验题	2	15
					15~16	计算题	2	19
				选做题	17~19	选择题或填空题、综合题	3选2	24

注意，新课标卷（2010—2012年）选做题部分的3选1和海南卷选做题部分3选2中的3对应内容是选修3–3、选修3–4和选修3–5的内容；新课标卷（2007—2009年）选做题部分的4选1中的4对应内容是选修2–2、选修3–3、选修3–4和选修3–5的内容。海南卷从2013年起取消了填空题，分数重新分配，满分仍为100分。

第三类研究对象为2013—2014年的各省（区、市）命制的大学入学物理考试试卷，将这些物理试卷与对应的物理课程标准进行比较，以研究我国分省命题后试卷的总体质量。

第四类是选取北京和上海两个教育发达地区，研究北京和上海2010—2014年的高考物理试卷与其课程标准间的一致性。

第二节　新课标物理试卷和海南物理试卷与课标间的一致性

根据 SEC 一致性研究方法，以及前面给出的界定标准，得出了两个课标的知识点分布二维矩阵，试卷考查的每道题目对应课标中具体知识点的表格，12 个试卷知识点分布的二维矩阵以及它们经过标准化以后的 14 个二维矩阵，计算过程已在上一章中介绍。

计算出 2007 年到 2009 年新课标卷（含选修 2-2）和 2010 年到 2012 年新课标卷（不含选修 2-2）与对应课标间的一致性系数，海南卷 2007 年到 2012 年的一致性系数，结果如表 3-2。

表3-2　新课标卷、海南卷与课标的一致性系数

年份 / 卷别	2007 年	2008 年	2009 年	2010 年	2011 年	2012 年
新课标卷	0.416	0.374	0.458	0.432	0.444	0.383
海南卷	0.384	0.422	0.442	0.457	0.423	0.403

根据计算结果可知，新课标卷与课标的一致性系数最高为 0.458，最低为 0.374，平均值为 0.420；海南卷与课标的一致性系数最高为 0.457，最低为 0.384，平均值为 0.422。在第二章末，用 Matlab 计算出的 9×6 矩阵在显著性水平为 0.05 的临界值是 0.7446。新课标卷和海南卷与课标的一致性系数均低于临界值，即不具有显著意义上的一致性。

为了从总体上研究不一致的原因，本章采用曲面图的方式来表示，具体结果见图 3-1。其中颜色代表区间范围，横轴表示认知水平维度，纵轴表示知识维度。

由于高考试卷是依据每年的考试大纲命制的，而每年的考试大纲内容的变化不是很大，故高考物理试卷命制的框架每年变化也不大。在我们的分析框架下，对于高考物理试卷的二维矩阵来说每年的变化不多，所以采用研究期间内的年均值来表示物理试卷的二维矩阵情况。选择我国三种不同结构的试卷二维矩阵平均值的曲面图与其对应课标内容的曲面图来举例说明，见图 3-1，其中上面两幅图左边是包含选修 2-2 课标的曲面图，右边是对应包含选修 2-2 课标的 2007—2009 年新课标卷平均值的曲面图；中间两幅图左边是不含选修 2-2 课标的曲面图，右边是对应此课标内容的 2010—2012 年新课标卷平均值的曲面图；最下面的图是 2007—2012 年海南卷平均值的曲面图，放在其对应的不含选修 2-2 课标的曲面图下面。

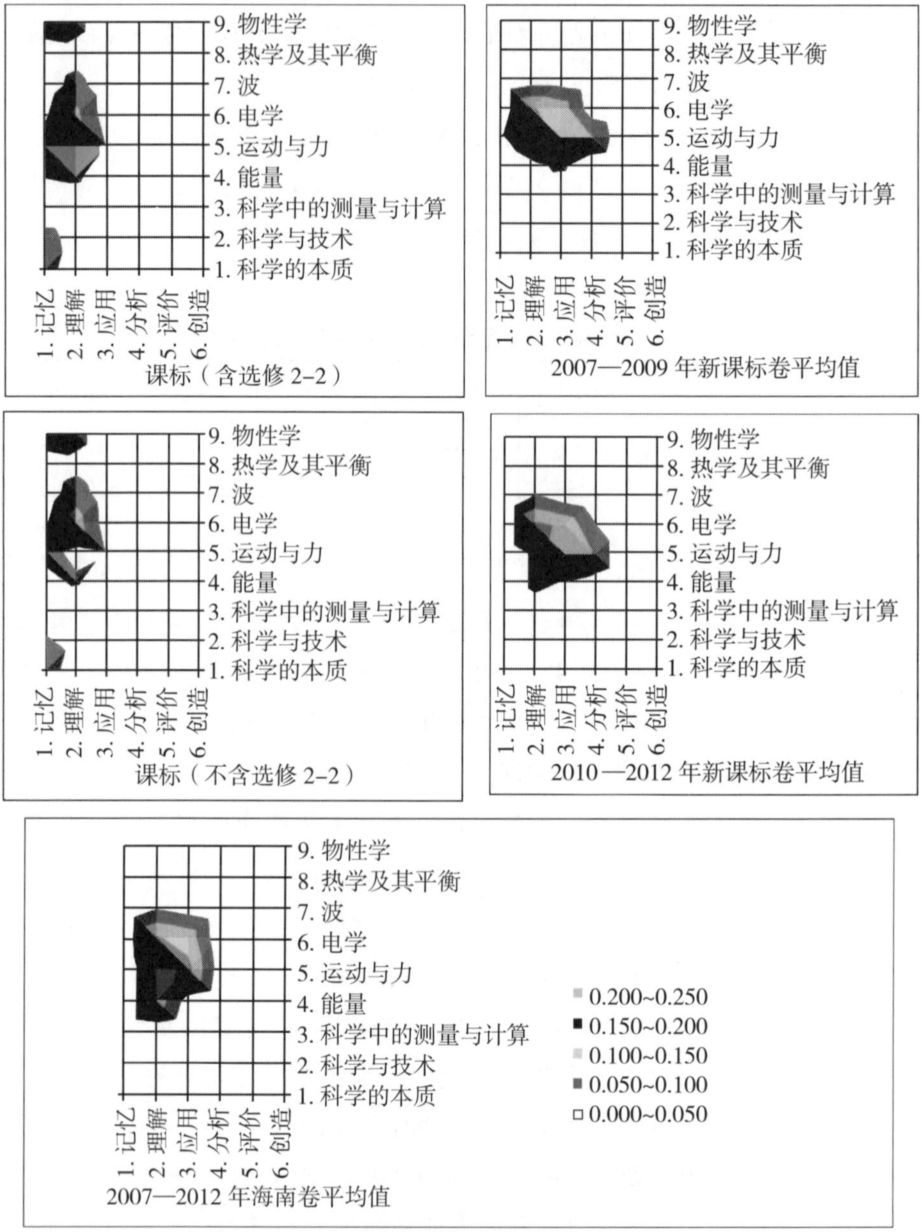

图 3-1　课标与试卷平均值的曲面图比较

从图 3–1 中看到，含选修 2–2 课标的曲面图比不含选修 2–2 的在运动与力、能量这两个主题上的理解水平更高，这是因为选修 2–2 的内容主要以力和机械为主。课标中要求最多的主题是电学，物性学、运动与力、波、能量的考查也相对较多；考查的认知水平集中在记忆和理解水平，在运动与力、能量内容中有部分考查到应用水平。而在试卷当中，由 2007—2009 年新课标卷平均值和 2010—2012 年新课标卷平均值可知，考查的重点集中在电学主题，其次则是运动与力、能量主题,其他主题则考查内容较少。2007—2012 年海南卷考查的重点集中在运动与力、电学和能量三个主题，考查的认知水平主要是理解和应用，分析、记忆考得较少，而评价则只在新课标卷中考查少许，海南卷未考查，创造水平则三类试卷均基本未考查。三类试卷考查的知识点和认知水平的分布基本相同。试卷和课标之间存在明显偏差，而试卷和试卷之间相似，这就是为什么试卷与课标之间不存在显著的一致性，且一致性结果比较集中。

总体上进行比较以后，接下来将从知识分布和认知水平分布两个维度来研究试卷和课标之间的一致性。

第三节 新课标物理试卷和海南物理试卷与课标的内容分布比较

根据课标和试卷的标准化的二维表中纵向的结果，可以得出课标和试卷中考查的知识内容在各个主题之间的分布比例，其考查知识所占比例的柱状图如图 3-2、图 3-3 和图 3-4 所示。

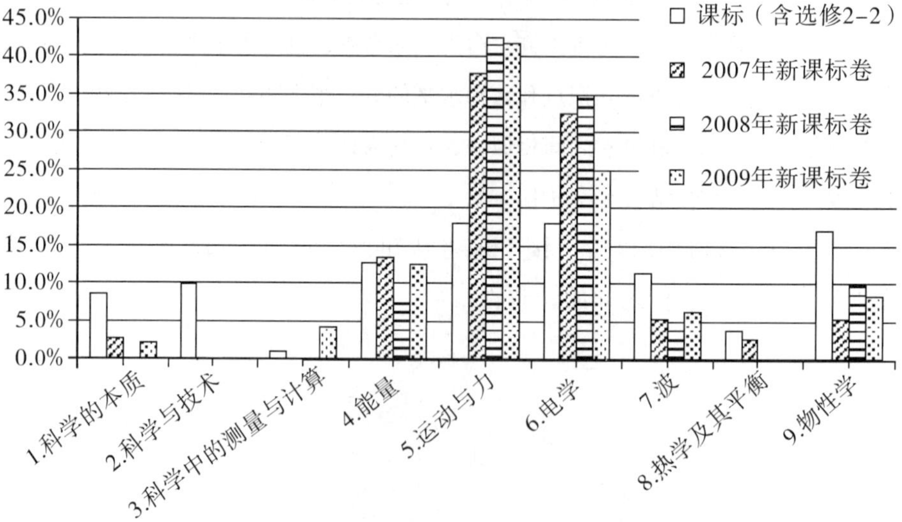

图 3-2　2007—2009 年新课标卷以及含选修 2-2 课标的知识分布图

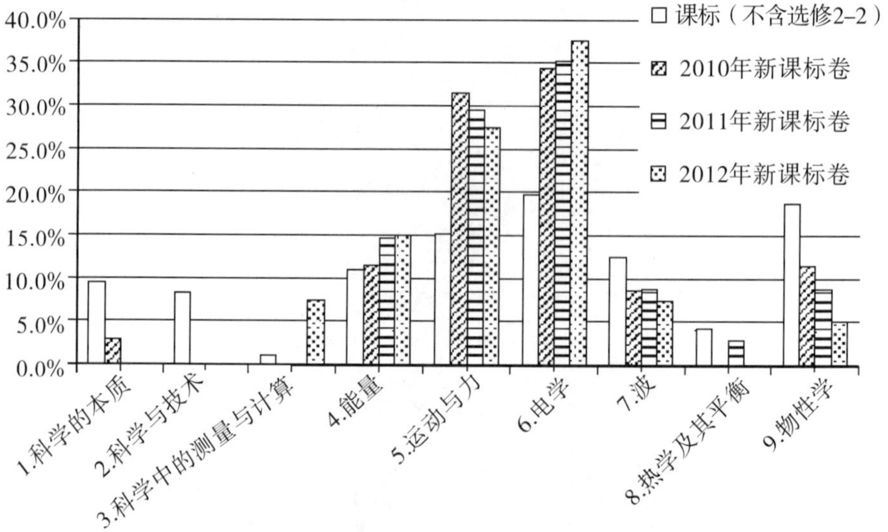

图 3-3　2010—2012 年新课标卷以及不含选修 2-2 课标的知识分布图

由图 3-2 可知，三年试卷考查的知识分布中，运动与力、电学考查的比例均远远大于课标中的比例，特别是对运动与力的考查，试卷中的比例接近课标中比例的两倍，平均占每套试卷的 40%；而在波、热学及其平衡、物性学、科学的本质、科学与技术五个主题中，课标要求比例均高于试卷比例，甚至科学与技术在三年试卷中一次也没有考查到；试卷比例与课标比例持平的模块只有能量这个主题，三年中一年低于课标，一年高于课标，一年与课标持平。

在 2010 年到 2012 年的试卷中（如图 3-3 所示），与前三年相比，考查的重点依然集中在运动与力和电学主题，电学模块的考查比例比运动与力部分要高，和课标中电学比运动与力所占比例高一致。从图中还可以看到，对物性学、运动与力、波三个主题考查的比例比较大，能量和电学主题有上升趋势。

在 2007 年到 2012 年的海南卷中（如图 3-4 所示），考查的各主题内容并没有明显的变化趋势，但主要考查的内容仍然为运动与力、电学主题，这两个主题考查内容比例基本相同，两部分考查内容比例总数在 60% 到 80%，但在 2008 年时力与运动主题的考查比例骤减，电学主题考查比例骤升，且电学考查比例在之后有下降趋势。

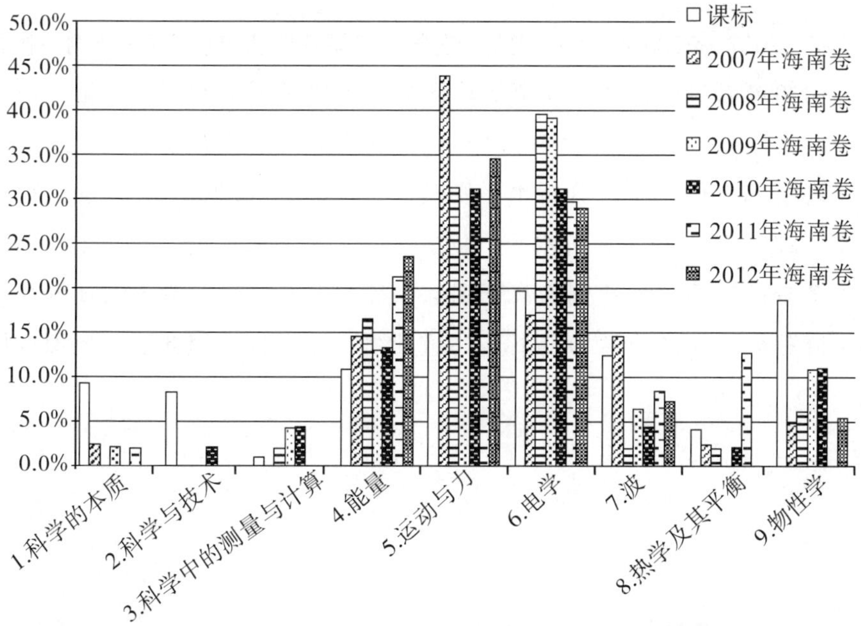

图 3-4　2007—2012 年海南卷以及不含选修 2-2 课标的知识分布图

第四节　新课标物理试卷和海南物理试卷与课标间认知水平分布比较

根据课标和试卷的标准化的二维表中横向最后一列的结果，可以得出课标和试卷中考查的认知水平在各个认知水平之间的分布比例，三种不同类型的试卷及其对应的课标内容考查认知水平比例的柱状图如图3-5、图3-6和图3-7所示。

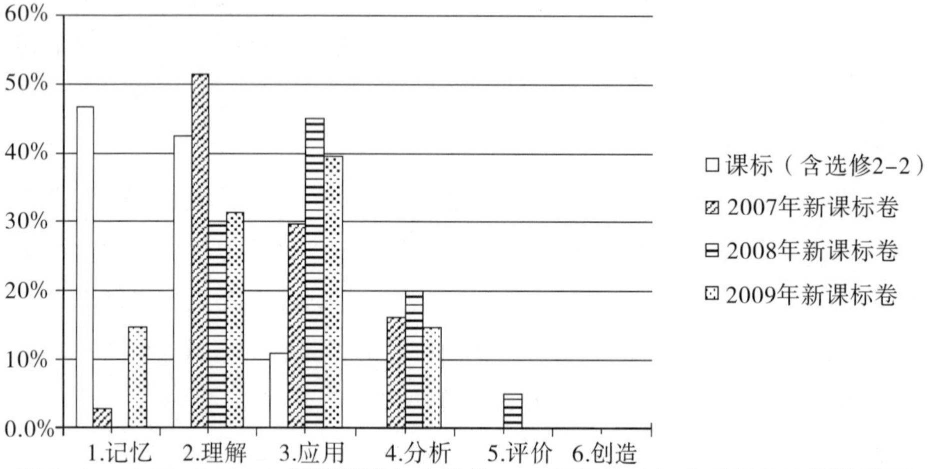

图 3-5　2007—2009 年新课标卷与含选修 2-2 课标的认知水平所占比例柱状图

由图可以看出，课标要求的认知水平主要是记忆和理解，记忆占了47%，理解占了42%，而应用则占了剩下的11%。在试卷当中，主要考查了理解和应用水平，分析水平则其次，2007年和2009年考查了记忆水平，2008年考查了评价水平，创造水平三年均未考查。三年中，新课标卷考查的应用水平比例均高于课标，且有上升趋势；考查的理解水平有下降趋势，2007年时新课标卷考查比例高于课标，但此后就比课标要低。

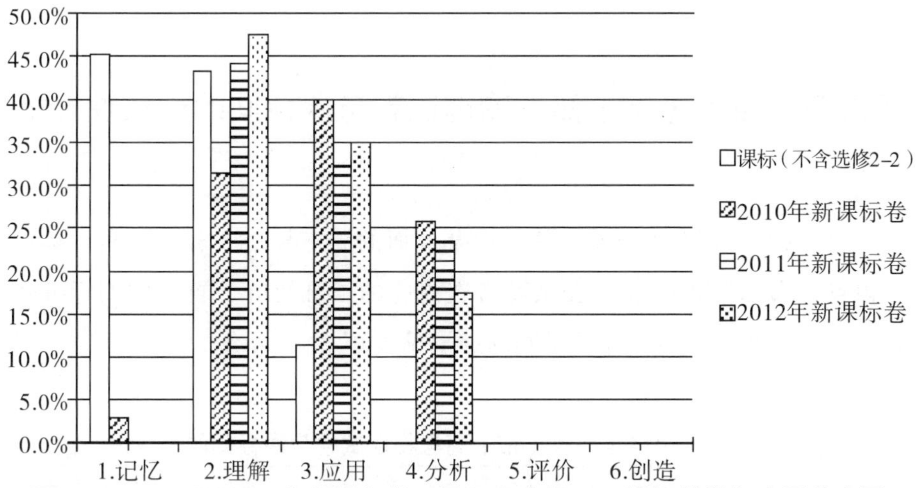

图 3-6　2010—2012 年新课标卷以及不含选修 2-2 课标的认知水平分布图

如图 3-6 所示，2010 年到 2012 年试卷认知水平分布比例与前三年基本一致，但在这三年中均未考查评价和创造水平，而这三年试卷中分析水平的考查有下降趋势。

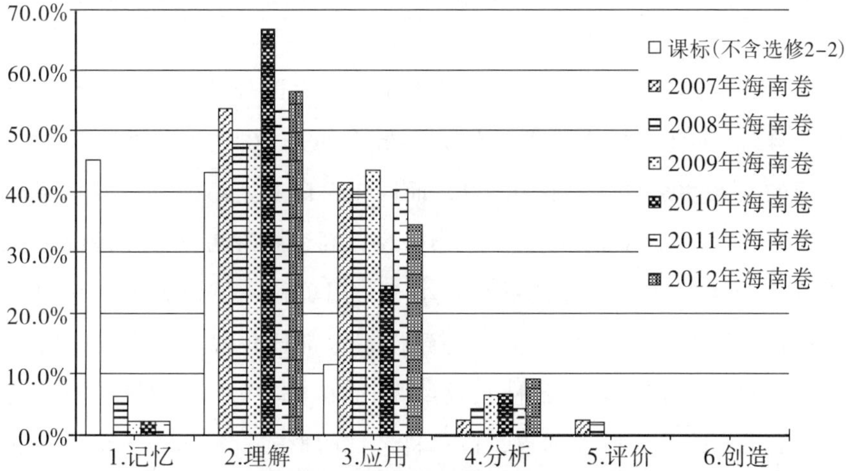

图 3-7　2007—2012 年海南卷以及不含选修 2-2 课标的认知水平分布图

如图 3-7 所示，海南卷考查的认知水平依然集中在理解和应用水平，但应用水平要低于理解水平的分布比例，理解水平的考查比例在 50% 左右，应用水平的考查比例在 40% 左右。分析水平每年均有考查，但比例均小于 10%。六年中，有四年考查了记忆水平，有两年考查了评价水平。

第五节　各省（市）高考物理试卷与课标间的一致性分析

根据 SEC 一致性研究方法，以及前面的界定标准，分析得出课标的知识点分布二维矩阵和每套试卷考查内容的二维矩阵，再将它们标准化后进行一致性系数的计算，得到的结果见表 3-3。

表3-3　2013—2014年各省（市）高考物理试卷与课标间的一致性系数

年份	新课标Ⅰ卷	新课标Ⅱ卷	大纲卷	北京卷	山东卷	浙江卷	福建卷	安徽卷
2013 年	0.427	0.443	0.446	0.264	0.368	0.254	0.284	0.319
2014 年	0.454	0.468	0.427	0.388	0.411	0.358	0.356	0.231
年份	重庆卷	四川卷	广东卷	江苏卷	海南卷	上海卷	天津卷	
2013 年	0.362	0.327	0.407	0.356	0.551	0.460	0.379	
2014 年	0.434	0.395	0.368	0.329	0.535	0.517	0.420	

表 3-3 显示，2013—2014 年各省（市）大部分试卷的一致性系数在 0.35~0.45，而且各地之间差异较大，最低的是 2014 年安徽物理试卷与课标间的一致性系数，只有 0.231，而同年海南和上海物理试卷与课标间的一致性系数却高达 0.5 以上。总体来说，高考物理考试采用理综形式的物理试卷与课标间的一致性系数要小于采用单科考试形式的。采用单科形式的高考物理试卷与课标间的一致性系数都比较高，如上海、海南及江苏物理试卷，其平均一致性系数约为 0.46。其中上海和海南的一致性系数均在 0.5 以上，而江苏也是以单科考试的形式进行考查，但由于江苏物理试卷的难度较大，考查认知水平较高，与课标中“掌握知识的最低水平”的原则有较大差别，所以其一致性系数也较低。

采用理综考试形式的物理试卷与课标间的一致性系数的平均值约为 0.37。其原因是采用理综形式考试的物理试卷试题数目比单科要少，因此所考核的知识内容相对而言没有单科试卷考查得多。特别是如福建卷、浙江卷、四川卷、重庆卷，由于试题不涵盖所有的选修内容（有的不含选修知识，有的涵盖不全，如重庆的选修题目只涉及选修 3-3 和选修 3-4

两个模块而不涉及选修 3–5 的题目），这就减少了理综物理试卷考查的内容范围。另外，由于课标中电学知识点的数目比力学部分的知识点数目要多，反映到一些地区的试卷上，有的省份（如山东）的计算题通常为一道力学、一道电学，有的省（市）（如北京）有三道计算题，其中力学两道、电学一道，而有的地区则是两道电学、一道力学，由于计算题包含的知识点个数较多，不同试卷的计算题结构会直接影响到整张试卷力学部分和电学部分知识点所占的比例，进而影响与课标的一致性系数，如上述所列举的省（市）中，广东卷的电学知识点多于力学知识点，所以与课标一致性较高，山东其次，北京最低。

对于同一个省（市），不同年份试题与课标的一致性系数也是有变化的，有些省（市）的比较稳定，而有些省（市）变化较大。从 2013 年和 2014 年的分析结果来看，新课标Ⅰ卷、新课标Ⅱ卷、大纲卷、江苏卷、海南卷和天津卷的一致性系数比较稳定，而浙江、福建、北京、安徽等省（市）的物理试卷的一致性系数变化较大，浙江卷、北京卷 2013 年一致性系数为 0.25 左右，而 2014 年一致性系数变为 0.36 左右。从整体情况来看，由教育部考试中心命制的试卷稳定性比较好。

第六节 北京和上海高考物理试卷与课标间的一致性比较

为了分析高考物理试卷考查内容相对于物理课程标准的变化情况，就需要连续分析一个时期内试卷考查内容的变化。我们选取北京和上海五年（2010—2014 年）来的试卷进行分析，其原因是：首先，作为中国文化、经济发达地区，两地教育水平较高、课改进行较早，依据课标制定高考题较为成熟，是我国基础教育高水平的代表；其次，上海为教育改革的试点，在许多方面都不同于其他省（市），而北京的教育改革则一直保持与全国一致。上海的高考物理是单科形式，而北京的高考物理是理综形式。表 3–4 是分析计算出的 2010—2014 年这两个市的一致性系数。

表3–4 北京和上海高考物理试卷与课标间的一致性系数

地点 \ 年份	2010 年	2011 年	2012 年	2013 年	2014 年
北京	0.433	0.334	0.294	0.264	0.388
上海	0.492	0.514	0.491	0.460	0.517

为了更直观地反映一致性系数随年份的变化，图 3–8 给出了一致性系数随时间变化的折线图。

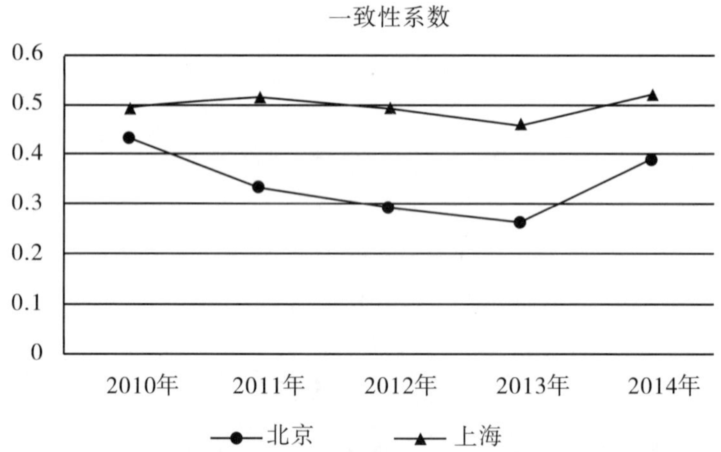

图 3–8 2010—2014 年北京和上海物理试卷与课标间一致性系数的变化

从图中可以看出，北京和上海分别处于两个水平上。北京一致性系数在 0.3~0.4 波动，而上海相对更为平稳，稳定在 0.5 左右。这种差异出现的主要原因是上海试题为单科卷，单科卷相比理综卷来说：①考查题目多，覆盖的知识点范围广；②题目多，可以存在一些相对基础的题目，基础题目对应的认知水平较低，与课标符合程度更高。对于波动性，可以解释为：由于课标是学生所掌握知识的最低水平，若考试题目与课标一致性较高，则说明考试题目所考查的知识水平较低，即试卷难度较小。图 3-8 中一致性系数反映出，2010—2014 年上海卷的试题难度水平保持较适中，波动不大，而北京试题在 2010—2013 年一致性系数不断降低，试题难度不断增加，而 2014 年一致性系数升高，说明试题难度又回归较低水平。这种情况也说明高考命题的难度控制是很困难的事情，试卷的难度不仅与高考物理试卷考查内容和认知水平有关，还与当年参加考试的考生整体水平有很大关系。对于同一份试卷，如果考生能力强、水平高，那么考试后试卷的难度值则比较高，也就是试卷的通过率比较高；如果考生的能力弱、水平低，那么试卷的难度值就比较低。在我国高考过程中考试难度存在波动是正常现象。如某个省份连续几年难度不断增高，之后的高考中又会回归简单基础。

其次，由于作为单科卷的上海卷考查的知识点个数较多，若两年来试题中个别题目考查的知识内容变化时，对整体的一致性系数影响较小；而作为理综卷的北京卷题量较少，若两年的试题有一两道题目所考查的知识点有变化或难度（认知水平）有变化，那么对整体的一致性系数影响则较大。综合各省（市）的结果也可以看出，以理综卷形式考查的地区一致性系数波动性相较以单科卷考查的地区波动更大。另外，在计算中也发现，一致性系数较低，更易产生波动。如两个地区的一致性系数分别为 0.2 和 0.4，那么若改动其中的一道题，前者的一致性系数的变动幅度通常比后者要大。

第七节 高考物理试卷与课标间的一致性评述

以上的分析研究结果显示，总体来说，大学入学物理试卷与高中物理课程标准间的内容一致性都比较差，计算出的一致性系数也都比较低，均没有达到一致性系数的临界值0.745。从统计意义上说，我们分析的大学入学物理试卷与高中物理课程标准间的内容不具备一致性。

对于所选择的2007—2012年大学入学物理试卷而言，新课标卷的一致性系数最高为0.458，最低为0.374，平均值为0.418；海南卷的一致性系数最高为0.457，最低为0.384，平均值为0.422。新课标卷和海南卷的一致性系数均低于临界值，即不具有显著意义上的一致性。

课标中要求最多的主题是电学，其次则是物性学、运动与力、波、能量；而在试卷当中，新课标卷考查的重点集中在电学主题，其次是运动与力、能量主题，其他主题则考查内容较少；海南卷考查的重点集中在运动与力、电学和能量三个主题。课标要求的知识内容丰富，含选修2-2的有212个知识点，不含选修2-2的有192个知识点，不管是单科卷还是综合卷，试卷的知识点含量在40个左右，最高也仅为55个。

课标中要求的认知水平集中在记忆和理解水平，在运动与力、能量主题中有部分考查到应用水平；在试卷中考查的认知水平主要是理解和应用，分析、记忆考得较少，而评价则只在新课标卷中考查少许，海南卷未考查，创造水平则均基本未考查。

概括起来，2007年到2012年新课标卷和海南卷与其各自相应的课程标准之间不存在显著的一致性。主要原因有以下三点：

（1）课标要求的知识除热学及其平衡、科学中的测量及计算两个主题外，其他七个主题考查分布均匀，试卷考查的知识内容侧重在电学、运动与力两个主题。

（2）课标要求的认知水平侧重在记忆和理解层次，而试卷考查的认知水平侧重在理解和应用层次。

（3）课标要求的知识内容丰富，含选修 2-2 的有 212 个知识点，不含选修 2-2 的有 192 个知识点，而试卷不管是单科还是综合，试卷的知识点含量在 40 个左右，最高也仅为 55 个。

除此之外，在表 3-1 中的三种试卷之间也有区别。2007 年到 2009 年的新课标卷对运动与力的考查比例比电学高，2010 年到 2012 年的新课标卷对运动与力的考查比例比电学低。这主要是因为在 2007 年到 2009 年的试卷中有选做题考查了选修 2-2 的内容，而选修 2-2 的内容主要集中在运动与力这一主题。2007 年到 2012 年的海南卷则比 2007 年到 2012 年的新课标卷在知识类别方面的分布更为均匀。这主要是因为海南卷是单科卷，题量大，且认知水平相对而言比新课标卷低，更接近课标要求。

对于选择的 2013—2014 年大学入学考试物理试卷，与课程标准的一致性系数仍然低于临界值（0.745），即物理高考试题与对应的课程标准不具有显著意义上的一致性。其中，2013—2014 年一致性系数最高为 0.551（2013 年海南卷），最低为 0.231（2014 年安徽卷），地区与地区之间横向差异较大，地区自身纵向差异较小。

试卷与课程标准一致性系数在一定程度上能够反映试卷的难度，试卷难度较大，一致性系数较低，反之一致性系数较高，说明试卷的难度较小。对于同一地区，一致性系数或保持稳定，或在一定幅度内波动，这由各地区的出题难度决定，并受前几年试卷难度的影响。

以上的分析显示，影响大学入学物理试卷与高中物理课程标准间的一致性的主要因素有：

①试卷形式（单科试卷还是理综试卷）：单科试卷的一致性系数比理综试卷的要高。

②试卷结构（题量以及题型）：题量大的试卷一致性系数较高，且每年的波动较小。题型虽然不影响考查的知识内容，但是会影响题目要求的认知水平，如选修题目，若放在选择题中考查，就会对认知水平要求较低，而在计算题中要求水平较高。

③选考形式（涉及选修的数量）：大部分地区都设置了选修 3-3、选修 3-4、选修 3-5 的题目，但有的地区只设置了其中两种选修的题目，

甚至有的地区不设置选修类的题目，这使得与课程标准对照时一致性较低。

④试题难度：试题难度较高，对应着认知水平要求较高，由于课程标准要求的认知水平较低，所以难度较高的试卷与课程标准的一致性系数较低。

从物理内容分类可以发现，课标中要求最多的主题是电学，其次则是物性学、运动与力、波、能量；而在大学入学物理试卷中考查重点在力学和电学内容上，且一般力学比重高于电学（综合计算题很少有纯电学题目，通常都借助力学知识解题），其他主题内容则考查较少，这是导致一致性系数较小的根本原因。另外，不同地区试题所对应的课标知识点也有差别，最多的地区可考查 54 个知识点，最少的地区只考查 24 个知识点，且知识点分布不均匀，这使得二者在知识分布上一致性系数差异较大。

从认知水平的要求上可以发现，课标中要求的认知水平集中在记忆和理解水平，有少量应用水平，而不涉及分析水平；在大学入学物理试卷中考查的认知水平主要是理解和应用水平，而且还有部分试题要求达到了分析水平，二者在认知水平要求上存在着较大的差异。评价和创造水平在课标中虽不涉及，但是题目中也出现得极少，故不认为是影响一致性的主要原因。这种认知水平要求的差异也体现出课标是对高中毕业生的最低要求，而大学入学考试是对高中毕业生的较高要求，高中物理课程标准和大学入学物理试卷两者的目标就存在着差别，而这种差别也注定了在认知水平要求方面两者一定存在着不一致。如果它们之间的一致性很好，则意味着高中毕业生中的高水平学生和低水平学生的差别不大。而我国高中教育现状是高中毕业生的水平差异很大，我们研究得到的课标与大学入学物理试卷间的一致性不高的结果与我们高中教育现状是一致的。

对于大学入学物理考试而言，选择高中物理课程标准为效标对其内容效度进行评定，其内容效度并不是很高。因为大学入学物理试卷的内容与认知水平和课标的要求存在着一定的差异。

第四章 中国台湾地区大学入学物理试卷与其课标间的一致性研究

大陆和台湾同根、同源、同文化，在教育领域有很多共性，既有相同的成功之处，也面临一些同样的矛盾和困惑。由于历史的原因导致大陆与台湾的教育体制不尽相同，台湾的教育受美国影响比较大。近年来，台湾基础教育为适应新世纪的挑战，围绕如何提升教育品质，落实开放教育的观念，通过更新课程，统整“五育”均衡，构建和创设了全面发展与终身学习等目标。

台湾的基础教育有其自身的特色。例如：台湾的基础教育非常注重弘扬中华传统，强化行为熏陶，在理念上更注重古今中外结合，兼容东西方文明。台湾的基础教育，一直遵循“有教无类”的古训，普及率相当高。学校以培养“德、智、体、群、美”均衡发展之健全国民为宗旨。在弘扬传统的同时，学校也很注重吸收和渗透现代教育元素，力求把学生培养成主导信息社会的高素质现代化综合人才。

研究台湾基础教育的课程与其评价体系，对我们的基础教育改革既能够提供许多成功的经验，也能够提供很多值得借鉴的启示。本章通过对台湾大学入学物理试卷与其课程标准的一致性进行定量评估，来评定台湾大学入学物理试卷的内容效度。

第一节 台湾基础教育及大学入学考试制度

1. 台湾基础教育体系。

台湾教育体系可以分为正规教育和职业教育两类，正规教育分为基础教育、高级中等教育和高等教育三个阶段[1]。台湾地区教育的最高主管部门负责管理全台湾小学、中学、学前教育和失学民众的教育事宜。台湾的学年开始于每年的 8 月 1 日，终止于第二年的 7 月 31 日，各项教育统计都以学年为单位。1968 年，政府颁布基础教育相关实施条例，确定基础教育应实施九年，前六年为小学教育，后三年为中学教育，并将原本的初级中学和初级职业学校均改制为中学。九年基础教育以后，学生进入三年高级中等教育阶段，之后参加考试进入四年的高等教育阶段。总的来说，采用的学制与大陆一致，均为“六三三四”制。相对而言，台湾的高中类型较多，具体如下：

（1）普通高中：开设以基本学科为主的普通课程，强化学生的通识能力的高中。

（2）综合高中：开设融合普通科目和职业科目的课程，使学生根据能力、性向和兴趣选修适当课程的高中。

（3）单科高中：开设以特定的学科领域为核心的课程，向学习成就特别优异和性向明显的学生提供继续发展潜能的高中。

（4）实验高中：为从事教育实验而设立的高中。

其中普通高中使用普通高级中学课程纲要，综合高中使用综合高级中学课程纲要。从普通高中和综合高中的性质来看，普通高中与大陆的高中性质一致，下面将具体介绍普通高中的课程改革。

自 1949 年以来，台湾的普通高中课程改革先后有 8 次，时间分别是 1952 年、1955 年、1962 年、1971 年、1983 年、1994 年、1996 年和 2001 年。1998 年，台湾的教育部门颁布了基础教育阶段相关的课程纲要，2001 年开始实施中小学九年一贯课程。为了更好地与九年一贯课程发展相衔接，

［1］张力.台湾教育体制概述［J］.资治文摘（管理版），2010（6）：151.

台湾的教育部门于 2004 年 8 月颁布了《普通高级中学课程纲要》，并从 2006 学年开始实施。2008 年，台湾的教育部门进一步修订了《普通高级中学课程纲要》，并拟从 2009 学年开始实施。其中物理课程纲要包括必修科目《基础物理》课程纲要和选修科目《物理》课程纲要[1]。现有的物理课程纲要有以下三种：

（1）现行高中物理课程标准，即八四课纲，1995 年修订公布，1998 年到 2008 年的考试以此为依据。

（2）普通高级中学课程暂行纲要，即九五暂纲，2004 年颁布，2005 年修订，2009 年施考，2009 年到 2012 年考试以此为依据。

（3）普通高级中学课程纲要，即九九课纲，2013 年及以后考试以此为依据。

三者之间的关系与差别：八四课纲内容的修订调整，主要依据九年一贯课程实施以及适应未来科技发展的需要，故八四课纲与九五暂纲之间区别不大。九九课纲设计的精髓为高一统整、高二试探、高三分化，强调通识及延后分流的观念。整体而言九九课纲与九五暂纲有三个主要差异：第一是学分数调整，改变较大的是数学、物理、化学、生物、地球科学；第二是分 A、B 版，包括英文、数学、物理的高二课程分为 A、B 版，且 B 版包含 A 版；第三是各科目学科内容的变动，有些科目是不同年级课程内容的调动，有些则是内容的增减。

2. 台湾高等学校入学考试制度。

1949 年以来，台湾的高等教育考试制度有过三次改革，最初台湾实行的是各高校自行招考制度；1954 年开始实行公立大学联招制度，由于这个制度存在很多缺点，1989 年，大学入学考试中心成立，邀请近千人研究了联招制度的优缺点，并委托研究小组于 1992 年提出《台湾大学入学制度改革建议书——大学多元入学方案》。1997 年台湾各大学校长组成的“大学招生策进会”对改良式联招提出多方的质疑。经过讨论，1999 年拟成《大学多元入学新方案》，并于 2002 年开始实施，改革原则是招考分离、多元入学、招生自主。招考分离是指考试由大学入学考试

［1］ 王全.台湾地区高中物理课程纲要对大陆高中物理课程改革的启示［J］.中学物理，2009（5）：4-7.

中心及术科考试委员会等机构办理，招生由大学办理。《大学多元入学新方案》主要包括甄选入学制和考试分发入学制两部分内容，具体过程见图 4-1 所示。

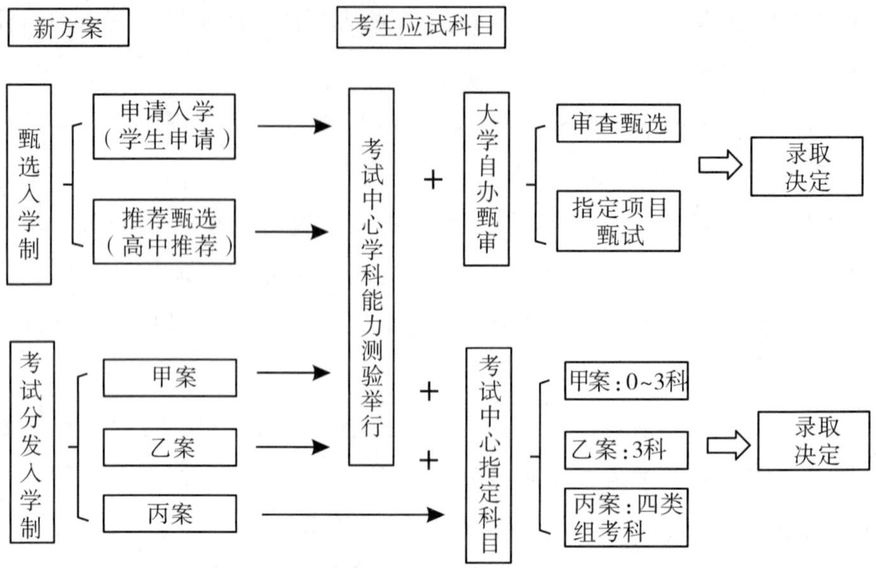

图 4-1 台湾地区大学多元入学新方案结构图

具体来说，甄选入学制类似于大陆的自主招生考试。采用这类制度招生的各大学院系根据各自特色确定招生条件，自行决定考试科目，并可以参考加权 1 倍、1.25 倍、1.5 倍、1.75 倍或 2 倍的方式计入成绩。大学可以自主选择单独或联合招生。

考试分发入学制是借考试筛选学生，根据考试阶段、成绩、科目等的不同，分为甲、乙、丙三案，但均以指定科目考试（七月考试）成绩作为依据。丙案的四类组考科指按现行的联招方式分为四组，每组考 5~6 科。

第一类组分为三类，含有文科、法科和商科。

文科社会组，以文学院招生为主的考试科目：国文、英文、数学乙、历史、地理。

法科社会组，以法律学院招生为主的考试科目：国文、英文、数学乙、历史、地理、公民与社会。

商科社会组，以商学院招生为主的考试科目：国文、英文、数学乙。

第二类组为自然组，以理工学院招生为主的考试科目：国文、英文、数学甲、物理、化学。

第三类组为自然组，以医学院为主招生的考试科目：国文、英文、数学甲、物理、化学、生物。

第四类组为自然组，以农学院为主招生的考试科目：国文、英文、数学甲、化学、生物。

另外，俗称十科全考为“第五类组”，可以填所有科系。

新方案的考试形式分为学科能力测试和指定科目考试。它们都遵循一纲多本的命题方式，即高中教材开放编辑，各考科有多个版本。在一纲多本的情形下，各考科的命题以课程纲要所列之主要概念为原则，并依据各考科的测验目标设计试题。

（1）学科能力测试（简称学测）。

①测验目标：旨在测验考生是否具有接受大学教育的基本学科能力，是大学校系初步筛选学生的门槛，因此其检验目标在于测验考生是否具备高中生应有的基本学科知能和接受大学教育应有的学科知识的能力，以及结合生活知能及整合不同领域的学科知识的能力，及应用学科知识的能力。

②测验时间：报名时间在每年的11月，考试时间则在次年的1月底或2月初。测验时间除国文考科为120分钟外，其余各考科均为100分钟。

③考试科目测验范围：考试科目包括国文、英文、数学、社会、自然五考科，其中社会考科的内容包含历史、地理、公民与社会；自然考科的内容包含物理、化学、生物、地球科学。各考科测验范围以课纲（2008年以前为八四课纲，2009年到2012年为九五暂纲，2013年及以后为九九课纲）为依据，包括高一、高二必修课程。其中物理考试范围与不同课纲的对应如下：

八四课纲：高一基础物理、高二必修科目物理。

九五暂纲：高一基础物理、高二必修科目物理。

九九课纲：必修科目基础物理、必修科目基础物理二A。

④题型：学科测试以计算机可读的题型为主，例如选择题（单选题、多选题）、选填题。国文、英文考科另有非选择题。

（2）指定科目考试（简称指考）。

①测验目标：指考为大学选拔人才需要而设计，因此其测验目标在于检测考生应具备的学科知识，以及对于数据的阅读、判断等能力，推理、分析等思考能力，表达能力及学科知识的应用能力。

②测验时间：每年 7 月 1 日至 3 日，各考科的考试时间均为 80 分钟。

③考试科目测验范围：指考原则上以课纲（2008 年以前为八四课纲，2009 年到 2012 年为九五暂纲，2013 年及以后为九九课纲）为依据，各考科测验范围可包括必修与选修科目的课程。其中物理考试范围与不同课纲的对应如下：

八四课纲：高一基础物理、高二必修科目物理、高三选修科目物理。

九五暂纲：高一基础物理、高二必修科目物理、高三选修科目物理。

九九课纲：必修科目基础物理、必修科目基础物理二 B、高三选修科目物理。

④题型：可以有选择题（单选题、多选题）、选填题及非选择题，各题型的比重依各考科需要组卷。至于各考科之试卷架构与题型配置，则请参见附录 1。

从以上的介绍可以看出，指定科目考试是为大学选拔人才而设计的，这个考试的作用与大陆高考的作用相同，所以我们选择台湾地区的指定科目考试作为研究对象，比较物理指定科目考试与对应的高中物理课程标准间的一致性，以此来寻求台湾物理指定科目考试的内容效度的证据。

第二节　台湾物理指定科目考试结构

为了保持我们每部分研究之间具有可比性，我们依然选择从 2007 年到 2014 年间的台湾高中物理课程的课标与对应的台湾高考（指考物理试卷）作为我们的研究对象。

在 2007 年至 2014 年期间，台湾的课纲一直在变化当中。在 2007—2008 年的指定科目考试的物理试卷还是按照八四课纲的理念命制的，2009—2012 年的指考物理试卷按照九五暂纲命制，2013 年及以后指考试卷按照九九课纲命制。从 2007 年到 2014 年指考物理试卷的结构也发生了微小变化，具体见表 4–1。

表4–1　台湾指定科目考试物理试卷结构

试卷名称	类型	总分	考试时间	题号	试题类型	题量	分值
指考物理卷 2007—2008 年	单科	100	80 分钟	1~10	单选题	10	40
				11~18	多选题	8	40
				一至二	计算题	2	20
指考物理卷 2009—2012 年	单科	100	80 分钟	1~20	单选题	20	60
				21~24	多选题	4	20
				一至二	计算题	2	20
指考物理卷 2013—2014 年	单科	100	80 分钟	1~20	单选题	20	60
				21~24	多选题	4	20
				一至二	计算题	2	20

表 4–1 给出了台湾指考物理考试的形式、考试时间、试卷的结构、题型、题量和分值。从表中可以看出，从 2007 年到 2014 年的 8 年时间中，指考物理的考试形式几乎没有变化，只有试卷中的选择题的数目发生了微小变化。因此，尽管台湾高中教育在此期间的课纲不断地改革，但其评价体系却变化不大，以保证台湾的高中教育体系稳定地改革，逐步发展。指考物理试题示例见附录 1。

第三节 指定科目考试物理试卷与课纲的一致性总体比较

根据SEC一致性研究方法，以及第二章规定的分类、编码界定的标准，得出了课标的知识点分布二维矩阵，及其指考物理试卷考查的具体知识点对应的物理内容和认知水平编码，进而得到指考物理试卷考查的知识点关于物理内容和对应认知水平的二维矩阵，将其标准化以后，利用一致性系数公式计算出指考物理试卷与所对应的课纲间的一致性系数。

我们计算得出的2007年、2008年指考物理试卷与八四课纲之间的一致性系数，2009年到2012年指考物理试卷与九五暂纲之间的一致性系数，2013年和2014年指考物理试卷与九九课纲间的一致性系数如表4-2所示。

表4-2 指考物理试卷与对应课纲的一致性系数

课纲	八四课纲		九五暂纲				九九课纲	
年份	2007年	2008年	2009年	2010年	2011年	2012年	2013年	2014年
指考物理试卷	0.499	0.515	0.517	0.521	0.516	0.525	0.506	0.640

根据计算结果可知，指考物理试卷与课纲的一致性系数最高为0.640，最低为0.499，平均值为0.530。用Matlab计算出的9×6矩阵在显著性水平为0.05的临界值是0.745。指考物理试卷的一致性系数低于临界值，即不具有显著意义上的一致性。

为了发现指考物理试卷与物理课纲间存在哪些不一致，我们来看指考物理试卷和对应课纲的标准化后的二维矩阵的曲面图。其中横轴是认知水平维度，表示指考物理试卷考查（或课纲所要求）具体知识的认知水平占试卷考查的（或课纲所要求的）全部知识内容的比例；纵轴是知识维度，表示指考物理试卷考查（或课纲所要求）某个具体知识内容占试卷考查的（或课纲所要求的）全部知识内容的比例。颜色的深浅表示指考物理试卷考查知识点或课纲要求的知识点占它们各自总数的比例，颜色最浅的代表0.000~0.050，最深的代表0.200~0.250。图4-2（1）（2）是台湾物理课纲与对应的指考物理试卷的二维曲面图，其中上面两幅图中左边的是八四课纲的知识内容和所要求的认知水平在我们的分析框架下分别所占比例的二维曲面图，右边的是其对应的2007年和2008年指考物理试卷考查的内容和认知水平分布情况概况，图中的数值是2007年和2008年指考物理试卷二维标准化矩阵对应矩阵元的平均值；中间两幅图中左边的是九五暂纲二维曲面图，右边的是对应此课纲内容的2009—2012年指考物理试卷考查的内容和认知水平的分布情况的概况，图中数值是2009—2012年指考物理试卷二维标准化矩阵对应矩阵元的平均值；下面两幅图中左边的是九九课纲二维曲面图，右边的是对应此课纲内容的2013—2014年指考物理试卷考查的内容和认知水平的分布情况的概况，图中数值是2013—2014年指考物理试卷二维标准化矩阵对应矩阵元的平均值。

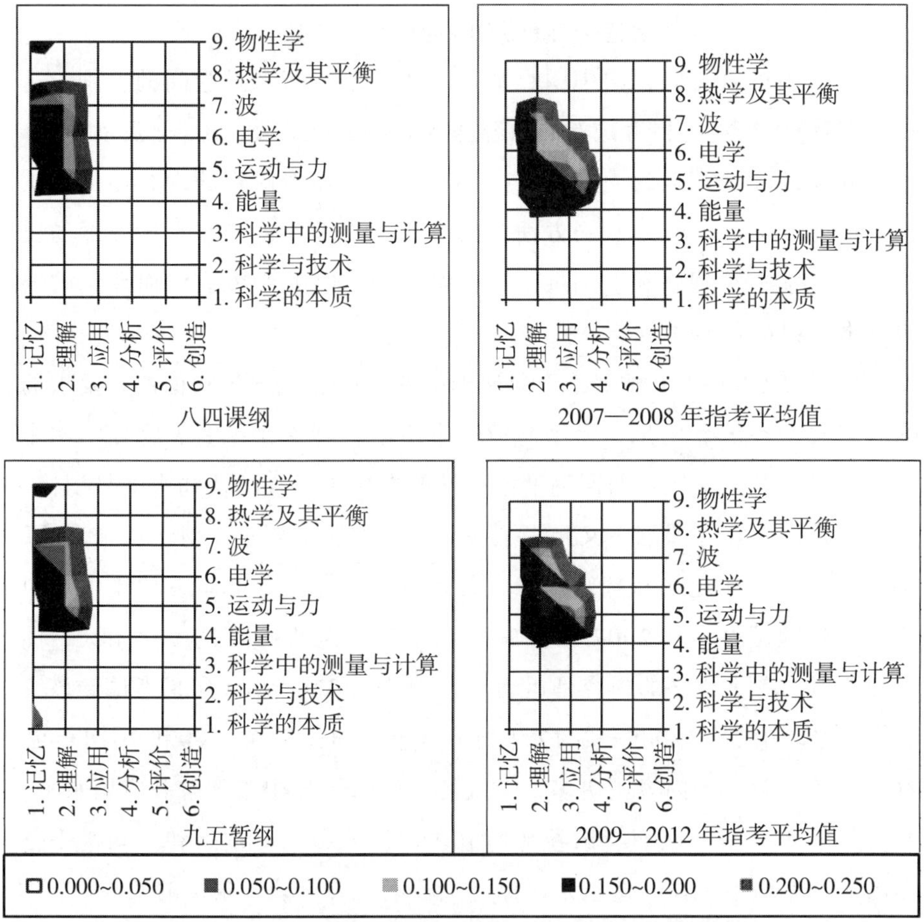

图4-2（1）　台湾高中物理课纲与对应指考物理试卷的物理内容和认知水平的分布情况

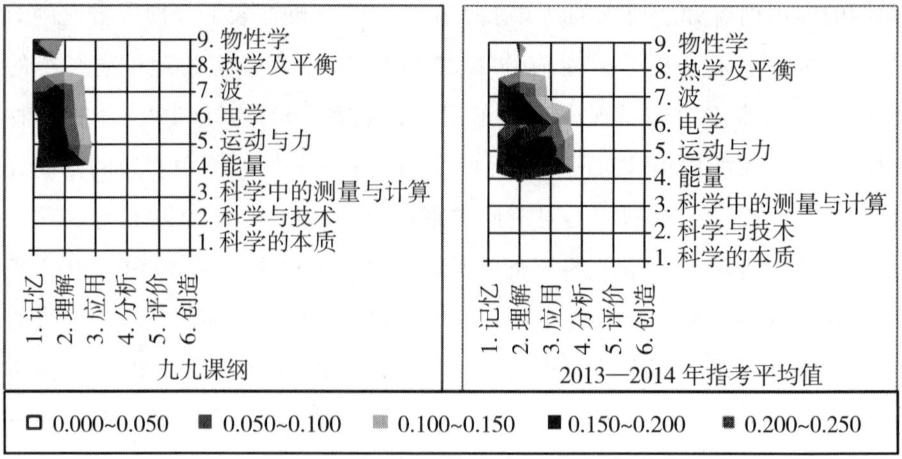

图 4–2（2） 台湾高中物理课纲与对应指考物理试卷的物理内容和认知水平的分布情况

从图中可以看到，图中明显地显示了课纲与指考试卷间的差别，这反映在物理内容上：指考试卷的内容基本上均考查了波、电学、运动与力、能量和物性学，其他的内容基本上没有涉及。显然课纲的内容比指考试卷的内容要多。在认知水平方面：指考试卷要求的认知水平比课纲的要求高些，基本在理解和应用层次，低水平的记忆几乎没有，而课纲的要求基本为记忆和理解两个水平。

图 4–2（1）（2）显示，不同课纲的曲面图还是比较相似的，要求的内容多集中在波、电学、运动与力三个主题，其次是能量、物性学两个主题，但九五暂纲比八四课纲增添科学的本质（考查的认知水平是记忆）这个主题，而九九课纲中又删去了关于科学本质的要求；对于认知水平，课纲要求集中在记忆和理解水平，且理解多于记忆，基本变化不大。对于指考物理试卷，从 2007 年至 2014 年，其二维曲面图的变化不大，图形很相似。考查最多的内容是运动与力，且 2007—2008 年指考试卷该主题上的平均值高于 2009—2012 年指考试卷平均值；2013 年和 2014 年在这个主题上考查的内容则更多；考查的认知水平集中于理解和应用水平，且理解多于应用。课纲与试卷平均值在知识分布的侧重点和认知水平分布的侧重点均不一样，这也是课标与试题不具有显著一致性的原因。

进行总体比较以后，接下来将从知识分布和认知水平分布两个维度来研究试卷和课纲之间的一致性。

第四节　指定科目考试物理试卷与课纲之间的内容分布比较

根据课纲和试卷的标准化的二维表中纵向最后一列的结果，可以得出课纲和试卷中考查的知识内容在各个主题之间的分布比例。由两种不同类型的试卷及其对应的课纲内容，画出两幅考查知识所占比例的柱状图。

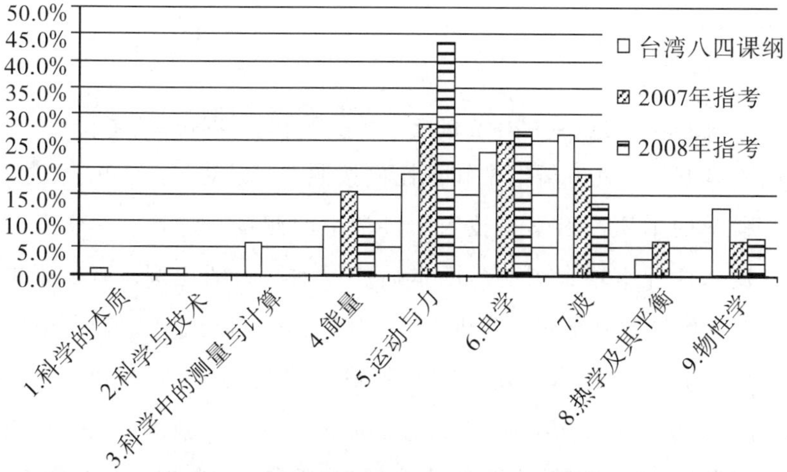

图 4-3　2007 年、2008 年指考试卷及八四课纲知识分布图

由图 4-3 可以看出，八四课纲知识比例按照波、电学、运动与力、物性学、能量、科学中的测量与计算递减，科学的本质、科学与技术及热学及其平衡各自考查内容比例不超过 3%。两年指考试卷考查比例按运动与力、电学、波、能量、物性学递减，2007 年考查了少许热学及其平衡，从未考查过有关科学的本质、科学与技术、科学中的测量与计算的内容。同时考卷中运动与力、电学、能量高于课纲中的比例，波和物性学低于课纲中的比例。

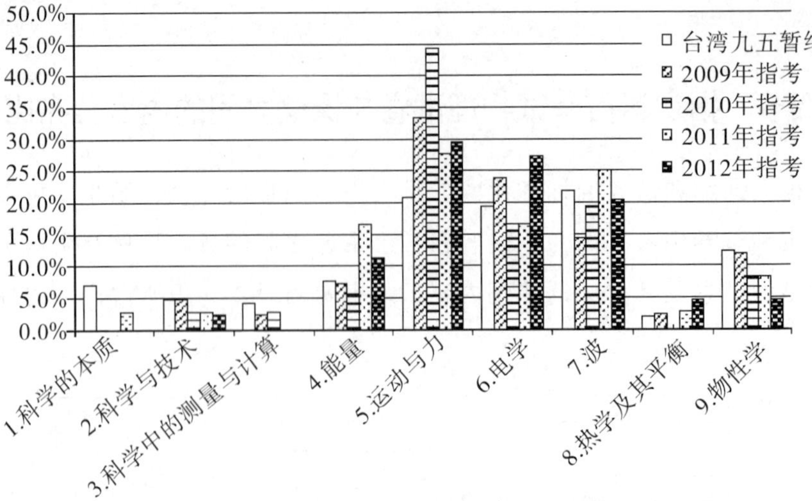

图 4-4 2009—2012 年指考试卷及九五暂纲知识分布图

图 4-4 显示，九五暂纲中知识比例按照波、运动与力、电学、物性学、能量、科学的本质、科学与技术、科学中的测量与计算、热学及其平衡递减，比八四课纲增大了科学的本质、运动与力的比例，减少了电学的比例。四年的试卷在能量、运动与力、电学、波方面比例没有明显的变化，但物性学、科学与技术的比例有随年份下降的趋势，与 2007 年、2008 年相比，2009—2012 年的指考试卷增加了对科学与技术、科学中的测量与计算的考查，但比例仍低于九五暂纲中的比例。2009—2012 年考查波、电学、能量的比例基本与九五暂纲一致，运动与力的比例高于九五暂纲。

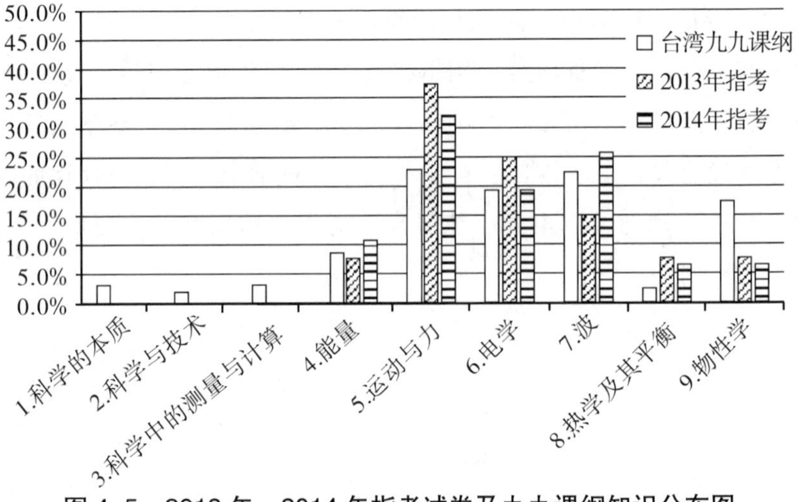

图 4-5 2013 年、2014 年指考试卷及九九课纲知识分布图

图 4-5 中显示了九九课纲要求的知识内容与 2013 年、2014 年指考物理试卷考查的内容在各个主题上所占的比例情况。由图中可以看出九九课纲的知识内容与 2013 年和 2014 年指考物理试卷在内容上的差别。对于科学的本质、科学与技术和科学中的测量与计算这三个主题，指考试卷中基本没有涉及。这也是它们不一致的主要原因之一。分析未涉及以上三个主题的原因，可能是因为在命制关于这三个主题的物理试题方面存在困难，它们与物理内容的关系是间接的，想通过物理试题来考查这些内容有一定的难度，通常物理试卷基本上都不涉及这些内容。相反，在运动与力、电学、热学及其平衡主题，则指考试卷考查的比例比课纲要多，因为这些内容是物理课程学习的重要内容，也是难点。这些内容对于物理课程来说，具有一定的代表性。

第五节 指定科目考试物理试卷与课纲之间的认知水平分布比较

根据课纲和试卷的标准化的二维表中横向最后一行的结果，可以得出课纲和试卷中考查的认知水平在各个认知水平之间的分布比例。由两种不同类型的试卷及其对应的课纲内容，画出两幅考查认知水平比例的柱状图。

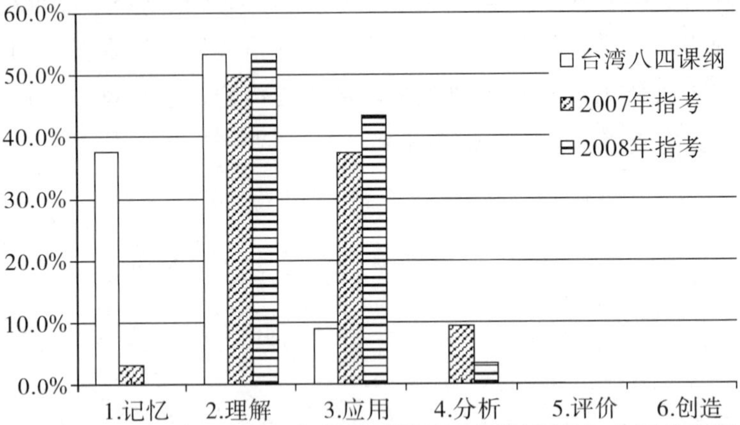

图 4-6 2007 年、2008 年指考试卷及八四课纲认知水平分布图

由图 4-6 可以看出，八四课纲的认知水平分布中 50% 以上为理解，35% 以上为记忆，仅有剩下的不到 10% 为应用。两年的考卷中对理解水平的考查与课纲基本持平，但对应用水平的考查比课纲高出三倍多，也有少部分对记忆和分析的考查。

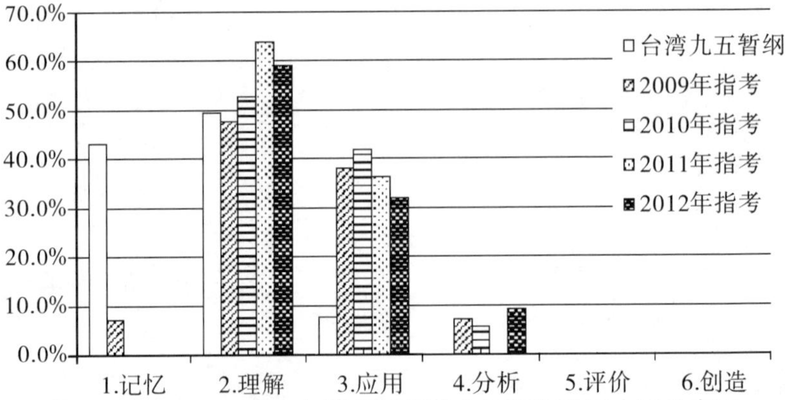

图 4-7 2009—2012 年指考试卷及九五暂纲认知水平分布图

图 4-7 所示为九五暂纲和 2009—2012 年指考试卷的认知水平分布图。九五暂纲与八四课纲相比，对记忆水平的考查有所提升，对理解水平的考查有所降低。试卷以考查理解为主，应用为辅。试卷考查应用水平比例是九五暂纲的两倍以上。

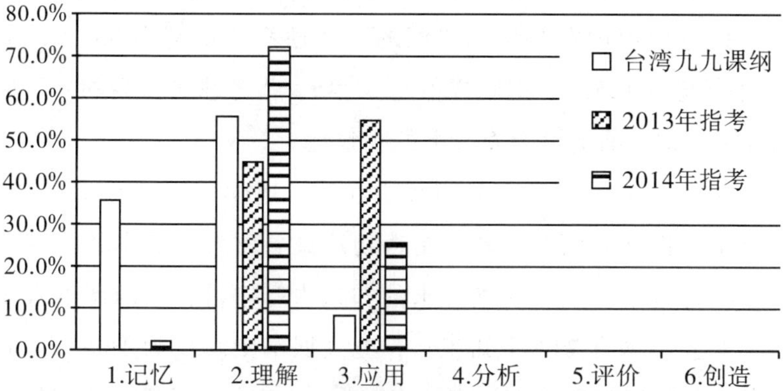

图 4-8　2013 年、2014 年指考试卷及九九课纲认知水平分布图

图 4-8 中鲜明地显示出九九课纲与 2013 年、2014 年指考物理试卷在认知水平上的差别，课纲大部分要求记忆和理解水平，分别占 36% 和 56% 左右，而指考物理试卷对认知水平的要求主要在理解和应用两个水平，这两个水平相加占近 90% 的比例。

第六节 台湾大学入学物理试卷与其课标间的一致性评述

从以上分析可知，关于课纲和试卷之间的一致程度的结论如下。

（1）指考物理试卷与课纲之间的一致性系数最高为 0.640，最低为 0.499，平均值为 0.530，但临界值是 0.745。指考物理试卷的一致性系数低于临界值，即不具有显著意义上的一致性。

（2）课纲中要求的内容分布集中在波、电学、运动与力三个主题，其次是能量、物性学两个主题，指考物理试卷中考查最多的内容是运动与力，其次是电学和波；课纲要求的知识内容丰富，八四课纲有 202 个知识点，九五暂纲有 211 个知识点，九九课纲则减少为 167 个，而指考物理试卷的每套试卷所含知识点的个数在 40 多个，远远低于课纲知识点的数目。这两者间存在很大差别是很自然的，课纲所涉及的是高中学生在三年的时间内所必须学习的物理知识总量，而指考物理试卷虽然其要求的物理内容也是高中三年的学习内容，但因为考试时间的限制，不可能在 80 分钟内将所要求的知识全部考查到。这也就是课纲和指考物理试卷间的内容间存在不一致的原因，而消除这种不一致也是困难的。

（3）课纲中要求的认知水平集中在记忆和理解水平，且理解多于记忆，指定科目考试卷中考查的认知水平集中在理解和应用水平，且理解多于应用，但试卷中考查的应用水平是课纲中要求应用水平所占比例的两倍以上。

2007 年到 2012 年指考试卷与其各自相应的课纲之间不存在显著的一致性。不一致的原因主要有以下三点：

（1）课纲考查的知识除热学及其平衡、科学中的测量及计算、科学与技术、科学的本质四个主题外，其他五个主题考查分布均匀，而两种不同类型试卷考查的知识内容侧重在电学、力和运动、波三个主题。

（2）课纲要求的认知水平侧重在记忆和理解层次，而试卷考查的认知水平侧重在理解和应用层次。虽然课纲与试卷在理解水平考查比例接近，但在记忆和应用水平相差甚远。

（3）课纲考查的知识内容丰富，八四课纲有 202 个知识点，九五暂纲有 211 个知识点，而试卷的知识点含量在 40 个左右，最高也仅为 44 个。

除此之外，两种不同类型试卷之间也有区别。2007 年和 2008 年的指考试卷的一致性系数低于 2009—2012 年，这是因为后者在题目数量上较前者多，且后者减少了多选题的数目，在认知水平上应用的比例低于前者；所以总体来说，从 2009 年开始，台湾的指定科目考试试卷不论在内容分布还是在认知水平分布上都比 2007 年、2008 年的试卷更接近于课纲，一致性会稍微好一些。

八四课纲与九五暂纲内容和认知水平分布相似，但九五暂纲比八四课纲多科学的本质（考查的认知水平是记忆）这个主题，到了九九课纲，科学本质这一主题的内容又被消减了；八四课纲比九五暂纲中理解比记忆所占比例更大。

第五章 中国香港大学入学物理试卷与其课程标准间的一致性研究

中国香港的基础教育受英国教育影响，融会了东西方文化的特点，既保持了中华文化传统教育的基本特征，又不断吸收西方现代教育的最新观念、理论和经验。与内地一样，香港的家长和社会非常重视教育。香港特别行政区非常重视对教育的投入，特别是基础教育的投入，并逐年增加。

香港不仅拥有着高水平的教育体系，还建立了科学系统的教育评估制度。目前，香港正经历着前所未有的变化，知识型经济已经发展成主流，香港的教育正担当起香港发展和社会和谐的重要使命。

研究香港的基础教育及其评核体系，对于我们的基础教育有一定的借鉴意义。本章对香港大学入学物理试卷与其课程标准的一致性进行定量地评估，以评定香港大学入学物理试卷的内容效度。

第一节　香港基础教育及大学入学考试体系

1. 香港基础教育体系简介。

香港的教育统筹局（简称“教统局”）曾是香港教育主要管理部门。香港在 2009 年以前采用英式学制，大致可以分为学前教育、九年免费教育、高中及预科课程和专上课程四个部分。其中学前教育是通过幼儿园和幼稚园（低、中、高班三年），为学前儿童提供机会学习与群体相处。九年免费教育是通过设立官立或津贴资助学校为适龄学童提供六年制小学及三年制初中课程。高中及预科课程是先设立两年制高中（中四、中五），为学生提供工作前最基本的教育，且学生在中五课程结束以后参加香港中学会考。再设立两年制预科课程（中六、中七），作为部分学生报考大学前的课程准备，课程结束后参加香港高级程度会考（相当于内地的高考）。专上课程则提供各种形式的专上课程（三年），包括工业学院、大专、大学教育。

英式学制中的高中及预科课程，把学生中三以后的高中学习生活分成了重点不同的两个部分。在中四、中五年级，一般情况下学生需要在半年的时间内完成一个完整的课程，并为会考或高考做准备，没有足够的时间参与其他实践活动。对于中六、中七年级，其课程主要是按大学的要求设置的预科课程，课程科目较少、内容深，部分课程内容与大学本科期间所要研习的课程内容有重复。对应的物理课程的课标名称为物理高级程度。

香港教统局于 2000 年向政府建议采用连续三年的高中学制。2005 年 5 月，香港教统局决定从 2009 年开始实行初中三年、高中三年、高等教育本科四年的“三三四”新学制。2012 年首次用香港中学文凭考试替代香港中学会考和香港高级程度会考。与旧学制相比，香港中小学新学制的学前教育、九年免费教育不变，基础教育总年限也不变。但取消了两年的大学预科教育，高中和大学本科教育各增加一年[1]。这一阶段物理

[1] 吴金财.香港高中新学制及课程设置与考试评价［J］.教育与考试，2010（1）：80-83.

课程的课标名称为《物理课程及评估指引（中四至中六）》。

2. 香港高等教育入学制度。

香港的高等学校入学考试由香港考试及评核局（简称考评局）负责。新旧学制下由考评局主办的公开考试不同，旧学制下主要有香港中学会考和香港高级程度会考，而新学制下只有香港中学文凭考试。下面对这三个考试进行介绍。

（1）香港中学会考。

香港中学会考是为完成了五年中学课程的学生而设立的公开考试，于 2012 年停办。举办时间为每年的 4 月和 5 月，并在当年 8 月的第二个星期公布成绩。除中国语文科及英国语文科外，其他会考科目的成绩共分六级（A、B、C、D、E 及 F），A 级最高，F 级最低，F 级以下成绩不予评级（简称 UNCL）。大部分会考科目 C 级或以上成绩相当于英国普通教育文凭海外考试的普通程度及格（C 级或以上），E 级则被视为中学毕业生求职时必须拥有的最低资格。

（2）香港高级程度会考（Hong Kong Advanced Level Examination，缩写为 HKALE，习惯统称为 A-Level）。

修毕两年制的中六课程后学生将参加香港高级程度会考。香港高级程度会考设 17 个高级程度及 18 个高级补充程度科目，考试试卷分别遵循香港高级程度课程纲要和香港高级补充程度课程纲要，于每年 3 至 5 月举行，成绩在 6 月底公布。高级补充程度科目所需的教学时间为高级程度科目的一半，在学术要求方面与高级程度科目大致相同。大部分在校考生报考 5 科。通常一科高级程度科目考试有两卷，每卷为三小时，于同一天应考。部分科目只设有高级程度卷或高级补充程度卷，少部分科目同时可选择高级程度或高级补充程度（但不可同时应考）。高考的成绩共分六级（A、B、C、D、E 及 F），A 级为最高，C 级为良好，E 级为及格，F 级为最低，F 级以下为不予评级（UNCL），F 及 UNCL 视为不合格。香港高级程度会考的及格（E 级），无论是高级程度或高级补充程度的科目，均相当于英国普通教育文凭海外考试高级程度考试（GCE A-Level）相应科目及格。

由于香港中学学制的变化，考评局于 2010 年为学校考生举办最后一次的香港中学会考并于 2012 年举办最后一次香港高级程度会考。为配合重读生的需要，香港考评局在 2011 年和 2013 年分别为重读生举办最后一次香港中学会考和香港高级程度会考。

（3）香港中学文凭考试。

2005 年公布的三年制高中学制于 2009 年 9 月在中四级实施。在新学制下，所有学生可完成三年初中及三年高中教育。2006 年 9 月就读中一的学生，会在完成六年中学教育后，于 2012 年应考首届香港中学文凭考试。大部分在校考生报考香港中学文凭考试的四个核心科目（中国语文、英国语文、数学及通识教育）及两至三个选修科目。香港中学文凭考试采用水平参照模式汇报评核结果。水平参照是根据一套默认的能力等级来汇报考生所达到的水平。各能力等级附有等级描述，以说明有关等级的典型考生所能做到的表现。考生所得的成绩，能反映其知识及技能，且不会受其他考生的表现影响。这种成绩报告模式亦可让考生清晰了解取得某个等级的考生所能达到的知识和能力水平。香港中学文凭考试的成绩汇报共分一至五共五等级，第五级为最高等级。在考获第五级的考生中，表现最优异的，其成绩会以“**”标示，随后表现较佳的则以“*”标示。表现低于第一等级的会标示为未能评级。

第二节 香港高级程度会考物理考试

2012 年起香港实施了新学制下的首届香港中学文凭考试，同时也举行了高级程度会考。由于中学文凭考试刚刚开始举行，而高级程度会考举行了很长时间，故我们选择考试实施时间比较长的高级程度会考作为研究对象，将从 2007 年至 2013 年的香港高级程度物理试卷与对应的高中物理课标（香港物理高级程度）进行定量比较，以评估它们之间的一致性。据此对香港高级程度会考物理试卷的内容效度进行评定。

香港高级程度会考物理试卷包括两个笔试卷和教师评审制。教师评审制即由教师对在校学生的实验能力进行评估，这部分成绩占总成绩的 15%。考生也可以选择实验操作试卷考试，即试卷四，这部分成绩也占总成绩的 15%。在教师评审制和实验操作试卷中，考生选择一个记入总成绩。从 2007 年至 2013 年香港高级程度物理试卷结构及其考试试卷详见表 5-1，试题示例见附录 3。

表5-1 香港高级程度会考物理考试

试卷名称	组成	考试时间		题型	数量	占比
香港高级程度会考（2007—2009 年）	试卷一	三小时	甲部	结构性解答题	4	21%
			乙部	结构性解答题	4	21%
	试卷二	三小时	甲部	选择题	45	25%
			乙部	论述题	5 选 3	18%
	试卷三			教师评审制		15%
	试卷四	一小时三十分钟		实验操作		15%
香港高级程度会考（2010—2013 年）	试卷一	三小时	甲部	结构性解答题	4	21%
			乙部	结构性解答题	4	21%
	试卷二	三小时	甲部	选择题	45	25%
			乙部	论述题	4 选 3	18%
	试卷三			教师评审制		15%
	试卷四	一小时三十分钟		实验操作		15%

第三节　香港高级程度会考物理试卷与其课标间的一致性总体比较

香港高级程度会考物理试卷所含的试题数量相对较多，除了适合SEC方法分析一致性以外，还适用于韦伯一致性分析方法比较，所以我们对香港的高级程度会考物理试卷与对应课标间的一致性采用两种研究方法进行研究。

首先，根据SEC一致性研究方法，以及第二章中界定的标准和编码依据，得出了香港高中物理课标（物理高级程度）的知识点分布二维矩阵，以及2007年至2013年香港高级程度会考物理试卷考查具体知识点分布的二维矩阵。然后将得到课标（物理高级程度）和7套试卷的知识点分布二维矩阵进行标准化处理，利用Poter系数公式就可以得到香港高级程度会考和对应的课标间的一致性。因香港物理高级程度当中没有科学的本质、科学与技术，科学中的测量与计算仅有一条，7年的试卷中只有1个知识点考查到了科学中的测量与计算，所以在对香港的比较当中本书直接用简化的6×6的二维矩阵。

我们计算出2007—2013年香港高级程度会考物理试卷与物理高级程度之间的一致性系数，结果如表5-2所示。

表5-2　2007—2013年香港高级程度会考物理试卷与物理高级程度之间的一致性系数

年份	2007年	2008年	2009年	2010年	2011年	2012年	2013年
高级程度会考	0.746	0.750	0.681	0.674	0.649	0.721	0.668

根据计算结果可知，香港高级程度会考物理试卷与物理高级程度的一致性系数最高为0.750，最低为0.649，平均值为0.698。按照Matlab软件的Unidrnd函数，随机赋值两个六行六列的矩阵，每个矩阵元的值不大于35，再对两个矩阵进行标准化处理计算出Porter一致性结果P，将这一过程重复20000次，得到关于P的正态分布。这个正态分布均值

为 0.6771，标准差为 0.0439，95% 水平的参考值是 0.7631，此结果说明要达到 0.05 水平的统计显著性，需要 P 大于 0.7631。香港高级程度会考物理试卷的一致性系数均低于临界值，即不具有显著意义上的一致性，但已经很接近极限值。

下面将采用二维曲面图的形式来显示香港高级程度会考物理试卷与物理高级程度之间的一致性及差别。其中曲面图的颜色深浅程度代表知识点在对应的认知水平维度和知识维度区间内的数目占总知识点数目的比例范围，横轴表示认知水平维度，纵轴表示知识维度。图中颜色最浅的代表 0~0.05，颜色最深的代表 0.15~0.20。

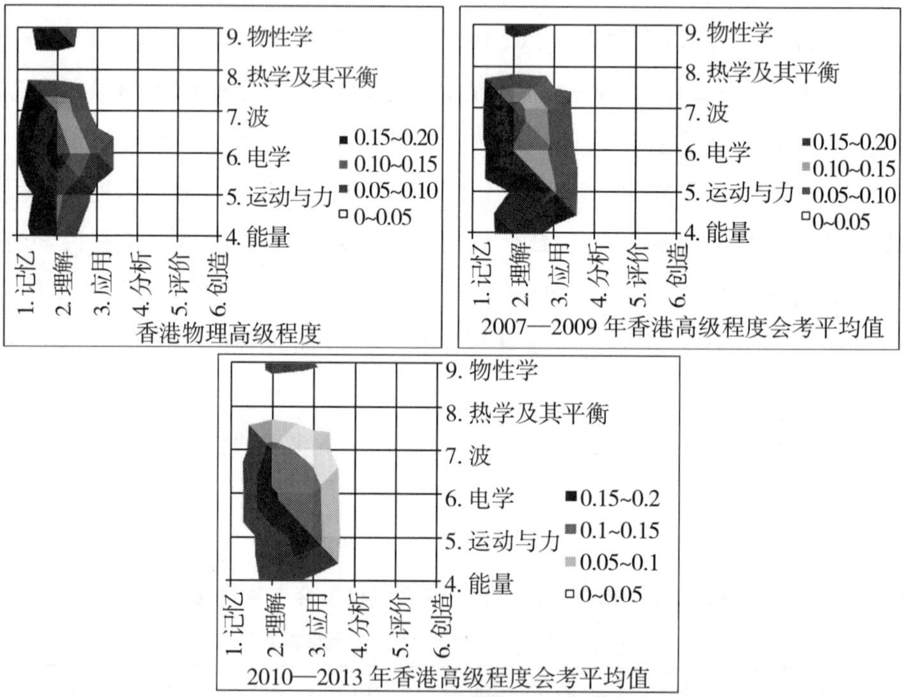

图 5-1 香港物理高级程度、香港高级程度会考平均值曲面图

图 5-1 中，上左图为香港物理高级程度（高中物理课标）所要求的内容在知识和认知水平两个维度上的分布。上右图为香港高级程度会考物理试卷在 2007 年到 2009 年所考查的内容在知识和认知水平两个维度上的平均分布情况。下图是 2010 年到 2013 年所考查的内容在知识和认知水平两个维度上的平均分布情况。比较图 5-1 中的三个图，可以看出这三个图形的分布情况主体上是很相似的，知识点基本分布在能量、运

动与力、电学、波及物性学五个主题，认知水平在记忆、理解和应用三个水平。图中显示，物理课标（香港物理高级程度）将重点放在了要求电学内容在理解水平上，而2007年到2009年的香港高级程度会考物理试卷平均考查比例较高的内容是波，要求在理解水平上，2010年到2013年物理试卷考查内容比例高的与课标(香港物理高级程度)的要求相一致，均为电学要求在理解水平上。对于物性学的考查比例，课标要求的内容略高于两类物理试卷的物性学的考查比例。除此之外，课标（香港物理高级程度）只在电学主题上有考查到应用水平，但两类物理试卷在电学、运动与力、波三个主题均考查了应用水平。

第四节　香港高级程度会考物理试卷与其课标间的内容分布比较

根据香港物理高级程度与高级程度会考物理试卷的标准化的二维表中纵向最后一列的结果，可以得出香港物理高级程度与高级程度会考物理试卷中考查的知识内容在各个主题之间的分布比例。虽然考卷有两种不同类型的题型，但因本节内容中知识维度较少，七年的试卷放在一起也较好比较，所以本节内容只画出了一个香港物理高级程度与高级程度会考物理试卷考查知识所占比例的柱状图（图 5-2）。

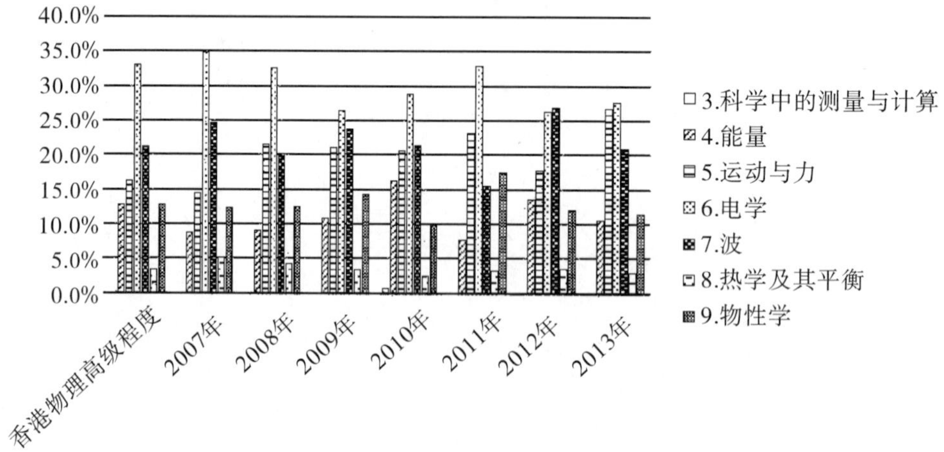

图 5-2　2007—2013 年香港高级程度会考物理试卷及物理高级程度知识分布图

由图 5-2 可知，香港物理高级程度在六个主题上与 2007—2013 年香港高级程度会考考查的知识点柱状图均较为相似。考查的知识分布最多的均为电学主题，其次是波、运动和力主题，再下面即为物性学和能量主题；考查比例最少的均是热学及其平衡，且均低于总内容的 5%。虽然它们的柱状图相似，但在比例上考查电学内容的比例波动较大，其余主题则变化比较平稳。2012 年高级程度会考物理试卷与其余六年的不太一致，主要体现在考查比例最高的主题是波，电学比波略低一点，但其考查比例与课标并未有太大区别。这也就是 2012 年香港高级程度会考物理试卷与物理高级程度之间的一致性略低于 2007—2013 年（2012 年除外）各年的香港高级程度会考物理试卷与物理高级程度之间一致性的原因。

第五节　香港高级程度会考物理试卷与其课标间的认知水平分布比较

根据香港物理高级程度与高级程度会考物理试卷的标准化的二维表中横向最后一行的结果，可以得出香港物理高级程度与高级程度会考物理试卷中考查的知识内容在各个认知水平之间的分布比例。本节内容也只画出了一个香港物理高级程度与高级程度会考物理试卷考查认知水平所占比例的柱状图（图 5-3）。

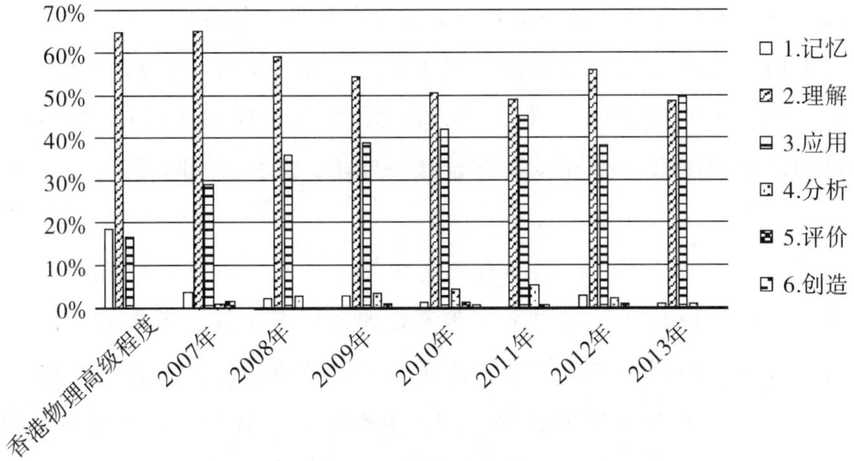

图 5-3　2007—2013 年香港高级程度会考物理试卷及物理高级程度认知水平分布图

从图 5-3 中可以看到，香港物理高级程度中理解水平占了 65%，记忆和应用水平约占了剩下的各一半。这七年香港高级程度会考物理试卷之间对各知识点的考查比例接近，说明试卷和试卷之间的一致性较好。在香港高级程度会考物理试卷中，占绝大多数比例的是理解水平，且和香港物理高级程度中要求的理解水平比例近似；其次是应用水平，占了香港高级程度会考物理试卷当中的 30% 左右，是香港物理高级程度中要求的两倍；最后是记忆、分析和评价水平，几乎平分了剩下的比例。创造水平只在 2010 年的试卷中考查过少许。记忆水平在 2011 年则完全未考查。

第六节 应用韦伯模式分析香港高级程度会考物理试卷与其课标间的一致性

由于香港高级程度会考物理试卷所含的试题数目比较多，符合采用韦伯模式来分析试卷与其物理课程标准间一致性的条件。所以我们除了采用 SEC 模式来分析香港高级程度会考物理试卷与其物理课程标准间的一致性之外，还采用韦伯模式来分析这两者间的一致性。其目的是比较 SEC 模式与韦伯模式对于同一研究对象的研究，使其研究结果相互验证，提高香港高级程度会考物理试卷内容效度分析的可信程度。

韦伯一致性分析方法是从知识种类、广度、深度、分布平衡性来比较的，只有试卷所含的试题数目较多时，才符合应用韦伯模式的要求。香港的高级程度会考物理试卷符合这一要求，因此采用韦伯模式进行分析。

具体方法是从每套试卷考查的每个知识点对应物理高级程度的具体表格中，数出每套试卷在每个主题考查的知识点个数、考查的具体目标个数、考查的知识点的认知水平低于、等于或高于具体目标的个数，算出它们占所有考查的知识点的比例，根据韦伯一致性分析方法的标准，就可以判断出每套试卷在各个维度上是否一致，得出定性的结果。

韦伯模式在内容上确定判断一致性有四个维度。它们是知识种类（Categorical Concurrence）、知识深度（Depth of Knowledge Alignment）、知识广度（Range of Knowledge Correspondence）、知识分布平衡性（Balance of Representation）。分析香港高级程度会考物理试卷与对应的课程标准间一致性的结果如表 5-3 和表 5-4 所示。

表5-3 2007年香港高级程度会考物理试卷知识种类和广度一致性可接受水平统计表

课程标准		击中领域目标的知识点个数（M）	知识种类一致性可接受水平	目标击中			知识广度的一致性可接受水平
学习领域	具体目标数	$M \geqslant 6$		目标击中数	目标击中平均数	目标击中百分比	
1. 科学的本质	0	0	否	0			
2. 科学与技术	0	0	否	0			
3. 科学中的测量与计算	1	0	否	0		0.00%	
4. 能量	23	12	是	10	1.20	43.48%	否
5. 运动与力	29	21	是	14	1.50	48.28%	否
6. 电学	59	48	是	27	1.78	45.76%	否
7. 波	38	34	是	22	1.55	57.89%	是
8. 热学及其平衡	6	7	是	3	2.33	50.00%	是
9. 物性学	23	17	是	10	1.70	43.48%	否

表5-4 2007年香港高级程度会考物理试卷知识深度和分布平衡性一致性可接受水平统计表

课程标准		目标击中数	击中领域目标的知识点个数（M）	与目标对照的深度水平（知识点个数）				知识深度的一致性可接受水平	平衡性指数（1——完全平衡，0——没有平衡）	知识分布平衡性的可接受水平
学习领域	具体目标数	目标击中数	$M \geqslant 6$	低于	等于	高于	符合百分比			
1. 科学的本质	0	0	0	0	0	0				
2. 科学与技术	0	0	0	0	0	0				
3. 科学中的测量与计算	1	0	0	0	0	0				
4. 能量	23	10	12	1	3	8	91.67%	是	0.59	否
5. 运动与力	29	14	21	6	10	5	71.43%	是	0.68	否
6. 电学	59	27	48	6	25	17	87.50%	是	0.58	否
7. 波	38	22	34	6	21	7	82.35%	是	0.61	否
8. 热学及其平衡	6	3	7	0	4	3	100.00%	是	0.67	否
9. 物性学	23	10	17	2	12	3	88.24%	是	0.61	否

对于2008年至2013年的试卷均做如上分析，其具体分析结果详见张薇薇的硕士论文[1]。将其主要结论统计显示在表5-5至表5-8中。

表5-5 知识种类随年份变化一致性可接受表

主题＼年份	2007年	2008年	2009年	2010年	2011年	2012年	2013年
4. 能量	是	是	是	是	是	是	是
5. 运动与力	是	是	是	是	是	是	是
6. 电学	是	是	是	是	是	是	是
7. 波	是	是	是	是	是	是	是
8. 热学及其平衡	是	是	否	否	否	否	否
9. 物性学	是	是	是	是	是	是	是

从表5-5中可以看到，2007年和2008年在所有主题上都符合知识种类一致性，2009年至2012年除热学及其平衡主题外，其他主题也符合知识种类一致性。

表5-6 知识广度随年份变化一致性可接受表

主题＼年份	2007年	2008年	2009年	2010年	2011年	2012年	2013年
4. 能量	否	否	否	否	否	否	否
5. 运动与力	否	否	是	否	是	是	是
6. 电学	否	否	否	否	否	否	否
7. 波	是	否	否	是	否	否	否
8. 热学及其平衡	是	是	是	是	是	是	是
9. 物性学	否	否	否	否	否	是	否

由表5-6可知，热学及其平衡主题在所有年份符合知识广度一致性，能量主题在所有年份都不符合知识广度一致性。2008年只有热学及其平衡主题符合知识广度一致性，2012年有运动与力、热学及其平衡、物性学三个主题符合知识广度一致性，其余年份除热学及其平衡主题外均还

[1] 张薇薇.物理大学入学考试与课程标准的一致性比较研究[D].北京：北京师范大学，2013.

有一个主题符合知识广度一致性。

表5-7　知识深度随年份变化一致性可接受表

主题＼年份	2007 年	2008 年	2009 年	2010 年	2011 年	2012 年	2013 年
4. 能量	是	是	是	是	是	是	是
5. 运动与力	是	是	是	是	是	是	是
6. 电学	是	是	是	是	是	是	是
7. 波	是	是	是	是	是	是	是
8. 热学及其平衡	是	是	是	是	是	是	是
9. 物性学	是	是	是	是	是	是	是

从表 5-7 可以看到，所有年份在所有主题上都是符合知识深度一致性的。

表5-8　知识分布平衡性随年份变化一致性可接受表

主题＼年份	2007 年	2008 年	2009 年	2010 年	2011 年	2012 年	2013 年
4. 能量	否	否	否	否	否	否	否
5. 运动与力	否	否	否	否	否	否	否
6. 电学	否	否	否	否	否	否	否
7. 波	否	否	否	否	否	否	否
8. 热学及其平衡	否	否	否	否	否	否	否
9. 物性学	否	否	否	否	否	否	否

从表 5-8 可以看到，所有年份在所有主题上都不符合知识分布平衡一致性。

以上结果表明，香港高级程度会考与香港高级程度在知识种类、知识深度方面一致，但在知识分布平衡性和广度上有所欠缺。香港高级程度会考虽然考查知识点数目多，认知水平合理，但可能在某些具体目标上考查过多，仍有些具体目标完全没有考查。这也就是香港高级程度和高级程度会考接近一致的原因所在。

第七节 香港大学入学物理试卷与其对应课标间的一致性评述

从以上分析可知香港课标和试卷之间的一致程度的结果有以下几点。

（1）香港高级程度会考物理试卷与香港物理高级程度的一致性系数最高为0.750，最低为0.649，平均值为0.704，但极限值为0.7631。高级程度会考物理试卷的一致性系数均低于临界值，即不具有显著意义上的一致性，但已经很接近极限值。

（2）香港物理高级程度在六个主题的分布与香港高级程度会考物理试卷主题分布均较为相似，考查的知识分布最多的均为电学主题，其次是波、运动和力主题，再下面为物性学和能量主题，考查比例最少的均是热学及其平衡，且均低于总内容的5%；虽然它们之间比例分布总体而言无显著变化，但在比例上电学内容的考查比例波动较大，其余主题则变化比较平稳。香港物理高级程度中要求的具体目标数为211个，高级程度会考物理试卷中考查的知识点个数为140个左右，约为香港物理高级程度中的三分之二。

（3）香港物理高级程度中要求考查的认知水平，理解占了65%，记忆和应用水平占了剩下的各一半。在香港高级程度会考物理试卷中，占绝大多数比例的也是理解水平，且和香港物理高级程度中要求的理解水平比例近似；其次是应用水平，占了香港高级程度会考物理试卷中的30%左右，是香港物理高级程度中要求的两倍；剩下的记忆、分析和评价水平几乎平分了剩下的比例，创造水平只在2010年的试卷中考查少许，记忆水平在2011年则完全未考查。

研究结果表明，2007年到2012年香港高级程度会考物理试卷与香港物理高级程度之间无显著一致性，但接近一致。不一致的原因本章从SEC和韦伯一致性研究方法两个角度来说明。

从SEC一致性研究方法可以看到，香港高级程度会考物理试卷和物理高级程度之间知识分布接近一致；在认知水平分布上，理解水平所占比例接近一致，但物理高级程度剩余部分要求平均考查记忆水平和应用水平，而香港高级程度会考物理试卷除理解水平外，着重考查的是分析水平，记忆水平考查比例几乎接近于0。这就是香港高级程度会考物理试卷与物理高级程度接近一致的原因。

从韦伯一致性分析方法可以看到，香港物理高级程度和香港高级程度会考物理试卷之间在知识深度一致性上所有主题全部一致，在知识种类一致性上除热学及其平衡外所有主题全部一致。但在知识分布平衡性上所有主题全部不一致，在知识广度上除热学及其平衡外所有主题全部不一致。这也说明香港高级程度会考物理试卷为什么与香港物理高级程度接近一致但却无显著意义上的一致性。至于为什么热学及其平衡主题在知识种类上不一致，却在知识广度上一致，主要是因为热学及其平衡主题在物理高级程度中要求考查的知识点少，因此在试卷中考查的知识点也就少了，低于6个则不满足知识种类一致性，但它考查的物理高级程度中知识点的比例超过了50%。

两种方法的研究结论都能解释香港高级程度会考物理试卷与香港物理高级程度接近一致的原因。但可以看到，在SEC一致性分析方法中不一致主要是由认知水平不一致造成的，但在韦伯一致性分析方法来看认知水平层次是一致的，主要在知识广度和分布平衡性上不一致。这是因为在用SEC一致性分析方法判断认知水平一致性时，需要香港高级程度会考物理试卷中考查知识点的认知水平与香港物理高级程度中要求的相应目标的认知水平完全一致，而试卷认知水平却是高于香港物理高级程度的；用韦伯一致性分析方法比较香港物理高级程度及其会考试卷之间的知识深度一致性时，则是试卷中考查的认知水平等于或高于香港物理高级程度中相应主题的认知水平的。这两个不同的标准导致了两种不同的结果。

此外，通过两种不同方式的比较，也说明了SEC一致性分析方法重点分析了韦伯一致性分析方法中的知识种类与知识深度的一致性，而对知识分布平衡性的一致性关注较少。而从韦伯一致性分析方法中可以看到，虽然香港高级程度会考物理试卷在每个主题考查的知识点数目及深度是一致的，但是知识广度和知识分布平衡性是不一致的，说明香港高级程度会考物理试卷虽然在每个主题考查的知识点数目够多，但是可能过于集中考查某些重点的知识点，导致某些知识点完全没有考查到，而这点从 SEC 一致性分析方法中是得不到的。

第六章 大学入学物理试卷比较研究

为了评定大学入学物理考试的内容效度，前面以高中物理课程标准为效标，定量地比较分析了大学入学物理试卷与高中物理课程标准的一致性以获得大学入学物理考试内容效度的证据。

为了进一步获得大学入学物理考试内容效度的证据，选择高中物理课程标准以外的另一个效标来进一步评定大学入学物理考试的内容效度。

很多国家每年都举行大学入学物理考试。尽管这些考试的形式各不相同，但是其考核的内容却是相似的。例如：中国、韩国和日本每年都举行全国统一的大学入学考试；美国、英国等国家没有统一的大学入学考试，但是也设有起同样作用的考试，如美国的高校入学考试SAT、AP等考试，英国的高校入学考试AS、A-level考试。物理考试是这些考试中的重要部分，它们在大学入学考试中所起的作用是相同的，考查的物理内容也是相似的。因此对这些物理试卷进行比较，将它们彼此互设为效标，从而获得大学入学物理考试的内容效度的证据，对其内容效度作进一步的评定。

第一节 比较研究的框架

将大学入学物理试卷作为效标，其目的是比较研究不同的大学入学物理试卷间的一致性和差异，以获得大学入学物理试卷内容效度的证据。为了实现这一研究目标，需要建立一个共同的比较框架，将所选的大学入学物理试卷在这个框架下进行比较，这样就使得比较结果具有说服力和大的适用范围。为了使这些比较研究结果与前面研究的大学入学物理试卷的内容效度保持一致，仍从物理内容和认知水平两个方面来建立比较框架。

与前述评定大学入学物理试卷和课标间的一致性不同，现在需要对不同的大学入学物理试卷进行比较评定。为了获得有意义、有说服力的评定结果，需要对比较框架中的物理内容给出详细的分类。对物理内容进行分类的种类多少，直接影响物理试卷比较的评定结果。

同样，对于认知水平的鉴别和评定也影响着我们的研究结果。长期以来，我国的教学和评价领域普遍采用的是布卢姆认知分类理论。从教学的角度，对学生的认知水平进行划分。20世纪末出现了一种新兴的评价理论——SOLO认知水平分类理论。SOLO是英文“Structure of the Observed Learning Outcome”的缩写，意为“可观察的学习成果结构”。SOLO理论作为一种与布卢姆认知理论共存的认知分类理论，它从评价学习的输出、评定学习成果的角度来对学生的认知水平进行分类，是评价学习质量的一种有效方法。物理试卷是考查学习成果的直接工具，物理试卷考查的认知水平是学生输出学习成果的反应。为了使研究比较不同的大学入学物理试卷间的一致性和差异更具有可信性、说服力，我们采用SOLO理论来评估大学入学物理试卷考查的认知水平。

从物理内容和相应的物理知识认知水平两个方面来建立比较框架，下面进行分别论述。

第二节　高中物理课标的知识内容分类

高中物理知识众多，且研究对象为大学入学物理试卷，研究涉及的物理知识内容更为广泛，因此需要对所研究的物理知识内容进行适当的分类。为了使研究结果对我国的高中物理教育测量与评价以及高中物理教学有更多的帮助，因此我们选择以我国高考物理科目的考试说明中物理内容分类为基础对高中物理内容进行分类，同时参照其他比较的物理试卷内容来确定物理内容的分类。首先将物理内容分类为力学、电磁学、其他学科、物理实验及应用物理五个大类，然后按照高中物理课程的总体内容和大学入学物理试卷考查的内容将这五个大类分为若干个二级子类，具体、详细的内容分类见表 6-1。

表6-1　高中物理内容具体分类

力学					
1A	1B	1C	1D	1E	
质点的运动	力	牛顿定律	动量、机械能	力学问题分析方法	
电磁学					
2A	2B	2C	2D	2E	2F
电场	电路	磁场	电磁感应	交变电流	电磁场和电磁波
其他学科					
3A	3B	3C	3D		
分子热运动、热和功、气体	光的反射和折射	光的波动性和微粒性	原子和原子核		
3E	3F	3G	3H		
相对论	振动和波	简单机械	逻辑电路		
物理实验					
4A	4B	4C			
实验仪器	实验技能	数据处理与分析			
应用物理					
5A	5B	5C	5D		
物理单位制	运算放大器	遥感技术	通信技术		
5E					
天体物理					

如表 6-1，我国高考物理考试说明中的物理内容可分为力学、电磁学、其他学科及物理实验四个大类的若干个二级子类。力学分为五个子类：1A. 质点的运动，1B. 力，1C. 牛顿定律，1D. 动量、机械能，1E. 力学问题分析方法。电磁学分为六个子类：2A. 电场，2B. 电路，2C. 磁场，2D. 电磁感应，2E. 交变电流，2F. 电磁场和电磁波。其他学科分为八个子类：3A. 分子热运动、热和功、气体，3B. 光的反射和折射，3C. 光的波动性和微粒性，3D. 原子和原子核，3E. 相对论，3F. 振动和波，3G. 简单机械，3H. 逻辑电路。物理实验分为三个子类：4A. 实验仪器，4B. 实验技能，4C. 数据处理与分析。对于应用物理内容，我国的高考说明中没有这个分类，这里的分类是根据研究大学入学物理试卷的内容进行的，具体分为五个子类：5A. 物理单位制，5B. 运算放大器，5C. 遥感技术，5D. 通信技术，5E. 天体物理。

第三节 SOLO分类理论简介

SOLO 理论起源于皮亚杰的发展阶段理论，其英文全称为 Structure of the Observed Learning Outcome，译为“可观察的学习成果结构”。SOLO 理论在继承皮亚杰学说的基础上，解决了认知发展阶段理论所遇到的两个矛盾：（1）“异变”现象的普遍存在，阶段概念的可行性受到质疑，用发展阶段理论难以解释上述现象；（2）皮亚杰理论难以应用到具体学科的教学中去。SOLO 理论的创始人比格斯认为，个人的总体认知水平是一个纯理论概念，他将其称为设定的认知结构（Hypothetical Cognitive Structure，HCS）。这个“设定的认知结构”是无法直接测量的，因此必须从学生身上提取表现其发展阶段的特征，把注意放在学生对问题的回答上，以学习的质量为研究的出发点，关注学生在回答某个问题时表现出来的思维结构。与传统的目标分类理论相比，SOLO 理论具有三个重要特征：一是可用于开放性问题；二是量的评测与质的考查相结合；三是目标表述简单、清晰，便于师生识读。SOLO 理论的核心思想：学生对于某一个具体问题的学习水平，取决于他对于相关物理知识内容掌握的数量与质量。

SOLO 理论的主要内容包括两个方面：

首先，SOLO 理论对个人认知发展的功能方式进行了划分，并论述了各种功能方式下产生的对应的知识类型，分别为：（1）感觉运动方式，它所形成的知识称为隐性知识；（2）形象方式，它所形成的知识称为直觉知识；（3）具体符号方式，它所形成的知识称为陈述性知识；（4）形式方式，它所形成的知识称为理论知识；（5）后形式方式，它所形成的知识也是理论知识，不过与形式方式形成的知识相比，它的层次更高，抽象性更强。这五种功能方式按照年龄从低到高排列，同时也描绘出学生认知发展的不同阶段。

其次，比格斯对每种功能方式下的反应水平进行了划分。他在分析了大量的学生回答各学科问题的反应之后发现，在每种功能方式下，学生的反应呈现出随着结构复杂性的层次不同而变化的特点，这种层次的变化是循环出现的。因此，他把这种层次变化划分为五种水平：

（1）前结构水平：这是一种低于目标方式的反应，学生对问题的回答是混乱的，或者是同义反复，或者是瞎说一气，甚至连问题是什么都不清楚就得出了答案。

（2）单一结构水平：学生只能联系单一素材解决问题，因此不具备一致性，只接触到问题的一个方面就直接跳到结论上。

（3）多元结构水平：学生能联系多个有限的、孤立的素材解决问题，虽然力图做到一致，但由于基本上只注意孤立的素材而使收敛太快，解答不完整。

（4）关联结构水平：学生利用问题线索、相关素材及素材的相互关系解决问题，并能在设定的情境或已经历的经验范围内利用相关知识进行概括，但只在一个路径上收敛，在系统外可能会出现不一致。

（5）扩展的抽象水平：学生利用问题线索、相关素材、素材的相互关系及假设解决问题，能对未经历的情境进行概括，认为不必使结论收敛，允许在逻辑上相容的多个解答。

其中，前结构水平、单一结构水平、多元结构水平主要表征学生学习的数量特征，此时学生的学习还处于知识的积累层面，而关联结构水平和扩展的抽象水平则侧重表达学生学习的结构特征，也就是达到了定性评价的层次，学生已能将知识进行整合、应用和有效地扩展。这五种水平代表了学生对知识的掌握程度，根据学生在解决问题时的回答，可以判断出学生的认知属于哪一种水平，从而掌握学生的学习结果和进程。另外，SOLO 理论认为，学生所处的 SOLO 认知层次并非一成不变，它随着智力发展和学习情境的变化而变化。

表 6-2 为比格斯撰写的 *Evaluating the Quality of Learning–the SOLO Taxonomy* 一书中对于 SOLO 理论五种反应水平的描述。

表6–2　SOLO理论五种反应水平的描述

SOLO 理论反应水平	能力	相关反应	收敛和一致性
前结构水平	最低：混淆线索、混淆反应	无意义的重复，局限于一个线索	完全没有一致性，没有解决问题就直接收敛得出结论
单一结构水平	较低：一个线索或相关资料	能够概括问题的一个方面	完全没有一致性，找到问题的一个相关线索就直接跳到结论上
多元结构水平	中等：孤立的线索和相关资料	能够概括问题的有限个孤立方面	具有一定的一致性，找到孤立的几个线索就得出结论，有可能从相同的线索中得出不同的结论
关联结构水平	较高：联系线索和相关资料	能够进行归纳，能够概括已知条件和生活经验	在问题内部完全一致，但结论是唯一的，在问题外部可能会出现不一致
扩展的抽象水平	最高：联系线索和相关资料，提出假设	能够进行演绎和归纳，能够解决新的问题情境	结论是开放的，允许多个可能的解释

表 6–2 中的“能力”是指不同的 SOLO 认知层次需要的工作记忆的数量；“相关反应”指不同的 SOLO 认知层次对于线索的处理方式；“收敛和一致性”分别指得出问题结论时的两个相互制约的方面，一方面是需要对问题做出结论，另一方面则要求在问题内部或者问题之间没有互相矛盾之处。

第四节　高中物理知识内容SOLO认知层次界定标准

学生认识物理的过程是很复杂的，每个学生个体反应结构是不同的、多样的和复杂的，需要对此进行研究和归类。《普通高等学校招生全国统一考试大纲》关于认知水平的要求只用两个级别来区分：Ⅰ级要求为对所列知识知道其内容及含义，并能在有关问题中识别和使用；Ⅱ级要求为对所列知识要理解其确切含义及与其他知识的联系，能够进行叙述和解释，并能在实际问题的分析、综合、推理和判断等过程中运用。显然这个分类是非常粗糙的。为了更详细、更好地描述学生对高中物理内容的认知水平，这里采用SOLO分类理论对高考物理测量的学生认知水平进行分类。

SOLO理论起源于皮亚杰的发展阶段理论，它关注的是学生对问题的反应及对问题理解的质量与本质，亦即是学生的“输出”情况。SOLO理论将学习知识的反应从不胜任的新手到专家分为五个水平，如下图所示[1][2]。

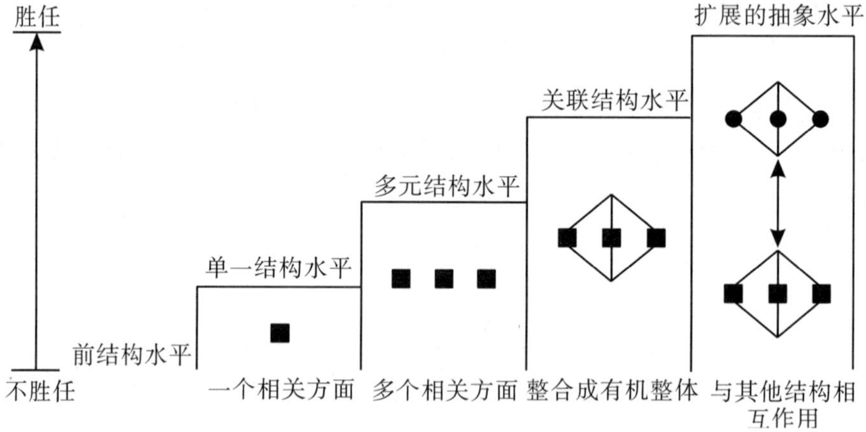

图6-1　从不胜任到专家水平——SOLO分类的五个水平

在理想情况下，学生在学完高中物理课程后，对高中物理知识的反

[1] 彼格斯，科利斯. 学习质量评价　SOLO分类理论　可观察的学习成果结构［M］. 高凌飚，张洪岩，译. 北京：人民教育出版社，2010.

[2] 冯翠典，高凌飚. 现状与反思：SOLO分类法国内应用研究十年［J］. 教育测量与评价（理论版），2009（11）：4-7.

应处于最高的专家水平（即扩展的抽象水平），但实际上并不是每个高中毕业生都能达到专家水平。为了描述学生学习完高中物理课程后所处的不同SOLO认知水平，需要对高中物理课程所涉及的知识按照SOLO分类理论所定义的认知水平进行分类。例如关于力的概念，如果一个学生只知道力是物体间的相互作用，这表明他处在较低的SOLO认知水平。但是如果这个学生知道力是产生加速度的原因，掌握了物体受力与其质量的关系，说明他处于较高的SOLO认知水平。根据已有的物理教育研究中关于SOLO分类理论的研究与实践[1][2]，本文界定高中物理知识在SOLO分类理论的五个认识水平中的原则：

（1）前结构水平：处于这一水平的学生根本没有掌握物理概念或规律，或对其理解有误。

（2）单一结构水平：处于该水平的学生只能联系单一事件，输出物理学习成果的表现是理解物理概念的含义或是只知道物理概念的某一个方面，不能和其他因素联系。

（3）多元结构水平：处于该水平的学生可以联系多个孤立事件，但不具备对知识的整合能力。在物理学习成果的表现是能够掌握基本定律和物理量的定义式。

（4）关联结构水平：SOLO理论将学生能够整合各部分内容而使其成为有机整体，能够将多个事件联系起来认定为关联结构水平。所以处于这一层次的物理学习成果的表现是能够运用两个、多个物理知识或物理规律联系起来的综合应用性规律。

（5）扩展的抽象水平：当学生能扩展问题本身的意义，且能进行更高层次的学习时，则学生思维发展水平处于扩展抽象层次。按照这样的定义，在物理学习中能够把物理知识扩展应用到所学习的物理知识内容以外时，则学生认知水平到达了这一层次。由于高考试题的特性所限，不可能太多地涉及物理课程之外的知识，所以将高考考试说明中未明确涉及但在试题中出现的知识内容定义于这一层次。

根据上面的界定原则，将学生在学习高中物理过程中涉及的知识点

[1] 王宏博. SOLO分类理论在物理教学中的应用研究［D］. 北京：北京师范大学，2009：20-31.
[2] 郭晨跃. 利用SOLO理论研究高考试题［D］. 北京：北京师范大学，2012：19-33.

进行 SOLO 理论认知层次分类。

将基于 SOLO 理论的高中物理知识内容 SOLO 认知层次界定标准应用于具体的物理问题中各个 SOLO 认知层次的反应举例如下。

前结构水平：SOLO 理论中，认为处于该水平的学生不能正确地回答问题，那么对应到物理知识内容上就是学生不能正确地理解物理知识内容，所以 SOLO 标准中的前结构水平不包括具体的物理知识内容。

单一结构水平：这一层次中主要是物理概念的定义，包括高中物理教材中明确指出的物理概念的定义、物理量的单位、物理概念的分类等，另外该层次还包括日常生活中的物理常识、物理学史知识，以及学生熟知的初中物理知识内容。

例 1：物体沿着一条直线，且加速度不变的运动，叫作匀变速直线运动。

例 2：力是矢量，既有大小也有方向。

例 3：常见的传动方式有齿轮传动、链传动、液压传动、曲柄连杆传动等。

例 4：爱因斯坦提出了狭义相对论。

这部分物理知识内容主要以记忆为主，只需要知道物理概念的一个相关方面即可，不需要与其他知识进行联系。

多元结构水平：该层次主要包括对物理概念的理解和辨析，物理量的定义式、决定式以及物理学中的定理、定律等内容。

例 1：静摩擦力随着外力的变化而变化，大小处于 $0\sim f_{max}$，一般应根据物体运动状态由平衡条件或牛顿运动定律来计算它的大小，f_{max} 即最大静摩擦力，与物体的滑动摩擦力近似相等。

例 2：轻绳和轻杆中的弹力可以突变，弹性绳和轻弹簧内部的弹力不能突变。

例 3：牛顿第二定律 $F=ma$。

这些知识内容以理解为主，同时也包括部分应用，学生需要将多个物理知识内容综合，或者将某个物理知识内容的多个方面进行综合，符合多元结构水平的特征。

关联结构水平：该层次的物理知识内容主要是高中物理知识内容中

的典型问题，包括平抛运动、天体运动、带电粒子在电磁场中运动等。

这些知识内容需要将一系列物理知识进行综合并形成一个互相关联的整体，符合关联结构水平的特征。

扩展的抽象水平：该层次不包括特定的物理知识内容，本章是在分析试题中寻找符合这一层次特征的物理知识内容。扩展的抽象水平主要包括评价、创新和利用一些特定的数学或物理方法解决问题。其中，评价是指学生对于物理现象、物理事实以及试题中给出的资料和信息能够进行客观的、有根据的评价；创新是指学生能够利用现有资料，综合所学物理知识和生活经验解决新问题。

例：利用霍尔测速仪可以测量汽车行驶的里程。除此之外，请你提出另一个利用霍尔元件的实例或设想。

在上述 SOLO 标准建立完成之后，将高中物理知识内容按照该界定认识水平标准进行 SOLO 认知水平分层。由于研究对象为高考物理试卷，将高考物理试卷涉及的物理内容考查的认知水平按照 SOLO 认知水平进行分类，就可以得到一个基于 SOLO 理论的高中物理知识内容 SOLO 认知层次标准。表 6-3 是基于 SOLO 理论的高中物理知识内容 SOLO 认知层次具体标准的一个简例。

表6-3　基于SOLO理论的高中物理知识内容SOLO认知层次具体标准简例

	A. 质点的运动
单一结构水平	1. 机械运动： （1）物体空间位置的变化叫作机械运动 （2）运动是绝对的，静止是相对的 2. 参考系： （1）为了研究物体的运动而选作参考的物体叫作参考系 （2）在研究地面上运动的物体时，一般选取固定在地面上不动的物体作为参考系 ……
多元结构水平	1. 参考系： 同一个运动，如果选不同的物体作为参考系，观察到的运动情况可能不相同

续表

	A. 质点的运动
多元结构水平	2. 位移： （1）位移仅与始、末位置有关，而与物体运动的轨迹和状态无关 （2）只有做直线运动的物体始终朝着一个方向运动时，位移的大小才与运动的路程相等 ……
关联结构水平	平抛运动： 假设水平方向上初速度为 v_0，运动时间为 t 水平位移 $x=v_0t$ 竖直位移 $y=\frac{1}{2}gt^2$ 位移 $s=\sqrt{x^2+y^2}$ 水平方向速度 $v_x=v_0$ 竖直方向速度 $v_y=gt$ 速度 $v=\sqrt{v_x^2+v_y^2}$ 位移方向与水平方向夹角 $\tan\alpha=\frac{y}{x}=\frac{gt}{2v_0}$ 速度方向与水平方向夹角 $\tan\theta=\frac{v_y}{v_x}=\frac{gt}{v_0}$ 速度的反向延长线与水平位移的交点为其中点 ……

初步建立SOLO标准后，还需要对其合理性和有效性进行验证。通过对高一、高二、高三的800个学生的实际测量，分析测量结果，并对建立的标准进行了修正。由于篇幅关系，这里不再多述，详见郭晨跃的硕士论文[1]。

[1] 郭晨跃. 利用SOLO理论研究高考试题［D］. 北京：北京师范大学，2012：19-33.

第五节 比较大学入学物理试卷内容一致性的方法

在确定了高中物理内容和SOLO认知水平的分类标准后，需要对高考物理试卷中的每道物理试题的解答过程进行详细分析。依据上面的标准对试卷的内容进行编码，即将试题考查的物理内容和物理能力从物理内容和认知水平两个维度进行分析并编码。如果一道试题有多种解法，则选取大多数考生会采用的普遍性解法进行编码。在完成一套试卷分析编码后，统计试卷中各个认知层次和各个物理内容种类中SOLO知识点的总数，将统计结果汇总为SEC分析使用的“物理内容 × 认知层次”的 21 × 5 矩阵。

在建立矩阵时，对于大学入学物理试卷中有选做内容的试卷，处理方法如下。例如：全国新课标卷、北京卷等试卷中包括选做题，且不同省份试卷的选做题数目不同，我们没有选择对选做题考查的SOLO知识点数量简单相加，而是给出了一定的加权处理。具体处理方法是先将所有选做题进行编码，再对其考查的所有SOLO知识点数量按照题目考查的分数和选做题的数量进行加权平均，然后建立SEC研究矩阵。

分析比较大学入学物理试卷的具体方法：

（1）对每一道高考物理试题的解题过程进行分析，列举解题过程使用或涉及的物理知识内容，并将该知识内容所在的认知层次及所属的物理内容种类进行记录。如果一道试题有多种解法，则选取大多数学生会采用的普遍性解法，记录这一解法中使用或涉及的物理知识内容。

（2）将一套试卷分析完毕后，统计试卷中各个认知层次和各个物理内容种类中物理知识内容的总数，将统计结果汇总为“物理内容 × 认知层次”矩阵。

需要特别说明的是，扩展的抽象水平指的并不是某个特定的知识内容，不便将其纳入物理内容的维度上。为了使矩阵在物理内容和认知层次两个维度上保持相对一致，仍然保留认知层次维度中扩展的抽象水平这个层次，并且以试题中考查扩展的抽象水平这一知识内容的呈现载体（即试题背景）作为其对应的物理内容种类。

下面以 2011 年高考物理全国卷为例，具体说明对高考物理试题的分析过程。

2011 年的全国卷共有 8 道选择题、2 道实验题、3 道计算题，以选择题第 16 题为例（见例 1）加以解释。

【例 1】（2011 年全国卷第 16 题）雨后太阳光入射到水滴中发生色散而形成彩虹。设水滴是球形的，图中的圆代表水滴过球心的截面，入射光线在过此截面的平面内，a、b、c、d 代表四条不同颜色的出射光线，则它们可能依次是（　　）。

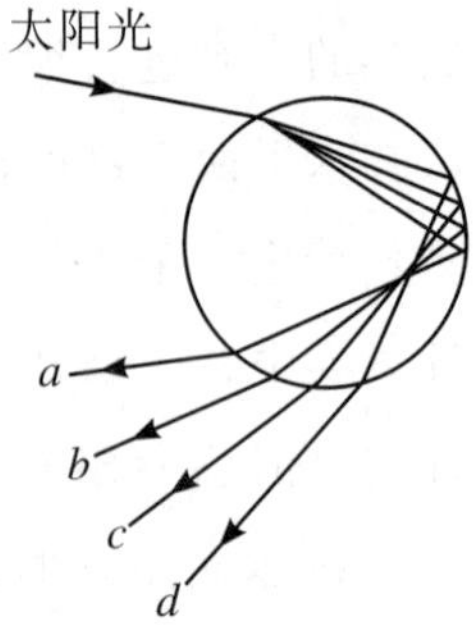

A. 紫光、黄光、蓝光和红光

B. 紫光、蓝光、黄光和红光

C. 红光、蓝光、黄光和紫光

D. 红光、黄光、蓝光和紫光

解题分析：此题主要考查光的折射定律以及不同颜色光的折射率问题。太阳光在射入水滴后，由于不同颜色光的折射率不同，所以发生了色散。折射率大的光，折射角小，偏折的角度大。折射率小的光，折射角大，偏折的角度小。所以四条不同颜色的光线 a、b、c、d 应按折射率从大到小排列，故选择 B 选项。

在解题过程中，用到了折射定律和不同颜色光的折射率大小比较两个物理知识内容，它们均处于多元结构水平，故在其他学科内容 B 类的多元结构水平中记录为 2 个。

将 2011 年全国卷的选择题、实验题、计算题共 13 道题均按照上述过程进行分析，记录不同物理内容种类和不同认知层次中的物理知识内容的个数，得出 2011 年全国卷的“物理内容 × 认知层次”矩阵，见表 6-4。

表6-4　2011年全国卷“物理内容×认知层次”矩阵

	力学					电磁学						其他学科								物理实验		
	1A	1B	1C	1D	1E	2A	2B	2C	2D	2E	2F	3A	3B	3C	3D	3E	3F	3G	3H	4A	4B	4C
单	0	2	1	0	5	0	0	0	0	0	0	0	0	0	0	0	0	0	0	0	0	0
多	0	1	0	10	0	2	5	3	1	0	0	1	2	0	1	0	2	0	0	3	0	0
关	0	0	1	0	0	1	0	1	0	0	0	0	0	0	0	0	0	0	0	0	0	0
扩	0	0	0	0	0	0	0	0	0	0	0	0	0	0	0	0	0	0	0	0	0	0

表 6-4 左侧的“单”“多”“关”“扩”分别代表 SOLO 理论中的单一结构水平、多元结构水平、关联结构水平和扩展的抽象水平。表格上方是将物理知识内容分为力学、电磁学、其他学科、物理实验四个部分，其他学科包括热学、光学、原子物理等内容。具体符号代表的二级子类见表 6-1。

对美国 AP 物理试题的分析编码说明。

【例 2】(2009 年美国 AP 物理 C 电磁学 28 题) 两条平行的长直导线相距为 a，导线内都有电流为 I，如右图所示，下列哪一项能代表单位长度的导线上受到的力？（ ）

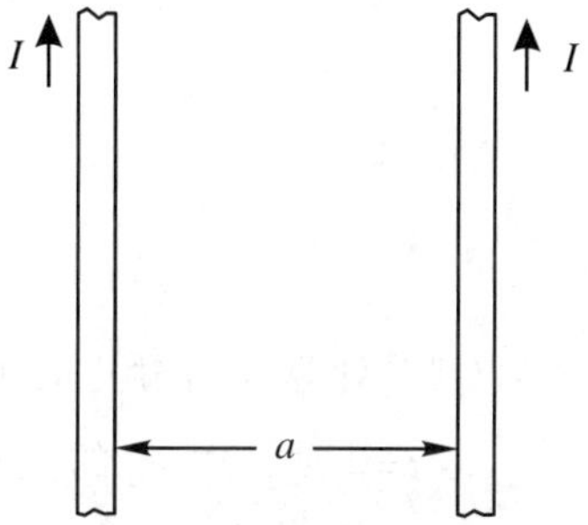

A. 相互排斥，大小为 $\mu_0 I^2/(2\pi a)$

B. 相互排斥，大小为 $\mu_0 I/(2\pi a)$

C. 相互吸引，大小为 $\mu_0 I^2/(2\pi a)$

D. 相互吸引，大小为 $\mu_0 I/(2\pi a)$

E. 大小为 0

解题分析：求解这个题目，需要知道通电直导线产生的磁场的计算方法和安培力的计算方法。为了知道相互作用力是吸引还是排斥，需要学生通过右手定则判定磁场方向，再根据左手定则判定安培力的方向。而计算数值需要通过安培环路定理算出磁场大小（期间需要计算简单的积分），再通过安培力的公式进行计算。这些知识所处的认知水平层级见表 6-5。

表6-5 2009年美国AP物理C电磁学28题分析编码表

解决该题需要的知识内容	对应标准中的知识内容编码	认知层次
安培力计算公式	2C2	多元
左手定则	2C3	多元
右手定则	2C4	多元
安培环路定理	2C8	多元

表 6-5 中对应标准中的知识内容编码栏目中的数字与字母的含义：前面的数字与字母为表 6-1 中所表示的物理内容，2C 表示电磁学主题的

二级子类磁场，后面的 2 表示电磁学主题中的具体内容，具体内容见杨帆的硕士论文。[1]

【例 3】（2013 年美国 AP 物理 C 力学 3 题）一个圆盘由轻绳支撑，如图所示。轻绳的一端固定在墙壁上，另一端被施加大小为 F_A 的力。圆盘绕中心转动的转动惯量为 $MR^2/2$。

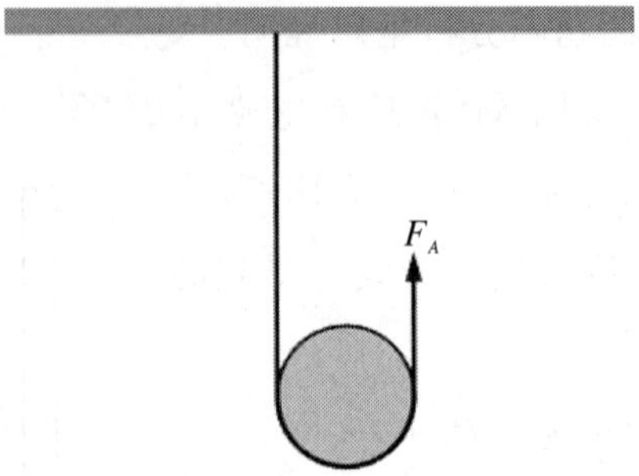

（1）计算保持静止时 F_A 的大小。

当 t=0 时，力 F_A 的大小增加到 12N，使圆盘加速上升，轻绳无滑动。

（2）计算圆盘的线加速度。

（3）计算 t=3s 时圆盘的角速度。

（4）计算从 t=0 到 t=3s 内增加的总机械能。

（5）当圆盘被质量和半径相同的圆环取代后，圆环的线加速度与圆盘相比是大还是小，还是不变？为什么？

解题分析：这道题目考查学生对于转动的理解。第一问需要学生在进行受力分析后得到力的大小；第二问则需要在通过角动量定理算出角加速度后，通过角加速度与线加速度的变换得到线加速度的大小；第三问要通过转动的运动公式求解；第四问机械能的增量通过功能原理来计算，这是比较简单和常见的算法，也可以分别计算动能的增量和势能的增量，这种方法较为复杂，此处不做考虑；最后一问考查学生对转动惯量的理解，需要学生对转动惯量的定义式进行积分，进而比较不同的转动惯量对角加速度和加速度的影响，最后得到本题需要的知识内容如表 6-6 所示。

[1] 杨帆. 基于SOLO理论的中美大学入学物理考试比较研究［D］. 北京：北京师范大学，2015.

表6-6　2013年美国AP物理C力学3题分析编码表

解决该题需要的知识内容	对应标准中的知识内容编码	认知层次
受力分析	1E1、1C9、1B2	单一
角动量定理	1F22、1F13	多元
转动与平动的换算	1F26	多元
牛顿运动定律	1C2	多元
转动的运动学公式	1F19	多元
功能原理	1D14、1D3	多元
距离的计算	1A5	多元
转动惯量的计算式	1F12	多元

表 6-6 中的知识内容编码含义同表 6-5。

对英国 A-level 试题的分析编码说明。

【例 4】(2010 年英国 A-level 卷 1 第 12 题）如图，两个完全相同的球体 X 和 Y，开始时球 X 以速度 v 向右朝球 Y 方向运动，球 Y 静止不动。两球恰好发生完全弹性碰撞。问：碰后球 X 和球 Y 的运动状态是怎样的？（　　）

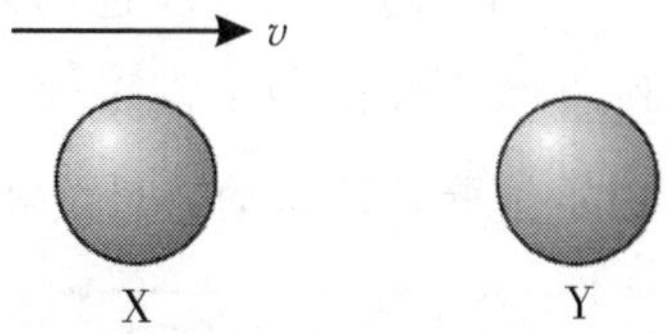

A. 球 X 和球 Y 均以 $v/2$ 的速度向右运动

B. 球 X 以速度 v 向左运动，球 Y 静止

C. 球 X 以 $v/2$ 的速度向左运动，球 Y 以 $v/2$ 的速度向右运动

D. 球 X 静止，球 Y 以速度 v 向右运动

解题分析：该题考查的是完全弹性碰撞的相关知识，要解决该问题首先需要理解完全弹性碰撞满足的两个条件分别是动量守恒定律和机械能守恒定律。其次，考生要能够理解并应用动量守恒定律和机械能守恒定律列出方程解决实际问题，此过程中还需要知道动量及动能两个物理量的表达式。依据 SOLO 标准，解决该题目所需要的六个物理知识内容所处的认知层次都在多元结构水平，具体分析结果见表 6-7。

表6-7 2010年英国A-level卷1第12题分析编码表

解决该题需要的知识内容	对应标准中的知识内容编码	认知层次
碰撞满足动量守恒定律	1D15（1）	多元
完全弹性碰撞满足机械能守恒定律	1D15（3）	多元
动量守恒方程	1D9	多元
机械能守恒方程	1D11	多元
动量表达式	1D1	多元
动能表达式	1D6	多元

表 6-7 中知识内容编码栏目中的数字与字母的含义：前面的数字与字母为表 6-1 中所表示的物理内容，1D 表示力学主题的二级主题动量、机械能，后面的数字表示动量、机械能主题中的具体内容，具体内容见王琳的硕士论文[1]。

【例 5】（2010 年英国 A-level 卷 4 第 4 题）

（a）解释什么是物体的势能。

（b）两个相距较远的氢原子核，初始动能均为 E_k。氢原子核可以视作直径为 3.8×10^{-15}m、质量与电荷集中于球心位置的质点。两原子核从初始位置开始运动，最终相互碰撞并静止。如图所示。

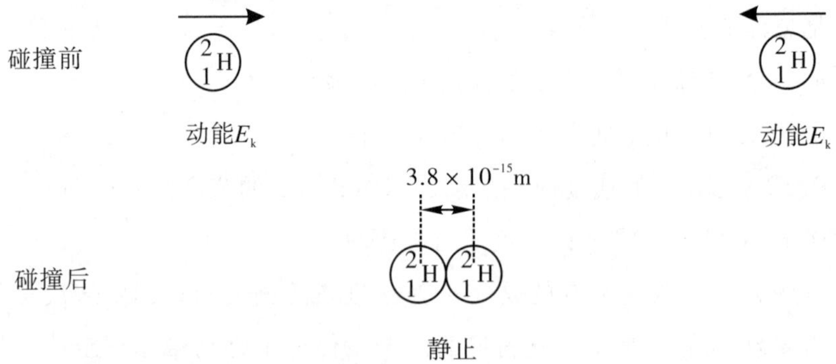

（i）计算两氢原子核碰撞前后：

1. 引力势能的变化量；

2. 电势能的变化量。

（ii）应用（i）的计算结果证明氢原子核的初始动能 E_k 为 0.19 MeV。

[1] 王琳. 基于SOLO理论的中英大学入学物理试卷的比较研究［D］. 北京：北京师范大学，2012.

（iii）如果氢原子核的初始动能 E_k 比（ii）中的计算值大，两个氢原子核撞碰之后，除了可能会反弹，还会有什么效果。

解题分析：

（a）该问考查学生“势能”这个概念，只要知道其含义并能简单举例（如弹性势能）即可，因此该物理知识内容处于单一结构水平。

（b）（i）该问考查的是两个带电粒子的碰撞问题，主要涉及引力势能和电势能这两个物理量的表达式及原子核质量的计算问题，因此解决此问所需的物理知识内容分别处于多元结构水平和单一结构水平。

（b）（ii）此问涉及动能、引力势能和电势能的转化问题，需要用到能量守恒定律来解决该问题。该物理知识内容处于多元结构水平。由于题干中提示考生应用上一问中的计算结果来证明，因而题目的综合性减小。

（b）（iii）此问为碰撞背景中的结果预测问题，题目不是考查学生运用物理规律进行运算的能力。解决该问题需要在掌握能量守恒定律及核物理知识的基础上进行适当的逻辑推理，当两个氢原子的动能比 0.19MeV 稍大时，碰后可能仍剩有一部分动能使得氢原子反弹。当两个氢原子的动能无限大时，也就是满足两个氢原子高速运动撞击，此时需结合原子核聚变、裂变的条件加以推断。因而该问所考查的知识内容处于扩展的抽象水平。

最后将以上几问所涉及的知识内容汇总，即本题所考查的知识内容。若题目中多问考查同一个知识内容，在汇总时仅计算一次。本题的详细分析结果见表 6-8。其中扩展抽象水平的知识内容是以碰撞、能量守恒和原子核为知识背景，考查学生的逻辑推理能力，但不是以上知识内容的简单相加，因此不与标准中的具体知识内容相对应。

表6-8 2010年英国A-level卷4第4题分析编码表

解决该题需要的知识内容	对应标准中的知识内容编码	认知层次
势能的含义	1D9	单一
弹性势能的含义	1D7（1）	单一
原子核的质量	3D3（2）	单一
引力势能的表达式	1D17	多元

续表

解决该题需要的知识内容	对应标准中的知识内容编码	认知层次
能量守恒定律	1D10	多元
电势能的表达式	2A12	多元

表 6-8 中的知识内容编码含义同表 6-7。

【例 6】（2010 年英国 A-level 卷 3 第 1 题）本实验目的为探究金属管的摆动周期与金属管的长度之间的关系。

（a）现有两个金属管和一根两端带有圆环的细线。

（i）如图所示，将细线套在短金属管上放好。

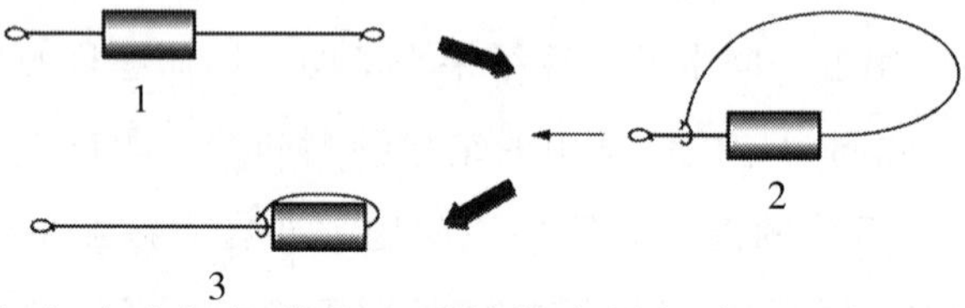

（ii）将（i）中套好细线的金属管挂在铁架台上，如图所示。

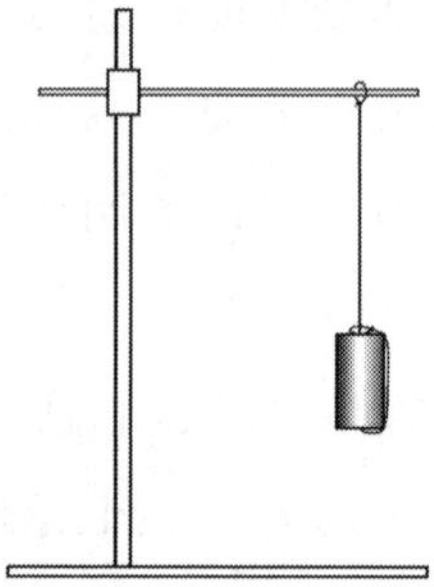

（b）将金属管拉至如图所示的位置，并释放。

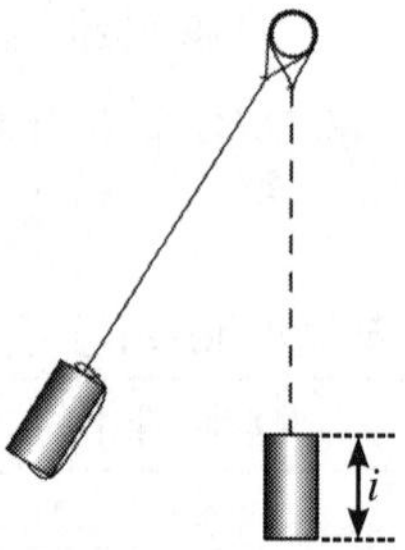

金属管第一次回到初始释放位置所用的时间为金属管的摆动周期 T。该周期 T 可以通过测量金属管完成多次来回摆动以便较精确地求得。请通过实验求得该金属管的摆动周期 T =________s。（保留计算过程）

（c）（i）请用游标卡尺测量图中所示的短金属管的管长 i =＿＿＿＿＿＿。

（ii）怎样才能使该测量结果尽量精确？

（iii）估计该测量的相对不确定度，请保留计算过程。

（d）（i）如图所示，将细线穿过长金属管，使长金属管位于短金属管上端。

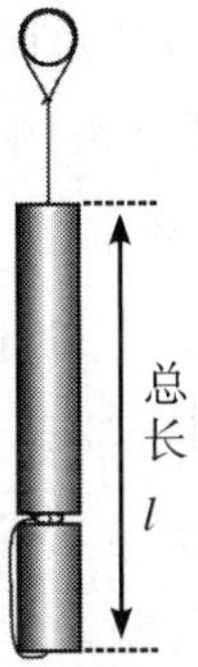

（ii）重复（b）操作，重新测量组合金属管的周期 T =＿＿＿＿＿＿。

（iii）测量长金属管的管长为＿＿＿＿＿＿＿＿。

（iv）依据（c）（i）和（d）（iii）得到的测量结果求出组合金属管的总长 l =＿＿＿＿＿＿＿＿cm。

（e）已知 T 与 l 的关系：$T^2 = kl$，其中 k 为常量。通过计算 k 值，验证你的实际测量结果是否满足上述关系。

（f）（i）请举出四处会引起实验测量结果不确定度的来源或该实验过程中存在的缺点。

（ii）请描述四点能够改进该实验的地方。允许引入不同的实验仪器或修改实验步骤。

解题分析：

（a）（i）（ii）和（d）（i）这三问为非常简单的实验操作，题目中给出了明确的图示，一目了然，（e）问为纯数学的逻辑判断，解决以上问题基本不涉及任何物理知识和实验技能。

（b）问涉及周期概念、周期的测量及减小测量误差的方法。由于题干中定义了金属管的摆动周期，对提高测量精度的方法也有提示，因此要回答此问只需掌握如何减小测量误差的具体操作方法即可，该实验内容处于多元结构水平。另外（d）（ii）为（b）问的重复，所需的知识内容与（b）问相同。

（c）（i）（ii）（iii）这三问分别考查游标卡尺的使用和读数、减小测量误差的方法和相对不确定度的估算。要完成以上问题所需的实验内容均处于多元结构水平。另外（d）（iii）问考查的知识内容与（c）（i）问相同。

（f）（i）（ii）考查的是对实验的评价和改进，整个实验中凡是可能引入误差或存在缺陷的地方都可以举例说明，并且可以就以上缺陷提出改进意见。因此，这两问的开放性很强，言之有理即可。从学生回答问题时思维的复杂程度和难度来看，应处于多元结构水平。

最后将该实验题目中每一问所涉及的知识内容汇总，重复考查的知识内容仅记录一次，分析结果如表 6-9 所示。

表6-9　2010年英国A-level卷3第1题分析编码表

解决该题需要的知识内容	对应标准中的知识内容编码	认知层次
游标卡尺的读数规则	4A5	多元
减小测量误差的方法	4C2（2）	多元
绝对误差的计算	4C3（1）	多元
相对误差的计算	4C3（2）	多元
合理选择测量仪器	4B2	多元
分析实验误差的来源或实验中的不足	4B4	多元
提出实验改进方案	4B5	多元

表 6-9 中的知识内容编码含义同表 6-7。

第七章 我国各省（市）高考物理试卷内容一致性研究

目前，尽管我国高考采用全国统考的形式，但命题却是分省命题。为了保持大学入学考试试卷的一致性，采用如下方式来进行控制。首先，教育部考试中心每年都发布统一的大学入学考试大纲，对考试科目和各个科目的具体内容及要求都做出统一的规定。然后，各省（市）的命题部门依据考试大纲发布各自的考试说明，对考试大纲给出具体的解释。考试说明是各省（市）高考科目的命题依据。由于高考物理试卷是在统一的考试大纲下命制的，这些高考物理试卷主体上应具有一致性。

在前面所建立的比较框架下，本章选择2008—2011年我国各省（市）大学入学物理试卷共57套作为研究对象，令它们互为效标，以此来评定这些大学入学物理试卷的内容效度。具体方法是：在选定研究对象后，对每套高考物理试卷内的物理试题进行分析编码，得出57套试卷的“物理内容 × 认知层次”矩阵。依据计算一致性系数的方法，来评定各年份不同省（市）试卷之间的一致性系数以及各省（市）不同年份试卷之间的一致性系数。从而进一步评定大学入学物理试卷的内容效度。

第一节　各年份不同省（市）大学入学物理试卷之间的一致性分析

我们首先对各年份不同省（市）高考物理试卷之间的一致性系数和各省（市）不同年份高考物理试卷之间的一致性系数这两个研究内容进行一个简单的介绍。

各年份不同省（市）高考物理试卷之间的一致性系数是指，计算某一年全国各省（市）高考物理试卷之间的一致性系数。以 2011 年为例，当年全国各省（市）共有 14 套高考物理试卷，这 14 套试卷两两之间都要计算一致性系数，共需计算 91 次，得出 91 个一致性系数。类似地，2010 年、2009 年各 15 套试卷可以得出各 105 个一致性系数，2008 年 13 套试卷可以得出 78 个一致性系数，2008—2011 年共得出 379 个一致性系数。这些一致性系数反映的是每一年中各省（市）试卷考查内容之间的一致性程度。

各省（市）不同年份试卷之间的一致性系数是指，计算某一省（市）2008—2011 年不同年份试卷之间的一致性系数。以北京卷为例，2008—2011 年共有 4 套试卷，这 4 套试卷两两之间都要计算一致性系数，共需计算 6 次，得出 6 个一致性系数。经统计，各省（市）2008—2011 年不同年份试卷之间共可得出 85 个一致性系数。这些一致性系数反映的是各省（市）不同年份试卷考查内容之间的一致性程度。

在计算一致性系数时，没有针对不同年份不同省（市）之间的试卷进行研究，因为它们之间计算得出的一致性系数的代表性不如上述两种一致性系数明显，所以暂时不予考虑。

将前文中提到的各年份不同省（市）试卷之间的 379 个一致性系数汇总，按照不同数值区间一致性系数个数所占百分比作柱形图，如图 7 -1 所示。

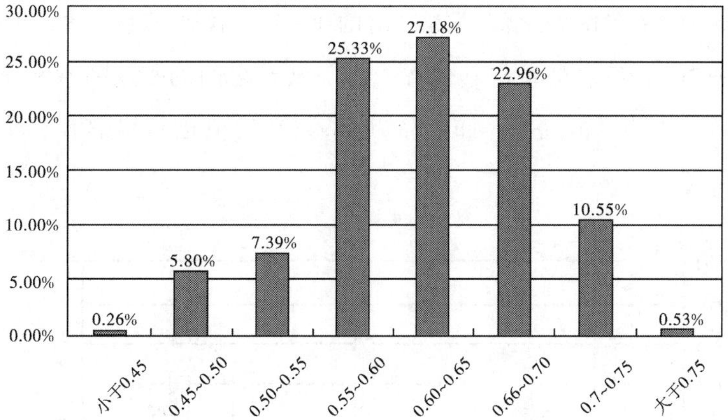

图 7-1　各年份不同省（市）试卷之间一致性系数柱形图

图 7-1 中横坐标为一致性系数的数值范围，纵坐标为该数值范围内一致性系数个数所占的百分比。从图中可以看到，各省（市）试卷之间的一致性系数主要集中在 0.55 ~ 0.70，占总数的 75% 以上。处于 0.45 ~ 0.55 以及 0.70 ~ 0.75 的相对较少，各占 13% 和 10% 左右。小于 0.45 和大于 0.75 的极少，均不到总数的 1%。一致性系数的最小值为 0.422，出现在 2010 年的重庆卷与浙江卷之间；最大值为 0.777，出现在 2011 年的安徽卷与浙江卷之间。

计算各年份不同省（市）试卷之间一致性系数的平均值，用以代表当年各省（市）试卷之间一致性程度的平均水平，所得结果如表 7-1 所示。

表7-1　2008—2011年一致性系数平均值

年份	2008 年	2009 年	2010 年	2011 年
一致性系数平均值	0.638	0.605	0.608	0.636

从表 7-1 中数据可以看出，这四年一致性系数的平均值较为稳定，处于 0.60 ~ 0.64，2008 年、2011 年这两年的一致性系数比较接近，2009 年、2010 年这两年的一致性系数比较接近。

为了能够详细地分析不同省（市）试卷之间的一致性，本章取某省（市）试卷与同年其他省（市）试卷的一致性系数的平均值，以此来代表当年该省（市）试卷与其他省（市）试卷之间的一致程度。例如，2011 年北京卷与其他 13 套试卷之间计算得出的 13 个一致性系数，取它们的平均值来反映 2011 年北京卷与其他省（市）试卷之间的平均一致程度。将各年份不同省（市）试卷之间的一致性系数平均值进行汇总作柱形图，如图 7-2 至图 7-4 所示。

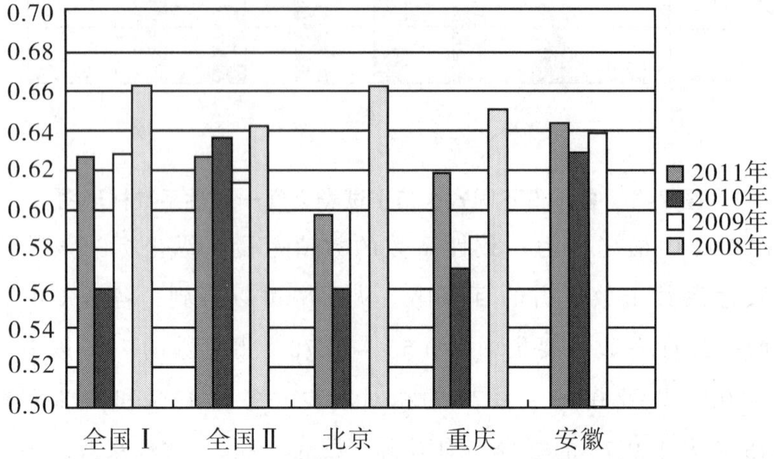

图 7-2 各年份不同省（市）试卷之间一致性系数平均值（1）

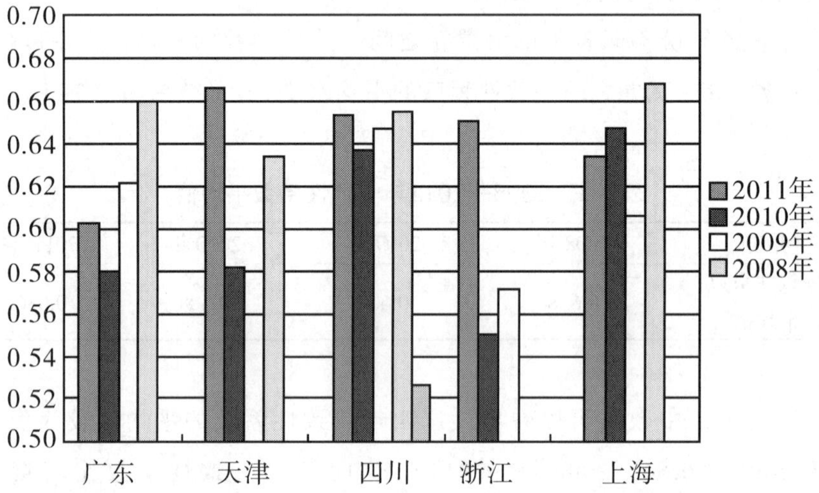

图 7-3 各年份不同省（市）试卷之间一致性系数平均值（2）

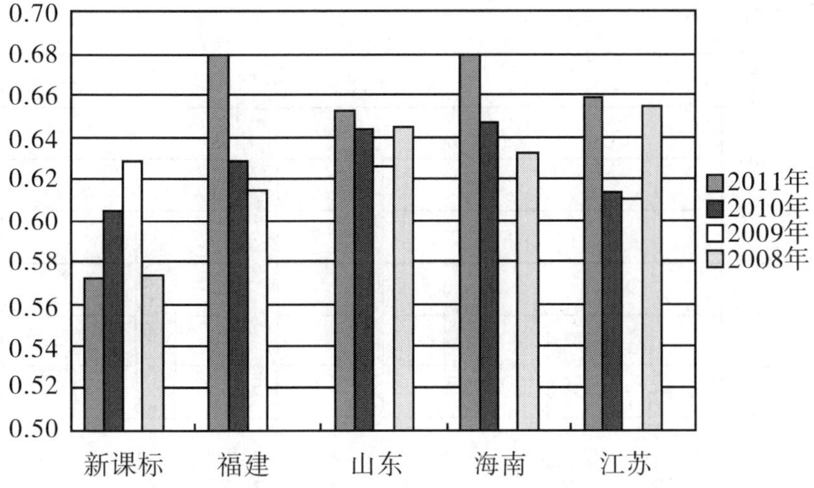

图 7-4　各年份不同省（市）试卷之间一致性系数平均值（3）

在图 7-2 至图 7-4 中，横坐标代表不同的省（市），纵坐标代表一致性系数的数值，不同颜色的柱状图代表不同年份。安徽、浙江、福建在 2008 年未进行物理或理综学科的自主命题，故没有 2008 年数据。在图 7-3 中，四川有两个 2008 年的数据，其中左侧为 2008 年四川卷，右侧为 2008 年四川延考卷。

从图 7-2 至图 7-4 中可以看到，除 2008 年四川延考卷外，各年份不同省（市）试卷之间的一致性系数平均值均在 0.55 ~ 0.69。不同省（市）各年份的一致性系数平均值存在一定的波动，但这些波动没有表现出明显的规律。另外，有选做类型试卷的一致性系数平均值相对来说较大，例如山东、海南、江苏；单科试卷的一致性系数平均值要比理综无选做类型试卷的一致性系数平均值大。

需要特别说明的是，2008 年四川延考卷与同年其他省（市）试卷之间的一致性系数明显偏小，平均值仅为 0.526。这是由于 2008 年四川省为灾区学生特别命制了延考卷，考查内容所处的认知层次相对偏低，更加注重基础知识的考查，所以与同年其他试卷之间的一致性相对较差。

上面讨论了各年份不同省（市）高考试卷之间的差异，实质上是进行了横向比较。为了进行纵向比较，我们进一步计算了各省（市）不同年份试卷之间的一致性，将前文提到的各省（市）不同年份试卷之间的 85 个一致性系数汇总，按照不同数值区间所占的百分比作柱形图，如图

7-5 所示。

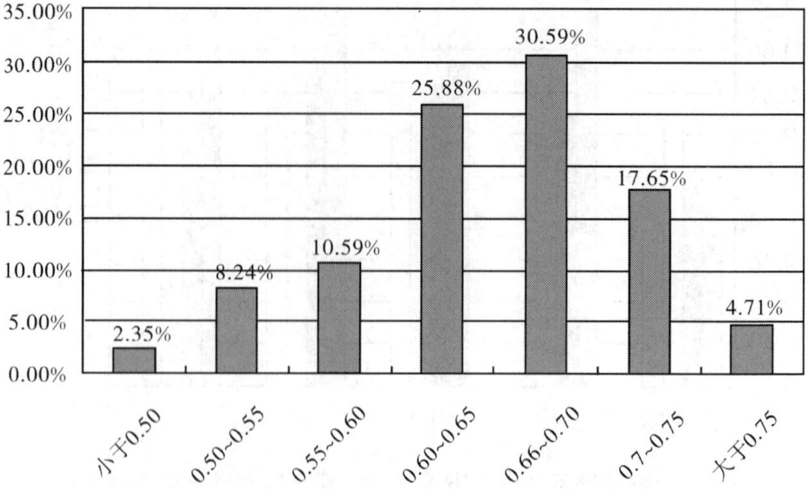

图 7-5　各省（市）不同年份试卷之间一致性系数柱形图

图 7-5 中横坐标为一致性系数的数值范围，纵坐标为该数值范围内一致性系数占总数的百分比。从图中可以看到，各省（市）不同年份试卷之间的一致性系数主要集中在 0.60～0.75，占总数的 75% 左右。处于 0.50～0.60 的相对较少，占 18% 左右。小于 0.50 和大于 0.75 的很少，均不到总个数的 5%。一致性系数的最小值为 0.472，出现在 2010 年四川卷与 2008 年四川延考卷之间；最大值为 0.791，出现在 2011 年与 2010 年的上海卷之间。由以上分析结果结合上节中的结果，可以看到各省（市）不同年份试卷之间的一致性系数整体上要大于各年份不同省（市）试卷之间的一致性系数。不论是从分布范围上来看，还是从最大值和最小值上来看，都可以得出这一结果。

为了更好地说明各省（市）不同年份试卷之间的一致性系数整体上大于各年份不同省（市）试卷之间的一致性系数这一特点，本章将两类一致性系数汇总进行对比。对各省市试卷的两类一致性系数各取平均值，汇总后作柱形图，结果如图 7-6 所示。

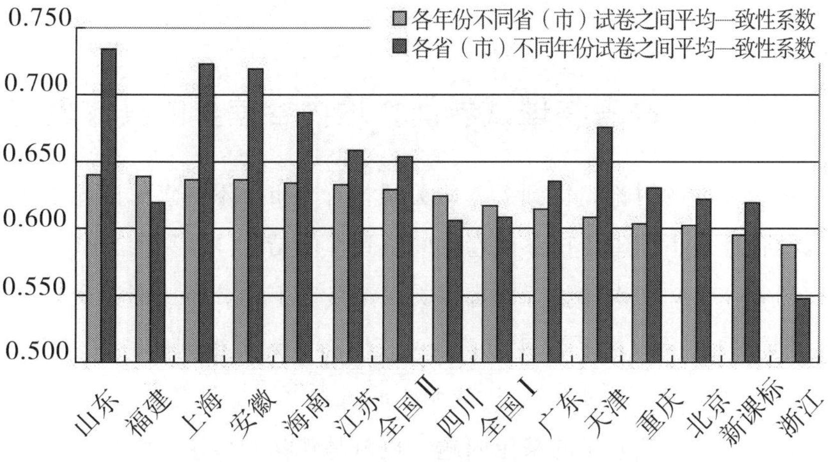

图 7-6　各省（市）试卷两类一致性系数对比

由图 7-6 中的数据可以看到，各省（市）不同年份试卷之间的一致性系数基本上都大于各年份不同省（市）试卷之间的一致性系数，说明各省（市）试卷考查的物理知识在认知层次和物理内容种类两方面的分布比例保持了相当好的稳定性。但是，福建、四川、全国Ⅰ、浙江 4 套试卷不同年份试卷之间的一致性系数小于它们与其他省（市）试卷之间的一致性系数。究其原因，是由于某一年的试卷与其他几年试卷之间一致性系数较小，导致计算得出的平均值偏小。同样以 2008 年的四川延考卷为例，该卷与 2008—2011 年其他 4 套四川卷之间的一致性系数都在 0.55 以下，最小的达到 0.473。所以各省（市）不同年份试卷之间的一致性系数偏小并不一定代表该省（市）试卷自身稳定性不好，可能只是某年的试卷与其他几年试卷存在较大差异。

在各省（市）不同年份试卷的一致性系数中，试卷类型并没有产生太大影响。理综有选做类型的新课标卷、福建卷的一致性系数比较小，而理综无选做类型的安徽卷、天津卷的一致性系数反而较大。这同样也是符合实际情况的，试卷命制的稳定与否和试卷类型没有必然的联系。只要试卷考查内容在认知层次和物理内容种类上的分布比例波动不大，那么各省（市）不同年份试卷之间的一致性系数就能保持在一个较高的范围。

第二节 高考物理试卷间物理内容差异的具体表现

通过上面的讨论，得到了一些关于各省（市）不同年份试卷之间一致性以及各年份不同省（市）试卷之间一致性的结论。如果两套试卷考查的知识内容在认知层次和物理内容种类两个维度上的分布比例完全一致，那么它们之间的一致性系数就应该为 1。但前面计算得到的一致性系数中，最大的数值也没有超过 0.8，这说明不同试卷之间还是存在着一定差异的。本节将要讨论这些差异的来源问题，也就是从认知层次和物理内容种类两个维度分析一致性未能达到 1 的具体原因。由于各年份不同省（市）试卷之间的一致性系数往往小于各省（市）不同年份试卷之间的一致性系数，而各省（市）试卷又能保持较好的稳定性，所以本章仅分析各年份不同省（市）试卷之间的差异性来源，不考虑各省（市）不同年份试卷之间的差异。

在一致性系数计算方式时使用公式

$$P = 1 - \frac{\sum_{i=1}^{n}\left|X_i - Y_i\right|}{2}$$

来计算一致性系数。实际上，公式中 $\sum_{i=1}^{n}\left|X_i - Y_i\right|$ 部分体现的就是差异性，也就是将两套不同试卷的标准化矩阵对应单元格相减后得出一个矩阵，将这个矩阵所有的单元格相加得出的数值。

为了方便说明，后文将两套不同试卷的标准化矩阵相减得出的这个矩阵称为差矩阵。这个差矩阵实际上反映的就是两套试卷所考查知识内容在认知层次和物理内容种类两个维度上不一致的程度，差矩阵中数值较大的单元格说明两套试卷在处于这个认知层次的物理内容考查比例上差异较大，数值较小的单元格表明两套试卷考查比例差异较小，数值为零的单元格代表两套试卷在这个物理内容考查比例上完全一致。

利用这个差矩阵，我们可以研究试卷之间差异性的具体来源。在差矩阵中，不同的单元格对应着不同的认知层次和不同的物理内容种类，将处于同一认知层次中的同类物理内容对应的单元格数值相加，就是这些物理内容带来的差异。例如，单一结构水平中代表力学知识的单元格共有

5 个，将差矩阵中这 5 个单元格数值相加，它们占总差异的百分比就反映了单一结构水平力学知识带来的差异比例。前面已经提到，由于各省（市）不同年份试卷之间的一致性要明显好于各年份不同省（市）试卷之间的一致性，所以只分析后者的差异情况。对于前文中计算得出的 2008—2011 年共 379 个差矩阵进行如下处理：先将 379 个差矩阵对应单元格全部相加，将得出的数值称为总差异，随后分别从认知层次和物理内容种类两个维度统计它们在总差异中所占的比例，得到的结果如表 7-2 所示。

表 7-2　各年份不同省（市）试卷之间差异性的具体来源

	力学	电磁学	其他学科	物理实验	总计
单一结构水平	11.1%	3.2%	6.6%	3.1%	24.0%
多元结构水平	26.8%	19.5%	15.9%	5.4%	67.6%
关联结构水平	3.8%	3.6%	0	0.3%	7.7%
扩展的抽象水平	0	0.3%	0	0.4%	0.7%
总计	41.7%	26.6%	22.5%	9.2%	100%

从表 7-2 中可以看到，从认知层次上来看，试卷之间的大部分差异性来自多元结构水平的知识内容，其次为单一结构水平的知识内容，扩展的抽象水平的知识内容带来的差异性最少；从物理内容种类上来看，超过五分之二的差异来自力学知识，电磁学和热学、光学、原子物理等其他学科知识各占约四分之一，实验内容带来的差异最少。

为了进一步分析比较，在研究比较框架，分析统计了我国高考物理试卷考查知识在认知层次和物理内容种类两方面的分布情况，所得结果如表 7-3 所示。

表 7-3　我国高考物理试题考查内容分布情况

	力学	电磁学	其他学科	物理实验	总计
单一结构水平	14.3%	1.7%	3.3%	1.6%	20.9%
多元结构水平	34.5%	23.3%	12.3%	3.5%	73.6%
关联结构水平	2.8%	2.4%	0	0.1%	5.3%
扩展的抽象水平	0	0.1%	0	0.1%	0.2%
总计	51.6%	27.5%	15.6%	5.3%	100%

从表 7-2 和表 7-3 的对比中可以看到，占试卷考查总量比例大的知识内容对差异性的贡献比例也相对较大，但两者不完全对应。例如，力学知识占试卷考查知识内容的 51.6%，但在试卷之间的差异中它占有的比例略小，为 41.7%；又如热学、光学、原子物理等其他学科知识占试卷考查知识内容的 15.6%，但它贡献了试卷之间差异的 22.5%。

为了进一步说明试卷之间的差异具体来源于哪一个认知层次或哪一个物理内容种类，本章详细计算了差矩阵中 84 个单元格带来的差异的具体比例，取其中所占比例较大的内容按其比例由大到小汇总在表 7-4 中。

表 7-4 试卷之间差异的主要来源

知识内容	所占比例	知识内容	所占比例
多元 -1D	8.86%	多元 -1E	3.92%
多元 -1A	6.62%	多元 -3F	3.63%
多元 -2A	5.20%	多元 -4A	3.51%
多元 -2B	4.97%	多元 -3B	3.48%
单一 -1E	4.41%	多元 -1B	3.32%
多元 -2C	4.13%	多元 -3A	3.27%
多元 -1C	4.03%		

从表 7-4 中可以看出，试卷之间差异的最大来源是“多元 -1D”，也就是多元结构水平的动量、机械能，比例达到 8.86%。所占比例超过 3% 的知识内容共 13 个，基本都集中在多元结构水平。力学部分的五个内容带来的差异均超过了 3%，电磁学部分中的电场、电路、磁场所占的比例也相对较大，另外还包括热学、光的反射和折射、振动和波、实验仪器四部分。

上文曾将差异来源比例与考查内容分布比例进行对比，这里继续将试卷之间差异的主要来源与高考物理试卷中主要的考查内容进行对比，研究二者之间是否存在明显的关联。表 7-5 为高考物理试卷中主要的考查内容，同样取所占比例较大的内容按其比例由大到小进行排列。

表 7–5 高考物理试卷主要考查内容

知识内容	所占比例	知识内容	所占比例
多元 -1D	15.0%	单一 -1B	4.04%
多元 -2B	8.20%	多元 -2C	3.92%
多元 -1A	7.79%	多元 -1E	3.88%
单一 -1E	7.46%	多元 -3F	3.64%
多元 -2A	6.50%	多元 -2D	3.17%
多元 -1C	4.99%		

从表 7-5 中可以看到，高考物理试卷考查最多的也是“多元 -1D”，而且两个表格中的内容基本上能够一一对应。尽管在排列顺序上存在一定差异，但是足以说明试卷之间差异的来源与高考物理试卷考查内容的多少是有着紧密联系的。

综上所述，试卷考查知识内容的比例在一定程度上决定了它们在试卷之间差异性中贡献的多少。例如，力学内容大多是高中物理知识的核心内容，是各省（市）高考物理试题主要考查的内容。各省（市）在考查力学内容时所选的比例会存在较大的差异，那么力学内容在各省（市）试卷之间的差异性中就会贡献较多。又如，高考物理试题中实验内容的考查较少，所以它们带来的差异就较少。

实际上，不论是哪一种类型的试卷，或者是哪个省（市）命制的试卷，都是以我国制定的高考考试标准为基础的。各个省（市）都是在国家统一的考试标准之下，结合自身的教学实际，命制适合本省（市）考生情况的高考试卷。所以从考查的物理知识内容来看，各个省（市）试卷之间不会出现太大的差异，但每年的高考物理试卷题量有限，不可能把所有知识内容一一涉及，考查的数量有多有少，考查的深度层次不一，这就是高考物理试卷之间差异的实际来源。

第三节　各省（市）高考物理试卷考查内容定量分析

为了进一步评定我国高考物理试卷的内容效度，我们对选定的高考物理试卷做进一步细致研究。由前面的分析结果得出了各省（市）不同年份试卷之间的一致性要高于各年份不同省（市）试卷之间的一致性的结论，这说明我国高考物理试题在时间维度上的差异要小于在地域维度上的差异，这个现象的出现也说明了我国高考物理试卷命制的特点。我国各个省（市）的高考试卷的命制工作都是由各个省（市）的试题命制部门负责组织的，每年负责命题人员的组成具有一定的连续性，因此在时间维度上体现出较好的一致性。

前面的研究结果显示，高考物理试卷内容的特点更多地体现在不同省（市）的差别上，而不是不同年份的差别。所以在下面的分析中，我们将不同年份的影响因素忽略，仅研究分析不同省（市）高考物理试卷考查内容的主要特性。

1. 各省（市）高考物理试卷曲面图分析。

利用 SOLO 理论分析高考物理试题之后，得出了 57 套试卷的“物理内容 × 认知层次”矩阵，忽略了不同年份的影响之后，可以将各省（市）57 套高考物理试题的“物理内容 × 认知层次”矩阵求和，除以年份得到平均矩阵并进行标准化，得出的就是各省（市）试卷各自的“物理内容 × 认知层次”平均标准化矩阵。

对于这 15 个平均标准化矩阵，我们虽然可以对内容、认知水平分析加以研究，例如统计各部分内容所占的百分比并制成柱形图加以比较，但是 15 个不同省（市）变量过多，在柱形图上不易显示。为了能够直观明显地体现不同省（市）矩阵的分布情况，我们对各省（市）的“物理内容 × 认知层次”平均标准化矩阵绘制曲面图，如图 7-7 至图 7-11 所示。[由于 15 个曲面图数量较多，所以文中分为 5 组作图，每组 3 个省（市）。这里的分组只是为了方便展示，排序和组别不具有其他含义，特此说明]

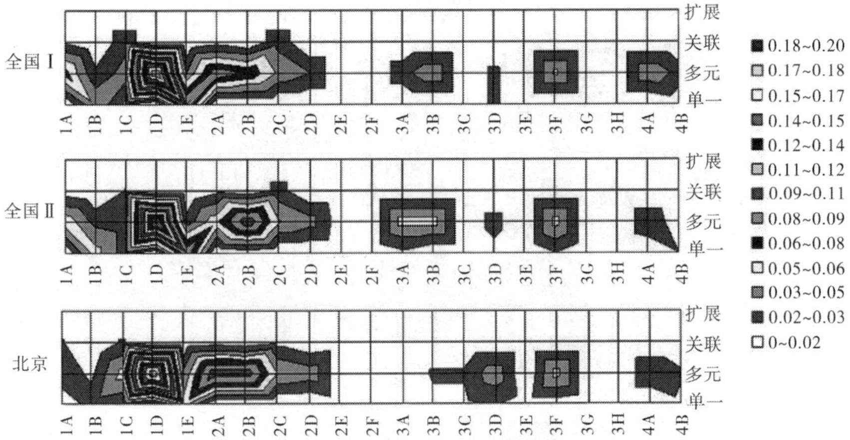

图 7-7 各省（市）矩阵曲面图（1）

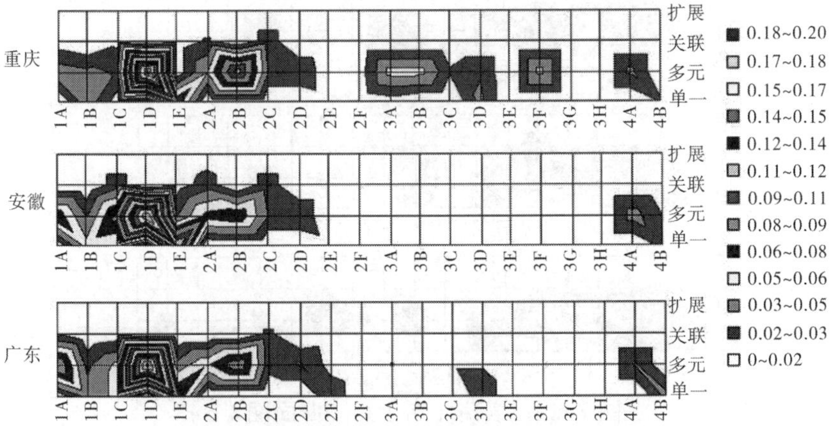

图 7-8 各省（市）矩阵曲面图（2）

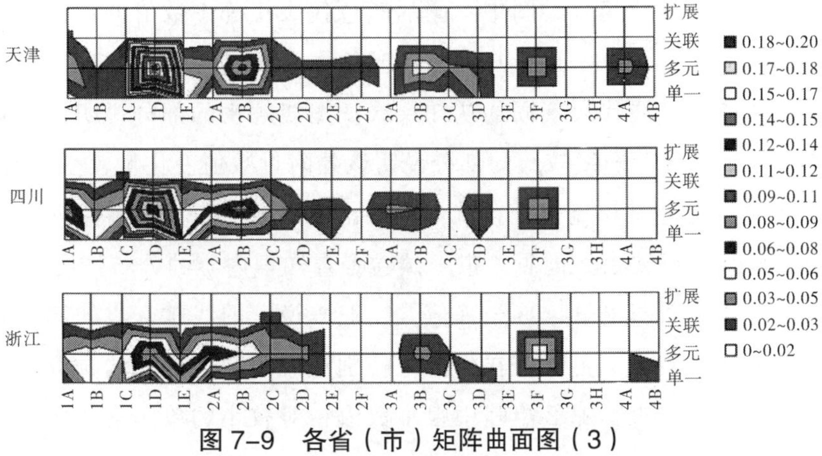

图 7-9 各省（市）矩阵曲面图（3）

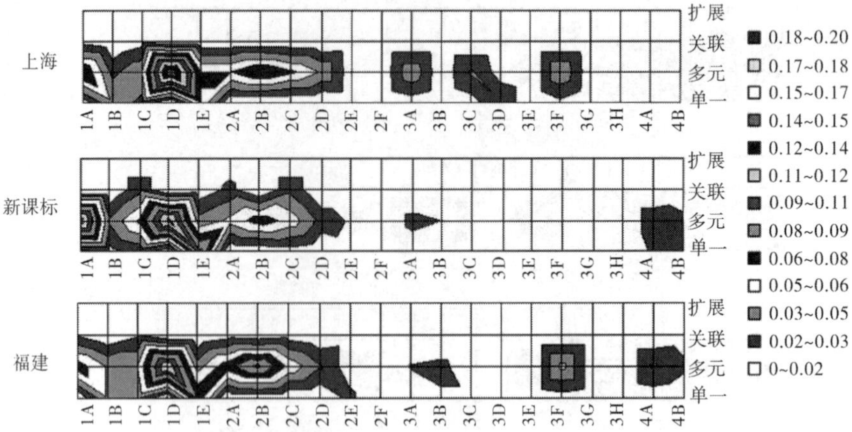

图 7-10　各省（市）矩阵曲面图（4）

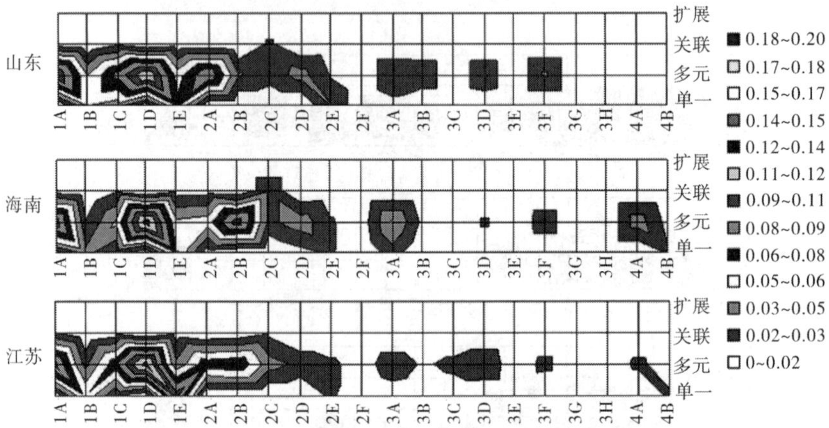

图 7-11　各省（市）矩阵曲面图（5）

图 7-7 至图 7-11 反映的就是各省（市）试卷的“物理内容 × 认知层次”平均标准化矩阵，图中不同的颜色代表矩阵中数值的不同取值范围，横坐标的 1A、1B、1C……代表不同的物理知识内容，纵坐标的单一、多元、关联、扩展代表不同的认知层次。图线越密的部分说明该处附近数值变化量越大，图线较疏的部分说明该处附近数值变化量较小。这样，从图线的颜色分布和疏密分布就可以看出不同省（市）试卷矩阵的分布情况，也就是反映了不同省（市）试卷考查知识内容的分布情况。15 个曲面图基本上都具有 2 ~ 3 个峰值，一般来说，图线越密集的部分其中心区域的数值越大。另外，在作图中特别注意了数值区间的选取。如果数值区间取得过大，那么矩阵中很多数值相对较小的单元格在曲面图中

不能得到有效的反映；如果数值区间取得过小，那么矩阵又会显得过于密集，难以分辨。在经过了反复尝试之后，本章确定以 0.015 作为单位间隔，既可以显示出绝大多数单元格的情况，又不会让数值较大的单元格附近过于密集，以致无法分辨。

首先来分析 15 幅图中最密集的区域。可以看到，不同的曲面图中最密集的区域基本集中在“多元 -1D”附近，其中全国Ⅰ、全国Ⅱ、北京、重庆、安徽、广东、天津、上海各套试卷的密集程度相对较高；除浙江之外，其他几套试卷在“多元 -1D”附近也比较密集，也就是说这些试卷对“多元 -1D”的知识内容考查比例最大。此外，在“多元 -1A”“单一 -1E”“多元 -2A”和“多元 -2B”附近，也都表现出了一定程度的密集，说明这些知识内容的考查在各省（市）试卷中也占有相当大的比例。

其次，15 幅图的左半部分基本上都是有颜色的，而右半部分则有大面积的空白，说明 3、4 两部分知识内容在各省（市）试卷中考查比例相对较小。同时，不同省（市）的曲面图在 3、4 两部分知识内容上图形分布差异较大，不像左半部分相对比较集中。例如，安徽和新课标在 3 部分基本上都是空白，四川、上海、山东在 4 部分基本上都是空白。

从整体上来看，这 15 幅图的图形形状、疏密分布和颜色分布比较相似，说明不管是从物理知识内容种类的角度来看，还是从认知层次的角度来看，我国各省（市）的高考物理试卷考查内容是较为相似的。当然，整体上的一致也伴随有各省（市）的不同侧重。如果关注 15 幅图的一些细节，可以看出不同省（市）试卷还是具有各自的特点的。正因为我国各省（市）的高考物理试题具有基本一致性和各有千秋的特点，所以我们希望能够将这 15 套试卷分成特点较为接近的几类，更好地把握我国高考物理试题的特点。

2. 各省（市）高考物理试卷聚类分析。

在上一小节中提到，本章希望将 15 套试卷分为特点较为相近的几类，也就是对这 15 套试卷进行聚类分析。在实际应用中，根据聚类对象特征以及聚类的要求等条件的不同，可以采用多种不同的聚类方式，文中为了方便起见，选择了较为简单易行的 SPSS 17.0 统计软件中的 K- 均值聚类。

取全国各省（市）15 套试卷的“物理内容 × 认知层次”平均标准化

矩阵，每个矩阵中有 4×21 个单元格，将这 84 个单元格的数值作为 84 个变量，利用 SPSS 17.0 的 K- 均值聚类功能对各省（市）（个案）进行快速聚类分析。

SPSS 17.0 中的 K- 均值聚类功能可以将输入的 n 个个案划分为 k 个类别，这里的 k 可以在 $1<k<n$ 的范围中任意指定。所获得的 k 个类别具有如下两个特征：同一类别中的个案相似度较高，不同类别中的个案相似度较小。所谓的相似度，是用各个类别中的个案与该类别的"聚类中心"的距离来表征的。下面详细说明本章中 K- 均值聚类分析的步骤：

（1）首先以各省（市）矩阵中 84 个单元格的数值来描述这 15 个个案，即假设 $A=(a_1, a_2, \cdots, a_{83}, a_{84})$，其中 A 代表某个省（市）矩阵，a_1，a_2，……依次代表该省（市）矩阵中 84 个单元格的数值。

（2）本章拟将各省（市）（个案）分为三类，那么就从 15 个个案中随机选择三个个案作为初始类中心。分别计算剩余 12 个个案与这三个初始类中心之间的距离，它们与哪个类中心之间的距离最小，就把它们归入哪一类之中。距离的计算方式如下：

$$|AB|=\sqrt{(a_1-b_1)^2+(a_2-b_2)^2+\cdots+(a_{84}-b_{84})^2}$$

其中，A，B 分别代表两个不同的省（市）（个案）矩阵，a_1，a_2，…，a_{83}，a_{84}，b_1，b_2…，b_{83}，b_{84} 分别为两个不同省（市）矩阵 A、B 中 84 个单元格的数值。

（3）在第一次聚类完成之后，计算每类个案中所有个案的 84 个变量的平均值，以此作为第二次聚类的类中心。

（4）依据上次计算得出的类中心，重新对 15 个个案进行归类，并再次计算新的类中心。

（5）重复上述步骤（2）~（4），直到前后两次的类中心基本不变或改变程度很小为止。本章假设，当某次类中心的改变量为第一次类中心改变量的 1% 时，聚类停止。

本章将各省（市）（个案）分为三类，得出的分类结果如表 7-6 所示。

表 7-6 K- 均值聚类分析结果

	试卷名称
第一类	安徽、广东、四川、新课标、山东、海南、江苏
第二类	全国Ⅱ、浙江、福建
第三类	全国Ⅰ、北京、重庆、天津、上海

结合上文的图 7-7 至图 7-11 来分析表 7-6 的结果，对比同一类的试卷曲面图后发现，同一类的试卷曲面图基本相似，但并不是完全一致，尤其是右半部分的分布情况存在着不小的区别。同时，试卷类型（理综或单科，有选做或无选做）与聚类结果并没有太大关系，各类中都会包含不同类型的试卷。值得注意的是，全国Ⅰ、北京、重庆、天津、上海这五套试卷处于同一类中，四个直辖市的考查内容与全国卷有着较为相似的特点。

在 SPSS 17.0 的聚类结果中，除了提供哪些个案聚到一类的信息之外，还会提供最终的聚类中心、每个个案到它的类中心的距离以及各个类中心之间的距离等信息。这里提供的聚类中心同样是以 21 × 4 的矩阵形式呈现，所以我们仍然可以利用曲面图将这三类试卷的“物理内容 × 认知层次”矩阵展现出来，所作曲面图如图 7-12 所示。

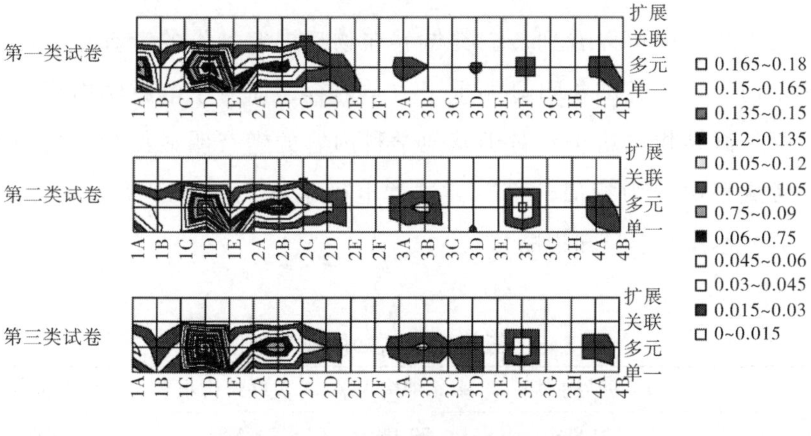

图 7-12 三类试卷矩阵曲面图

从图 7-12 中可以看到，三类试卷的矩阵曲面图分布较为相似，考查内容主要集中在“多元 -1D”附近，只是集中程度有所区别，其中第三类试卷集中程度最高，第一类试卷次之，第二类试卷最小。三类试卷除了在“多元 -1D”附近最为集中外，在曲面图其他部分上也存在一定的差别。例如，第一类试卷侧重于“多元 -1A”的考查，同时涉及了一部分“单一 -2E”的内容，而对于热学、光学、原子物理等内容考查相对较少。第二类试卷既注重 1A、1B 内容的考查，也注重了 2A、2B 内容的考查，另外对于 3A、3B、3F 的考查比例也比较突出。第三类试卷更突出电磁学部分的内容，在热学、光学、原子物理等内容的考查上较为平均。三类试卷对于实验内容的考查大同小异，没有太大的区别。总的来说，从图 7-12 的三类试卷矩阵曲面图中可以看出三类试卷之间存在着一定的区别，但区别并不明显。由于曲面图只是半定量的分析，这里将三类试卷考查物理知识内容在物理内容种类和认知层次两个维度上所占比例的具体情况列在表 7-7 和表 7-8 中。

表 7-7　三类试卷物理内容种类考查情况

	力学	电磁学	其他学科	物理实验
第一类试卷	56.1%	26.9%	11.2%	5.8%
第二类试卷	47.1%	29.1%	17.0%	6.8%
第三类试卷	47.4%	27.4%	19.8%	5.4%

从表 7-7 中可以看到，三类试卷在物理内容种类的考查上存在着一定的差别。第一类试卷明显侧重于力学内容，而对于电磁学内容的考查与另两类试卷相比略小，对于其他学科内容的考查明显偏少。后两类试卷的考查情况较为相似，第二类试卷电磁学知识和物理实验内容偏多，第三类试卷其他学科知识略多。

表 7-8　三类试卷认知层次考查情况

	单一结构水平	多元结构水平	关联结构水平	扩展的抽象水平
第一类试卷	21.8%	72.1%	5.8%	0.3%
第二类试卷	25.0%	68.6%	6.2%	0.2%
第三类试卷	17.7%	77.2%	4.9%	0.2%

从表 7-8 中可以看到，三类试卷在认知层次的考查情况上同样存在

着不小的差异。除了在扩展的抽象水平上三类试卷差异不大之外，在另外三个认知层次上，三类试卷各有侧重。第二类试卷的单一结构水平和关联结构水平内容明显偏多，第三类试卷的多元结构水平内容相对较多，而第一类试卷的考查情况居于后两类试卷之间。

从上述对表 7-7、表 7-8 的分析中可以看到，通过聚类分析方法得出，三类试卷的确具有各自的特点。第一类试卷侧重于力学内容的考查，其他学科内容的考查较少，认知层次维度的考查情况与我国高考物理试卷的平均情况较为相似。后两类试卷在物理内容种类维度上的考查情况比较相似，第二类试卷侧重于单一结构水平和关联结构水平内容的考查，第三类试卷侧重于多元结构水平内容的考查。

第四节 我国高考物理试卷内容2010—2014年变化趋势

为了获得我国高考物理考试内容效度的证据，我们选择了具有代表性的高考物理试卷，分析2010—2014年考查的物理内容，以获得高考物理试卷内容的连续性和稳定性。在这一节中我们选择分析的高考物理试卷是全国新课标卷、海南卷和上海卷。全国新课标卷是目前使用范围比较广的试卷，全国的很多省（市）都使用这个试卷。海南卷虽然使用范围较小，但是海南省一直是我国高考改革的试点，物理采取单科考试，试卷由教育部考试中心命制，试卷质量也比较高。上海的基础教育也是我国基础教育改革的先锋，其基础教育体系和测评体系均与其他地区不同。上海高考物理考试也是单科，且上海卷很有特点。所以我们选择一个广泛使用的新课标理综物理试卷和两个具有改革特点的单科物理试卷作为研究对象，以使我们的研究结果更具说服力。下面我们来定量地分析2010—2014年高考物理试卷的变化情况。

1. 2010年至2014年新课标物理试卷的定量分析。

在前面的分析框架和编码标准下，我们分析了2010年到2014年的新课标物理试卷，得到了这些试卷在内容维度和认知水平两个维度下的二维矩阵，将其标准化后，计算得到的2010年至2014年5个试卷彼此间的一致性系数如表7-9所示。

表7-9 2010年至2014年新课标物理试卷间的一致性系数

	2010年	2011年	2012年	2013年	2014年
2010年	1				
2011年	0.689	1			
2012年	0.608	0.622	1		
2013年	0.748	0.678	0.682	1	
2014年	0.602	0.656	0.603	0.651	1

表7-9中一致性系数的数值与前面得到的各省（市）高考物理试卷间的一致性系数的取值基本相同，表现出高考物理试卷的稳定性。在

2010年至2014年期间，新课标物理试卷彼此间的一致性系数平均值为0.654，其中最大值与最小值之差为0.146。这也就是说，在我们的分析框架下，如果把每个物理试卷考查的总内容看作1的话，在这五年间新课标物理试卷考查的内容上最大差别为14.6%。应该说这个比例还是很小的，所以新课标物理试卷在内容上具有一定的连续性和稳定性。

为了更清晰直观地考查试卷中知识内容与认知层次的分布情况，将其用二维曲面图来表示，如图7-13所示（2010年到2014年从上到下排列）：

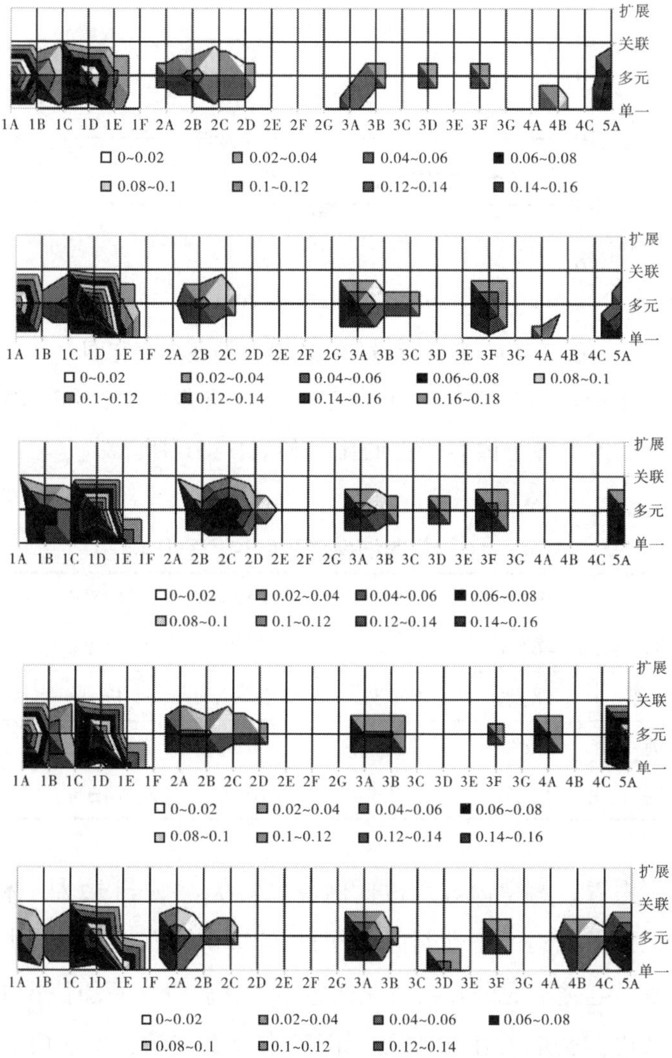

图7-13 2010—2014年新课标卷知识内容与认知层次曲面图

从图7-13来看，新课标卷的考查重点明显放在力学部分，在电磁学部分的考查几乎不高于其他学科内容。在力学内容中，对运动学、能量和动量的考查最多，且集中在多元结构水平；对力学分析法的考查也很多，但是相对简单，集中在单一结构水平。在数学维度方面，几乎每年都有曲面峰值出现，也体现出新课标卷理综部分物理试题对数学知识的需求。

下面来看知识内容总量从2010到2014年间的变化，如图7-14所示。不难看出，新课标卷考查的知识内容总量总体呈现波动上升的趋势，但是总体来说知识点数目的分布在60到75之间。

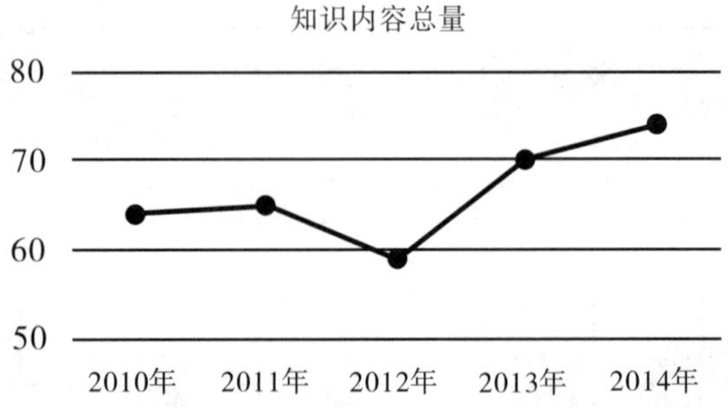

图7-14 新课标卷知识内容总量逐年变化图

在这些知识内容中，每一年内力学、电磁学、实验和数学所占比例各有不同，每年中各个内容所占的比例如表7-10所示。

表7-10 新课标卷逐年知识内容比例

	2010年	2011年	2012年	2013年	2014年
力学比例	46.9%	50.8%	45.8%	51.4%	43.2%
电磁学比例	18.8%	12.3%	22.0%	17.1%	17.6%
实验比例	7.8%	4.6%	5.1%	4.3%	10.8%
数学比例	12.5%	12.3%	10.2%	14.3%	9.5%

从上表来看，力学内容所占比例最多，从43%到52%，体现出较强的波动性，根据波动的特性判断，2015年的高考力学内容所占的比例可能有所增加。电磁学的内容在新课标卷中考查较少，平均值在17%左右，预测在未来比例会继续在20%的范围内小幅度波动。实验内容的比例在2014年的值远高于其他年份，并且考查了数据的处理，预计在新的考卷

中可能延续这个改变。数学内容方面，新课标卷考查的比例较大，一直在 10% 到 15% 之间波动，预计新的一年内很可能也在这一范围内波动。

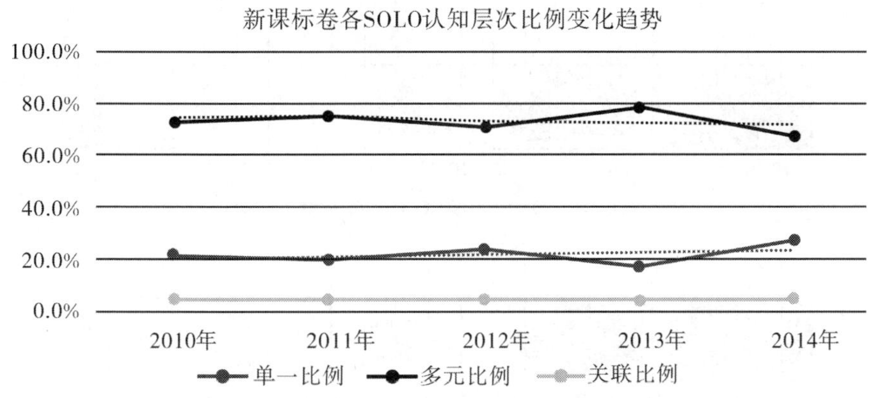

图 7-15　新课标卷 SOLO 认知层次比例变化趋势图

从上面的比例变化趋势图可以看出，新课标卷的 SOLO 认知层次比例每年有相同之处，逐年的关联结构水平的比例有小幅度上升趋势。而单一结构水平和多元结构水平的比例逐年波动，单一结构水平的比例波动上升，多元结构水平的比例波动下降。

2. 2010 年至 2014 年海南物理试卷定量分析。

表7-11　海南物理试卷2010年至2014年一致性系数

	2010 年	2011 年	2012 年	2013 年	2014 年
2010 年	1				
2011 年	0.612	1			
2012 年	0.614	0.777	1		
2013 年	0.606	0.647	0.677	1	
2014 年	0.597	0.652	0.685	0.623	1

在表 7-11 中一致性系数平均值为 0.649，基本上与表 7-9 中的新课标物理试卷的平均一致性系数 0.654 相近，但最大值与最小值之差为 0.180，比表 7-9 中的对应数据略大。这也说明在同一个命题大纲下，命制的物理试卷内容的确具有很好的内在一致性，物理试卷中的内容都

具有一定的代表性。下面我们来看2010—2014年海南物理试卷的二维曲面图。

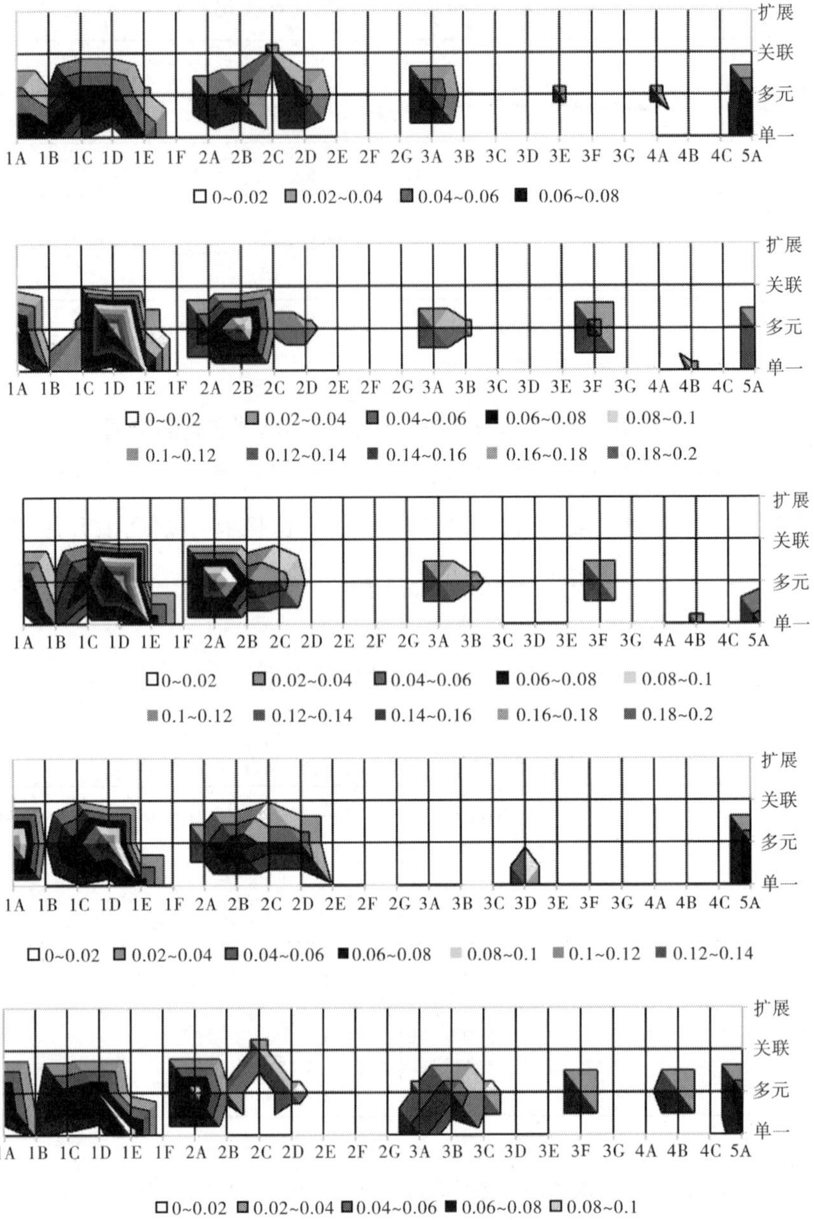

图7-16 2010—2014年海南卷知识内容与认知层次曲面图

从图7-16来看，海南卷总体呈现考查内容多元化的趋势。在力学部分的考查以运动、能量和动量为主，都集中在多元层级，而对力学分析法的考查多集中在单一结构水平。除了力学部分的考查以外，在电学部分的考查也较多，且考查的重点在多元结构水平的静电学和电路这两者之间逐年变化，在磁场部分的考查则以关联结构水平为主，是试卷的难点所在。而在实验内容和数学内容的考查上并不突出。

首先来看海南卷逐年的试卷知识内容总量，如图7-17所示，总体呈现波动下降趋势。海南卷考查的知识内容总量在2013年出现一个低谷，但在2014年又回复到与往年相差不大的数值。总体在55到80之间徘徊。

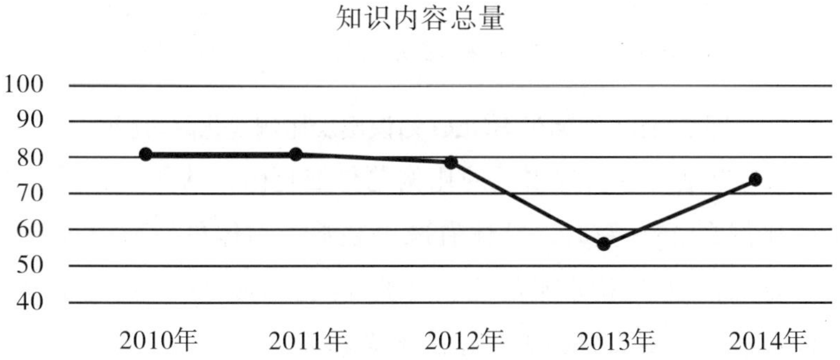

图7-17 海南卷知识内容总量逐年变化图

将各个重要知识内容的考查数目比例化之后，得到表7-11：

表7-11 海南卷逐年知识比例

	2010年	2011年	2012年	2013年	2014年
力学比例	50.6%	50.6%	50.6%	44.6%	39.2%
电磁学比例	22.2%	25.9%	27.8%	25.0%	21.6%
实验比例	3.7%	3.7%	2.5%	7.1%	4.1%
数学比例	9.9%	9.9%	7.6%	10.7%	9.5%

从上表来看，海南卷在逐步缩减力学部分的考查比例，从2010年和2012年几乎不变的约51%到2014年的不足40%，力学部分的考查比例逐年下降。电磁学内容的考查比例呈现先增后减的特性。实验内容的考查波动较大，在2014年达到一个历年的平均水平。数学内容的考查比例

也相对固定，占全卷的 10% 左右，低于新课标卷，预计这一比例也不会有较大变动。

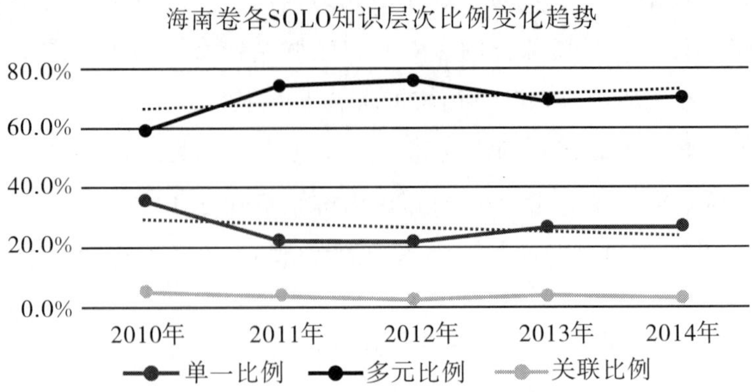

图 7-18 海南卷 SOLO 知识层次比例变化趋势图

图 7-18 为海南卷认知水平的比例趋势变化图，从图中来看，单一结构水平的比例在 25% 左右，整体有减少趋势，总体单一结构水平比例高于新课标卷；而关联结构水平的比例有波动减少的趋势，仍少于新课标卷；多元结构水平的比例则有较为明显的上升趋势。

3. 2010 年至 2014 年上海物理试卷分析。

表7-12 2010年至2014年上海物理试卷间一致性系数

	2010 年	2011 年	2012 年	2013 年	2014 年
2010 年	1				
2011 年	0.716	1			
2012 年	0.694	0.745	1		
2013 年	0.620	0.649	0.727	1	
2014 年	0.727	0.724	0.694	0.667	1

表 7-12 中一致性系数平均值为 0.713，对应的最大值与最小值之差为 0.125。上海物理试卷间的一致性比新课标卷和海南试卷间的一致性要高一些，其最大值和最小值间一致性的差别基本相近。出现这个现象的原因应该与新课标卷、海南卷和上海试卷的结构有关。2014 年新课标卷含有 14 道题目、考试时间约 60 分钟，海南卷含有 15 道题目、考试时间

约 90 分钟，而上海卷含有 33 道题目、考试时间约 120 分钟。在这三类试卷中，上海的试卷所含题目最多，考试时间最长，不同年份间的一致性也最高。也就是说，上海试卷的稳定性最好。

下面我们来看上海试卷五年来在内容和认知水平上的变化情况。

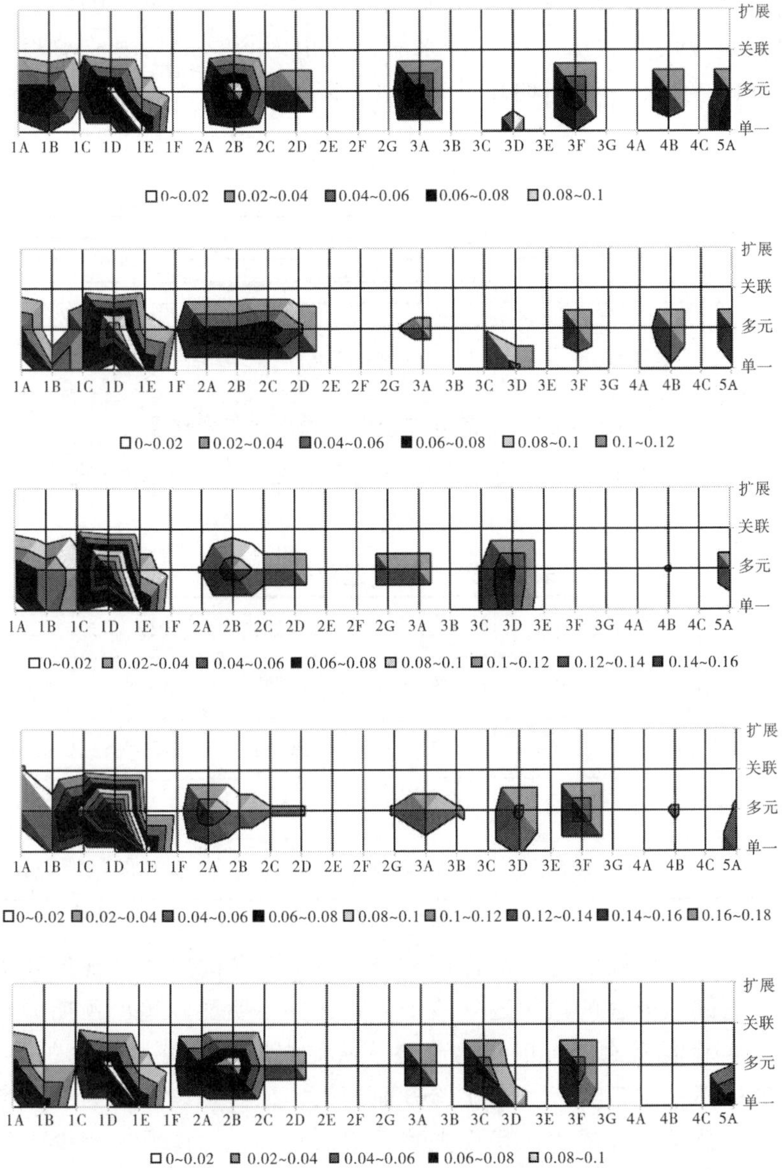

图 7-19　2010—2014 年上海卷知识内容与认知层次曲面图

从曲面图来看，上海卷的考查呈现出多元化的特点。并且呈现出与海南卷类似的结构。在2011—2013年多样性表现并不明显，而在2010年和2015年表现出较高的多样性。在电磁学、热学、原子物理、波与振动方面均有考查峰值。除此之外还可以看到，上海卷在考查电磁学时，几乎每年的重点都集中在电路部分；在数学内容上的考查也有弱化趋势。

上海卷以改革和创新闻名国内，首先来看2010—2015年试卷知识内容总量的变化。从折线图来看，知识内容总量呈现波动趋势，在88～110变动，并未有明显上升或者下降趋势。

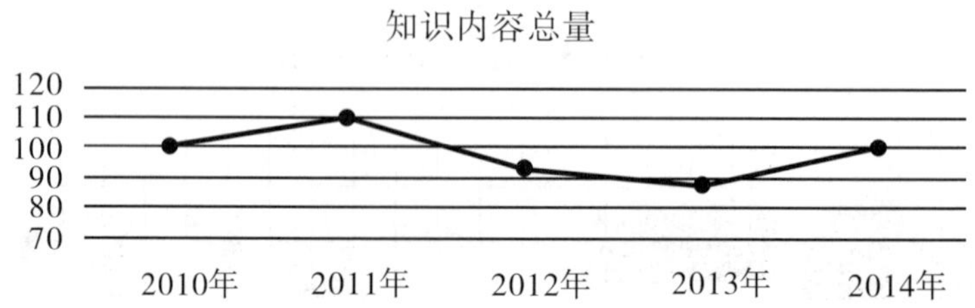

图7-20 上海卷知识内容总量逐年变化图

将各个重要知识内容的考查数目比例化之后，得到如下表格。

表7-13 上海卷逐年知识比例

	2010年	2011年	2012年	2013年	2014年
力学比例	43.0%	45.5%	53.8%	50.0%	41.0%
电磁学比例	23.0%	27.3%	18.3%	17.0%	24.0%
实验比例	5.0%	6.4%	3.2%	4.5%	3.0%
数学比例	10.0%	5.5%	4.3%	6.8%	10.0%

从各个重要知识内容的比例来看，力学部分的比例呈现先升后降的趋势。电磁学内容的比例逐年波动，特性并不明显。超出预期的是，上海卷的实验内容比例有下降的趋势，从前文来看上海卷实验题目最多，但是其中不一定都会考查到实验方面的内容，而是以实验为载体考查物理内容。数学内容的比例呈现先减后增的趋势，总体看比例少于新课标卷和海南卷。

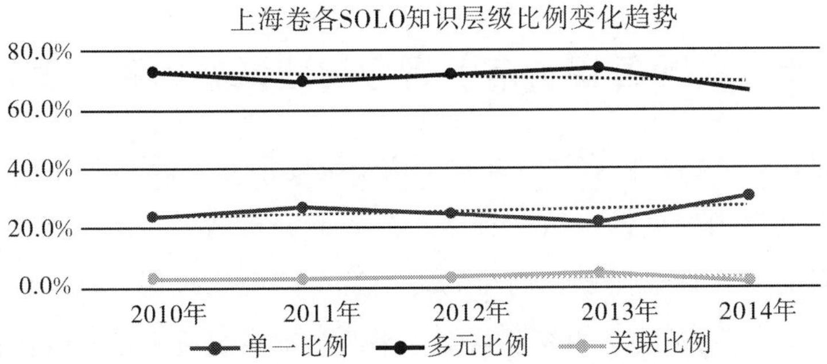

图 7-21　上海卷 SOLO 知识层次比例变化趋势图

图 7-21 为上海卷认知水平的比例趋势变化图，从图中来看，单一结构水平的比例在 25% 左右，呈现波动上升的趋势；同海南卷一样，关联结构水平的比例有波动减少的趋势；多元结构水平的比例也有小幅减少趋势。

第五节 我国各省（市）高考物理试卷内容效度评述

前面我们从物理内容和认知水平两个维度定量分析了我国各省（市）高考物理试卷内容间的一致性程度。前面的分析结果显示，高考物理试卷内容间的一致性显然要比高考物理试卷与高中物理课程标准间的一致性高。平均来看，从物理内容和认知水平两个维度定量评定我国各省（市）历年来的高考物理试卷间的一致性系数为 0.6 ~ 0.7，这个值远大于我国高考物理试卷与高中物理课程标准间的平均一致性系数（约为 0.4）。这也说明我国高考物理试卷的确具有很高的内在一致性和稳定性，也是在统一的考试大纲下命制的试卷应有的结果。这些分析证据显示了我国高考物理试卷具有很好的内容效度。

我国高考物理试卷具有较高内容效度的证据之一是在以高考物理试卷互为效标的条件下，从时间上看，历年高考物理试卷具有一定的稳定性；从空间上看，各省（市）的物理试卷具有很好的一致性。主要表现在：

（1）2007 年至 2012 年六年间，我国各年份不同省（市）试卷之间的一致性系数比较稳定，定量分析显示理综无选做类型试卷与其他省（市）试卷之间的一致性系数往往比单科试卷和有选做类型试卷要小。各省（市）不同年份试卷的一致性程度一般都好于各年份不同省（市）试卷之间的一致性，这说明各省（市）高考物理试卷保持了相对较好的稳定性，试卷类型对于各省（市）不同年份试卷之间的一致性系数没有明显的影响。

（2）从认知层次上看，各省（市）试卷之间的差异往往来自多元结构水平知识内容。从物理内容种类上看，各省（市）试卷之间的差异主要来源于力学知识内容。试卷中考查比例越多的知识内容对试卷之间差异的贡献往往越大。

（3）在经过曲面图和聚类两方面的分析之后，可以将我国各省（市）高考物理试卷分为各有侧重的三类。第一类试卷包括安徽卷、广东卷、四川卷、新课标卷、山东卷、海南卷、江苏卷，它们较为侧重于力学内容的考查，在认知层次维度的分布上与我国高考物理试卷的整体情况较为相似。第二类试卷包括全国Ⅱ卷、浙江卷、福建卷。第三类试卷包括全国Ⅰ卷、北京卷、重庆卷、天津卷、上海卷。后两类试卷在物理知识内容维度上的考查较为相似，与我国高考物理试卷的整体情况相近，但是第二类试卷侧重于单一结构水平内容的考查，第三类试卷侧重于多元结构水平内容的考查。

（4）试卷变化趋势比较。

首先从知识总量来看，新课标卷体现出波动并小幅上涨的趋势，而海南卷则是波动下降的趋势，上海卷并未体现出明显趋势。新课标卷为理综卷，物理仅是其中的一部分，为了能在最少的题目中考查更多的知识，知识点数目上涨也是可能出现的。

从考查的各类知识内容比例来看，新课标卷考查的力学比例波动性较强，在 43% 到 51% 间变化；电磁学考查内容平均在 17% 左右；实验的比例变化较大，无明显变化趋势；数学内容的比例一直在 10% 到 14% 间变化。海南卷的力学内容比例有减少趋势，在 2014 年甚至少于 40%；而电磁学有波动上涨之势；实验内容的比例有所提高；数学内容部分的比例在 10% 左右维持不变。上海卷力学和电磁学内容的考查比例变化幅度较大，且无明显趋势；实验内容的考查比例有波动减少的趋势；数学内容的比例则在 2010 年和 2014 年最高。总体比较来看，新课标卷考查实验的比例略高于海南卷和上海卷，而在数学内容的比例上也明显高于海南卷和上海卷。

从 SOLO 层次的比例来看，在单一结构水平考查比例最多的是海南卷，多元结构水平考查比例最高的是上海卷，而新课标卷在关联结构水平的考查比例最高，这也是新课标卷难度最大的具体体现。而在发展趋势方面，海南卷和上海卷的关联结构水平比例有减少趋势，总体而言试卷难度可能会小幅降低；新课标卷的关联结构水平和单一结构水平均有上升趋势，试卷难度变化不明显。

最后是三类试卷的曲面图变化，新课标卷在 2010 年至 2014 年的曲面图变化并不明显，重点多集中在力学，数学部分也可见考查峰值；海南卷和上海卷的多样性都好于新课标卷，且均在 2010 年和 2014 年表现出最好的多样性，这一现象的原因尚未有合理的解释；两者不同的是，海南卷在电磁学部分更注重电场的考查，而上海卷更注重电路的考查。

第八章 中美大学入学物理考试比较研究

中美的教育体系因文化、制度等方面的差异而产生了很大不同，特别是在基础教育方面。就物理学科而言，中美教育体系中的课程体系非常不同。在中国，中学生需要系统地学习5年的物理课程，而在美国，大多数中学生学习科学课程，并不进行单独的物理课程学习。中国目前的教育体系对构建学科的知识体系非常重视，中学科学课程基本上是进行分科教学，而美国的基础教育体系以培养学生的科学方法和能力为追求目标，中学科学课程基本是一门课程。尽管中美的基础教育体系有很多不同，但是在两国从中学进入大学学习都需要通过相应的考试，即大学入学考试。通过研究比较中美两国大学入学物理考试，我们可以借鉴和学习国外的先进经验，促进我国的基础教育改革，特别是对我国高考体系的改革提供有力的研究支持。

第一节 美国大学入学考试制度简介

通常情况下，美国的高中学生在高中11年级（类似于我国高二）时应该参加ACT（American College Test，美国大学考试）或者SAT（Scholastic Assessment Test，学术能力评估测试），在12年级时用于申请大学。

ACT考试由ACT公司主办，是“美国高考”之一。ACT考试总分为36分，由四部分测验构成：英语（English）、数学（Math）、阅读（Reading）和科学推理（Science Reasoning）。另外，作文为选考。成绩被全美包括哈佛大学等常青藤名校在内的3000多所大学接受为本科入学标准。在2013年，参加ACT考试的考生人数与参加SAT考试的考生人数基本持平。

SAT考试由美国大学理事会（College Board，简称CB）主办。SAT1也是常说的“美国高考”之一，总分为2400分，由三个部分构成：批判性阅读（Critical Reading）、数学（Math）和写作（Writing）。SAT1考试成绩或和其具有同等效力的ACT考试成绩在申请美国大部分大学时都是必须提供的。SAT2是学科的测试，包括数学、物理、化学等学科，SAT2考试成绩大部分学校是不需提交的，它其实是专业课考试，给大学呈现学生在专门领域的水平。需要此成绩的大学一般要求至少有2门学科的成绩，考生一般参加3门学科的考试。

在申请大学时，除了必须提供的ACT或者SAT1成绩外，越来越多的学生向大学提供AP成绩。AP课程（Advanced Placement）即美国大学预修课程。AP和SAT一样由美国大学理事会主办，是在高中阶段开设的具有大学水平的课程，共有22个门类、37个学科，例如微积分、物理、美国史等。该项考试的目的在于，使高中生提前接触大学课程，完成一些美国大学的学分课程及考试。AP课程及考试可以为高中生起到增加高中平均学分绩点、减免大学学分、降低大学教育成本、缩短大学教育时间的目的。同时AP成绩可以作为申请大学的一个重要筹码，很多美国顶尖大学要求学生提供5～8科AP成绩。AP课程已在美国15000多所高中以及全球 80 个国家普遍开设，超过 3000 所大学接受 AP 成绩申请。根据官方文件，2013 年共有 221 万余名学生参加了 393 余万场 AP 科目考试，仅加州大学伯克利分校就接收到 7223 名学生提供的 20601 份 AP 成绩。

美国一直致力于教育改革，具体到科学教育，从 1989 年的《美国国家科学教育标准》（*National Science Education Standard*），到 2012 年发布的新《K-12 科学教育框架》（*A Framework for K-12 Science Education*），再到 2013 年发布的《新一代科学教育标准》（*The Next Generation Science Standard*），美国不断根据科学发展和教学理念更新修改科学教育的标准。随之而来的，就是具体的课程改革。2015 年，ACT 考试从笔试改为机试。2014 年 3 月 5 日，美国大学理事会宣布，将在 2016 年春季改变 SAT 考试科目与形式。原有的批判性阅读将变为基于证据的阅读（Evidence-based Reading），即选出选项后要在文中找出依据，而数学方面加强了对数据图表分析能力的考查，原有的写作则取消语法选择题，并将写作的一部分——作文改为选考。

除了“美国高考”的两种考试发生变革以外，AP 考试也进行了改革。2015 年，美国历史课程的考试缩减了单选题目的数量，从 80 题缩减至 55 题，所占的比重也由 50% 缩至 40%；同时增加了 4 道简答题和一篇长篇论述。AP 物理 B 课程退出考试范围，由物理 1 课程和 2 课程取代，相比 B 课程，物理 1、2 课程要求的知识有所减少，但其深度增加。

第二节　中美大学入学考试及招生制度比较

中美现行的大学入学考试在考试性质、考试组织形式、考试内容和成绩认定上的差异很明显。中国实行典型的入学统一考试方式，由特定的考试机构负责全国考试，这种考试模式为大学提供选拔性信息；而美国实行的是资格认证考试模式，只要学生通过资格认证考试（SAT或者ACT），并获得相应的证书，就基本获得了大学入学资格，但是这并不意味着有了入学资格就一定能进入大学学习。下面从考试性质、考试组织形式、考试内容和成绩认定四个方面对中美大学入学考试进行比较。

1. 考试性质存在差异。

中美的政治体制、社会文化和教育制度等方面差异很大，这在不同程度上影响着大学入学考试的性质。目前，中国的高考承担着为绝大部分高校选拔人才的功能，属于选拔性考试。而美国的SAT1考试和ACT考试则承担着多种功能，既是学业测试（或者称为“成就测试”，Achievement Test），同时还是高校选拔学生的依据之一（AP成绩、高中绩点、社会活动、教师评语、校长推荐等也是选拔依据）。因此，美国的高考既属于水平测试，同时也具备选拔人才的功能。中美两国大学入学考试性质的差异决定考试内容、考试组织形式等方面也有所不同。

2. 考试组织形式差异明显。

中国的高考由国家统一安排，每年六月初举行一次，考试时间集中，持续时间为两到三天，科目安排密集，每天考查两到三门课程，每门考试的时间从120分钟到150分钟不等,考试的分值在150分到300分不等。一门考试内，学生可以相对自由地分配时间。对学生的体力和心理承受能力有较高的要求。而美国的高中升学考试分为ACT和SAT两种。ACT考试的运营由非盈利的教育机构ACT公司承担，而SAT考试的运营由非盈利的教育组织CB承担，二者都不隶属于美国官方机构如国会、州政府等。二者具体的组织形式也有所不同。

参加ACT考试的学生可以选择在11年级或者12年级进行，即高二或者高三报考，可以考多次。而ACT公司会视报考学生的总数确定全年考试的次数，有时会因为报考人数太多而增设考试。一般情况下每年有6场考试，分别是二月中旬、四月上旬、六月上旬、九月下旬、十月下旬和十二月中旬。美国国内有3000余个考区同时进行考试，还有将近200个考区在境外。ACT考试时长175分钟，英语、数学、阅读和科学推理分别占45分钟、60分钟、35分钟、35分钟。题目全部为选择题，每一部分结束后会收回考卷。每门考试的满分都是36分，分值以整数进位。考试结束两周左右即可查看成绩。

而对于SAT1考试，学生也可以在11年级或者12年级报考，学生可以多次参加考试。全年考试次数为7次，分别在三月、五月、六月、十月、十一月、十二月这六个月的上旬和一月的下旬。考试总时长225分钟，阅读、数学和写作被分成10个部分，每一部分的时间在10 ~ 25分钟，且每次考试中都会在第二部分到第七部分之间插入一个科目不定的25分钟加试部分，这个部分不计分。但是，在做完整套题目之前，学生无法知道哪个部分是加试题目，所以，各个部分都要认真对待。每次考试时各个部分的科目顺序都会改变。题目有客观题也有主观题，每部分结束时也会回收试卷。阅读、数学和写作每门的总分都是800分，总分为2400分。考试结束后两到三周即可查看成绩。

3. 考试内容差异较大。

随着教育改革，中国的高考内容也在不断变动，目前采取新课标卷的省份考试形式为“3+X”模式，考试内容根据文理选择而有所不同。学生在高二时进行文理分科，选择文科的学生高考科目为语文、英语、文科数学、文科综合，文科综合是对政治、历史、地理三门学科的综合考查；选择理科的学生高考科目为语文、英语、理科数学、理科综合，理科综合是对物理、化学、生物三门学科的综合考查。学生在文理分科时的选择和最终参加的考试也会对填报志愿产生影响。

美国的SAT1考试，试题内容为阅读、数学和写作，其中阅读主要考查学生在文章中找要点的能力。这些考试的内容也是为了学生能更好地适应大学生活。ACT考试试题的内容为数学、阅读和科学推理。ACT考试起步较晚，但是经过逐年发展，已经和SAT考试旗鼓相当，各掌半边天了。尤其ACT考试的科学推理部分是SAT考试所没有的，但也是学生掌握科学研究方法所必需的。因此近年来SAT考试也在进行内容改革，让考试内容更合理也更具有竞争力。

但是应该看到的是，无论是SAT1考试还是ACT考试，都是不包含具体的科学（Science）或者社会科学（Social Science）内容的，更没有像中国高考那样具体涉及某些科目如历史、政治、物理等。SAT1和ACT考试内容并不能完全包含学生在高中所学的知识，因此绝大部分学生都会向大学提交一些科目考试成绩，如AP考试、SAT2考试和ACT Subjects等考试的成绩，这样才能更好地体现学生在某一具体科目的学习能力和知识水平。而在这些科目考试中，最为火爆的就是AP考试，这也是本研究中将中国高考物理和AP物理相比较的原因。

4. 成绩认定方法基本相同。

中国的高考分学科评定成绩，向学生公布四门考试的原始分数，总成绩为四门考试的分数之和。这种成绩认定的方式区分度较高，便于高校招生工作的开展。美国的SAT1考试同样向学生公布三个部分的成绩，总成绩为三项成绩之和；ACT考试略有不同，公布每一部分的成绩之后，总成绩是三项成绩的平均值。而很多美国高校也会对学生的成绩提出要求。

综上所述，从考试性质来看，中国高考和美国大学入学考试一样都有选拔性因素，而美国大学入学考试除有选拔人才的功能外，还有评价性功能，这也决定了美国大学入学考试的考试形式和考试内容与中国高考有所差异。从考试形式来看，中国的高考时间固定，考试时间安排紧密，学生只能在高三毕业时参加考试，学生心理压力较大；而美国大学入学考试与中国高考相同的是二者考试时间安排都比较紧张，但是美国的SAT考试和ACT考试每年有多场次的考试安排，如果成绩不佳，学生可以多次参加考试，还可以根据自身喜好选择SAT或者ACT，甚至可以两种都考，选择成绩较好的一种用于大学申请。从考试内容来看，中国高考比美国大学入学考试多出了具体科目考试，且在目前学生必须选择文科或者理科，参加相关的综合考试；而美国的大学入学考试并没有具体的科目考试，学生可以根据自身兴趣和职业规划选修AP等课程。从成绩认定来看，中美考试成绩虽然总分不同，但认定方式差别不大。

大学招生与考试制度是密切相关的，比较中美两国的大学招生制度可以发现有以下不同。

1. 大学招生与高考成绩的联系密切程度不同。

中国大学招生属于总分录取型，招生工作与大学入学考试密不可分。每一年高考阅卷工作结束发布成绩之后，由各个省（区、市）的教育厅公布本省（区、市）的本科和专科分数线，各个大学根据分数线和招生计划设定提档线，只有报考了该大学并且分数超过提档线的学生，才有可能被该大学录取。在大学的招生录取工作中，报考学生的成绩处于绝对的主要地位。

美国则属于资料录取型，招生工作与美国大学入学考试相关，但并不完全由美国大学入学考试的成绩决定。在学生的申请季，美国高校会根据申请者的 SAT 或者 ACT 成绩、选修课成绩、课外活动、特长及个性品质决定录取与否。招生时高校除了限定学生的 SAT 或 ACT 成绩，还要看学生在申请的专业上有没有选修课，选修课成绩好不好；除此之外，高校还会对学生是否积极参与课外活动、有没有特长（如运动、音乐）等有所关注，而学生在高中阶段的教师评语和推荐也是招生时要关注的。例如一个申请物理专业的学生，他除了要有 SAT 或 ACT 成绩，还应该有物理专业方向的选修课，例如 AP 物理考试的成绩，还有他在科学方面的实践等，这样才能更好地抓住招生官的目光。

2. 大学与学生双向选择的力度不同。

中国大学的招生工作中，大学会根据招生计划设定提档分数线，对报考的学生进行筛选；学生也有一定的选择大学的权力，在填报高考志愿时，学生可以根据兴趣爱好或者职业规划，选择有相关专业的大学或者职业院校，填写第一志愿、第二志愿，如果未被录取还可以参加前两批志愿结束后的补录。

美国大学会设定一系列的标准选择学生，如设定 SAT 或 ACT 成绩、选修课成绩、获奖经历、活动经历等对申请的学生进行筛选。相反的，学生也在选择大学，一名学生可以向自己心仪的学校或者院系提出申请，不限制申请的数量，这样在申请季结束时，一名学生可能会收到很多所大学的录取通知，自由选择去哪所大学就读。

3. 大学招生方式差异巨大。

中国大学招生总体上还处于行政化招考模式，考生可以填报志愿，但是分数是通行证，考生可能被调剂，多数情况下只能被一所高校录取；而高校的自主招生工作虽然进展很大，但目前还不是招生工作的主要部分。招生时间在每年高考结束后的七到八月，招生工作结束后新生一般在九月初入学。

美国大学招生属于社会化招考模式，学生按照兴趣和实力自主申请，可能同时被多所高校录取。招生工作由学校的招生委员会负责，在审查学生的申请资料如兴趣爱好等时可能会带入主观的因素，学生甚至可以和委员会讨论争辩（Argue），为自己的申请加分。不同的学校会有不同的偏好，有的学校重视成绩，有的重视社会活动，有的重视综合实力等。招生时间较长，每年的开学到十一月会有提前录取的批次，寒假结束到四月份还有常规招生；新生可以根据春季入学或者秋季入学等因素选择不同的申请时间。

从以上内容可以看出中美大学在招生制度上的差异。首先，二者与大学入学考试的联系紧密程度不同，虽然中国高考和美国大学入学考试都很重要，但是中国高考在大学招生中所占的比重远大于美国大学入学考试。其次，学生双向选择的力度不同，中国和美国的考生虽然都具有一定的选择权，但美国考生的选择权远大于中国考生。最后，大学的招生方式也很不同，中国高校以标准化录取为主，而美国高校更注重个性化。

第三节 中美大学入学考试改革的比较

1. 中国高考改革现状。

随着我国教育改革的深入，高考改革也逐步深入开展。2014 年 12 月 16 日，教育部发布《关于普通高中学业水平考试的实施意见》(以下简称《实施意见》)和《关于加强和改进普通高中学生综合素质评价的意见》两个高考改革配套方案，明确提出“全科覆盖”“分类考查”“不分文理”“两次机会”“严格公示”等改革措施。前者规定，在实行高考综合改革的省(区、市)，计入高校招生录取总成绩的学业水平考试 3 个科目，由学生根据报考高校要求和自身特长，在思想政治、历史、地理、物理、化学、生物等科目中自主选择。后者提出，全国普通高中将建立学生综合素质评价制，包括思想品德、学业水平、身心健康、艺术素养、社会实践五大方面，该评价将成为高招重要参考依据。

根据《实施意见》,《普通高中课程方案（实验）》所设定的所有科目均列入了学业水平考试的范围。实行高考综合改革的省（区、市)，高考成绩将包括语文、数学、外语等全国统考科目成绩和思想政治、历史、地理、物理、化学、生物等科目当中任选 3 科的考试成绩。将来学生的高考成绩是“3+3”模式，除了统一高考的语、数、外 3 科外，还要加上自己选择的 3 科学业水平测试的成绩。对这样的设计，学生可以根据自己的特长和兴趣进行竞争，可以文理兼修、文理兼考，文理不分科，对自己的兴趣和优势有一定了解后确定选考科目。将于 2017 年整体推进实施。

《实施意见》指出，学业考试成绩以等级或“合格”“不合格”呈现。计入高校招生录取总成绩的学业水平考试 3 个科目成绩以等级呈现，其他科目一般以“合格”“不合格”呈现。以等级呈现成绩的一般分为五个等级，位次由高到低为 A、B、C、D、E。原则上各省（区、市）各等级人数所占比例依次为：A 等级 15%，B 等级 30%，C 等级 30%，D、E 等级共 25%。

2. 美国 AP 考试改革现状。

近年来 AP 物理多门课程进行了改革，在 2014—2015 年，AP 物理课程变化幅度巨大，AP 美国历史也迎来了选择和小论文上的变化；2015—2016 年，AP 欧洲史和 AP 艺术史也在试卷题型上有巨大变化。在这里仅挑选与本学科相关的 AP 物理改革进行阐述。

2014 年以前，AP 物理课程与考试曾经分为三个部分，AP 物理 B、AP 物理 C 力学和 AP 物理 C 电磁学。B 课程适用于以后想在理科方向发展的学生，包括建筑、天文、软件、环境科学等 18 个专业的课程都接收 B 课程成绩；C 课程更适合那些想在理工科方向发展的学生，包括农业工程、生物工程、材料工程等 18 个专业的课程接收 C 课程成绩。然而，B 课程的内容与考试存在一定的不合理性。B 课程学习的时间是 C 课程单科的两倍，考试的分数却与单科相同，考试的题量特别大，考试时间也特别长，留给考生思考的时间有限。

2014 年 AP 物理 B 课程被叫停，5 月 12 日进行的是最后一场 AP 物理 B 的考试，从此 B 课程退出 AP 考试的舞台，被新的 AP 物理 1 和 AP 物理 2 取代。由美国国家研究委员会和美国国家科学基金会牵头，美国大学理事会与大学学者和教师合作，对物理课程进行了革新。新的 AP 物理课程与考试项目包括 AP 物理 1、AP 物理 2、AP 物理 C 力学和 AP 物理 C 电磁学四个部分，四门课程分开考试，分开得分。AP 物理 C 并无较大变动，而 AP 物理 1 和 AP 物理 2 是取代 B 课程的改革课程，美国大学理事会对这两门课程进行了不断地改善和详尽地描述。

3. 美国 AP 考试理念革新。

首先，以下理念革新内容均来自美国大学理事会官方网站对物理 1 和物理 2 课程的描述。先来简单了解一下物理 1 和物理 2 的课程结构：物理 1 课程和物理 2 课程都围绕着核心理念（Big Idea）建构而成。课程鼓励学生通过更多的渠道建构知识之间的联系。核心理念跨越经典物理与现代物理，由更具体的基本要点（Enduring Understandings）构成。基本要点包括大量学生要掌握的核心概念（即学科的基本原理、理论等），学生除了要学习核心概念以外还要培养逻辑思维能力（即科学实践能力），这两点同等重要，具体化之后也是学生的学习目标和教师的教学目标。

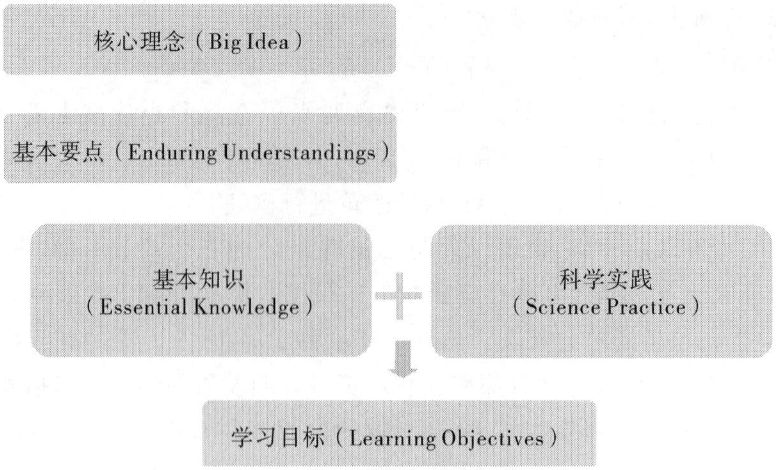

图 8-1　新 AP 物理课程理念

图 8-1 简单解释了新的 AP 课程学习目标的产生过程，新学习目标的形成离不开核心理念与科学实践的支持。核心理念包含以下七点内容：

（1）物体与系统有质量和电量等属性，系统或许还有内部结构。在这条理念中区分了系统（System）与物体（Object），AP 物理中将对象的内部结构对处理问题所需属性有影响的称为系统，内部结构使系统具有很多属性，包括化学属性、能级等；如果在考虑物理问题时，对象不存在内部结构（比如电子）或者可以忽略内部结构，这时就把该对象称为物体。例如自由落体运动中的小球，在处理它的运动时不需要考虑小球的内部结构，这时小球就被当作一个物体。在处理问题时，将对象看作一个物体还是一个系统，是分析物理问题最基础的步骤，这也是这条理念占据七大理念第一条的原因。

（2）空间中场的存在可以解释相互作用。所有的基础力，包括重力、电场力与磁场力，都是距离力，两个物体的相互作用是不需要实际接触的。为了解释与计算这些力，我们定义场的模型，它将某种量的值与空间中每一点联系起来。例如一个有质量的物体会产生重力场，这个场充斥着空间的每一点，表现为对空间内所有物体的引力，只是在距离较近的时候表现得更明显。场的模型还可以用来描述其他现象，例如标量（如温度或时间）如何随位置改变。一般来说，一系列场源产生的场可以等效为结合多个独立场源产生的场，即场的叠加。例如磁场的场源可能是一个磁极或者一个运动的带电物体。物理学家经常用假想的等势线来使场的存在可视化。

（3）物体间的相互作用被描述为力。物体之间的相互作用力会引发平动或者转动，当物体之间的相互作用力不止一个时，由合力决定其运动形式。例如三种基本力：重力、电弱力和强力。20 世纪 60 年代，电弱力统一了弱力和电磁力。电弱力这两个不同的方面处于不同的量级，因此经常被分开考虑。这些基本力在不同量级上时表现最为明显，我们常见的其他力都是这些基本力单个或多个叠加的外在表现形式。例如摩擦力就是电磁力的宏观表现。基础力决定物体的结构和运动，从微观量级到宏观量级。

（4）系统间的相互作用效果就是系统的改变。系统是多个物体的集合，了解系统间的相互作用对学生理解物理世界非常重要。上一条核心概念只考虑了物体间的相互作用，这里可以扩展到系统间的相互作用。多个物体构成的系统可以用质心来描述其运动，进而将牛顿第二运动定律应用于质心。当系统外存在力或者力矩时，系统的动量、角动量、动能、势能或者系统内能都有可能改变。能量的转移几乎出现在 AP 物理教学的每一个过程中，而且非常重要。带电荷的或者带磁性的系统的运动还可能会被其他电磁相互作用影响。

（5）由于相互作用引起的改变遵循守恒定律。守恒定律限制着系统和其中物体的任何行为，守恒定律联系着一个物理量，这个量可能是标量或者矢量，它是系统的特征。在一个封闭的系统内，这个物理量是定值，独立于系统间物体的相互作用。而在开放系统中，这个物理量的改变总是等于其他系统传递过来的值。这样，守恒定律限制着系统的结构。很多的守恒定律都是标量的守恒，例如能量守恒定律普遍存在于物理世界中，自然界中的静电荷也是守恒的。而矢量的守恒也有表现，无论相互作用是塑性还是弹性，动量与角动量都一直是守恒的。甚至在其他科学领域，守恒定律也有所表现，在化学变化中也遵循质量和物质守恒。当分析物理情境时，守恒定律经常是解决问题的有力武器。

（6）波能传递能量与动量，且不引起永久的质量转移。波可以作为解释其他现象的数学模型。经典理论认为波通过扰动（Disturbance）在空间中传播。例如在绳子上传播的机械波确实是对传播介质（即绳子）的扰动。但是气体或者液体能将能量和动量传播出去，而自身介质并没有净运动；电磁波带着能量和动量传播时，扰动就在电磁场内部，不需要任何介质。多数情况下，多个波能同时穿过同一种介质，并不相撞而是叠加，然后不受影响地各自传播，这就是波的干涉。波动的重要例子就是声波与光波（电磁波）。在量子力学中，所有粒子都能符合波的模型，只是在某种特定情境下才能观测到它的波动性而已，即物质的波粒二象性。例如一个电子，它有时表现得像经典粒子，有时候又表现出波动性。

（7）概率论可用来描述复杂系统的行为，也可以预测量子力学系统的行为。当一个系统内含有很多物体，例如气体中有很多分子时，描述系统就要用到概率论了。通过概率论，理想气体的特性可以通过温度、压强等几个量来解释。当系统的大小小于原子量级时，还可以用概率论来解释物质波的模型。在原子量级时，物体间的相互作用基本上不再遵循经典力学，仅能通过概率上的波动函数来描述。概率论目前在现代科技的前沿应用极为广泛。

除了七大核心理念，AP 物理 1 和 2 课程还倡导培养学生的科学实践能力。课程希望学生通过科学实践能够寻找和建立一系列证据，并使用这些证据进行实验假说与预测的论证。这些科学实践倡导学生做到以下七点：

（1）通过表述（Representation）与模型（Model）交流科学现象，解决科学问题。科学家处理复杂问题时，总是试图简化实际存在的物体、系统或者程序以便分析，这些简化或者模型被用来预测新现象的发生。一个简单的模型可能会把系统当作物体处理，忽略系统的内部结构及行为；复杂一些的模型会假设一个由物体组成的系统，例如理想气体模型。程序也可以被简化，一个常见的简化例子就是自由落体运动，此时我们仅仅考虑地球与物体之间的相互作用。模型可以是概念化的，比如将电流模型化为带电粒子的稳定流动；模型也可以是数学化的，比如欧姆定律将电流定义为电压与电阻的比值。通过 AP 课程的学习，学生能够做到建立、描述、改善和应用自然或者人为现象中的表述与模型，并在多次的表述后找到现象中的关键因素。

（2）适当地使用数学科学。为了描述与解释物理现象，科学家经常使用数学表述，例如公式等。当学生处理数学表述时，我们希望他们能理解数学表达、物理现象与公式中字母含义之间的联系，他们需要知道在处理问题时为什么要用这个公式，以及什么时候这个公式才是成立的。我们希望学生找到描述现象的多种方式，例如图形、图表等，然后再找到适合的数学表达形式，而不是过度依赖一开始就选好的一个公式。除此之外，学生还应该在带入数值之前做好等式的各种代数变换，通过单位与极限值来分析评估等式与答案正确与否，他们还要培养在等式函数关系与物理因果关系之间转换的能力。例如，电容的定义式显示出电容与电量成正比，与电压成反比。但实际上在物理学中电容的大小取决于它的决定式，与外接的电压、电量并无关系。

（3）鼓励在课程中通过科学质疑（Science Questioning）来扩展思维或引导研究。由于课程原因，学生可能会认为科学就是编译与传承大量的已知事实（因为物理课程大体就是这样的），而忽略了科学其实是讨论与解决有意义的问题这一重点。另一个极端就是另外一些学生认为科学能解决任何社会问题。因此帮助学生讨论、改善和评估科学质疑是重要的建构与认知目标,尽管它是一个很难的学习技巧。例如在单摆问题中，有的学生可能会问单摆能摆多高，虽然这也是一个起点，但是学生应该在教师的引导下改善模糊的问题，将问题与相关的模型和理论联系起来。之后学生可能会讨论测量与单摆相关的物理量，谈到时间、摆角与质量，进而通过设计实验、处理数据等回答诸如“单摆的周期由什么因素决定”这样的问题。教师通过在课堂上引导学生进行合理的科学质疑，能够引导学生研究物理问题，并扩展他们的思维。

（4）在科学问题中有计划、有策略地实施数据收集。这里的数据包括调查、研究、他人的发现、重构历史或者已归档的数据等。讨论的问题决定了数据的类型，也会影响数据收集的计划。为了收集类似于“单摆周期的影响因素”这样问题的数据，我们需要设计控制变量的实验；而类似于“恐龙为什么会灭绝”这样的问题，就需要去档案馆等地方查找资料了。

（5）在科学实践中体现数据分析与评估。学生经常以为描点或者最合适的函数总是线性的，但是有时候构建出的最合理的线型可能并不是线性关系，而可能是平方、反比等。学生应该能够根据带有实验不确定性的时间间隔来描绘数据点，进而找到一种数据类型，然后他们需要问自己为什么会表现出这种数据类型，并且用已知的知识来解释。当遇到新现象时，他们应该尽量为数据类型设计出可验证的解释。重要的是学生需要知道仪器并不准确，他们需要设计步骤以减少这些不确定性。

（6）遵循科学理论（Theory）与解释（Explanation）。科学解释能说明变量间的因果关系，或者通过特殊的现象的发生来描述机械运动。例如牛顿第二定律给出了一个力作用在固定质量的物体上时会产生多大的加速度；液体会挥发是因为如果随机运动的粒子动能高于粒子间相互作用的势能，粒子就能离开液体。一个现象的科学解释应该是可以通过实验检测的，它应该可以用来预测新的现象。而一个理论使用统一的方法解释大量的现象，而且在理论适用条件下，多种实验结果都能在这个解释下统一。例如分子动理论、动量理论等。学生应该理解理论与解释的区别。判定意味着除了直接观测以外的推断。例如：物体会下落不是判定，而物体下落的加速度相同则是判定，学生应该通过设计实验来检测这个判定是否正确。有时给出的解释也是不正确的，学生也要通过实验来检查这个解释能否符合最终结果，如果不能，那这个解释就是错误的。找到实验来验证解释与判定是否正确一直是科学工作的重中之重。例如星光弯折的天文观测证明了爱因斯坦的理论确实是正确的。

（7）注重学科之间和学科内概念的联系。有关人们如何学习的研究表明：提供多种有关概念应用的学习背景能够帮助概念的转换，这也会让学生牢记概念应用的背景。学生也应该能够辨识很像但并不是概念应用的背景。在学过多种形式守恒定律之后，学生应该能够表述守恒定律意味着什么，并将这个概念扩展到其他相关的学科背景中，当爱因斯坦的质能方程起主导作用时，高能粒子碰撞的能量守恒意味着什么？在建构与评估世界变暖问题时，能量守恒又意味着什么？虽然学生在简单的AP课程结束后并不一定能回答这些复杂的问题，但他们应该能够结合已学知识进行有意义的讨论。

4. 美国 AP 物理课程和考试形式革新与样题。

美国 AP 物理课程和考试革新前后情况如下所示：

表8-1　AP物理课程和考试情况（2015年以前）

类别	课程时间	学习内容	数学基础	考试形式	题目数量	时长	总时长
B	一学年	力学、电磁学、流体力学、热力学、光与波动、原子核物理	代数、几何	客观	70	90 分钟	180 分钟
				主观	6 ~ 7	90 分钟	
C 力学	一学期	力学	微积分	客观	35	45 分钟	90 分钟
				主观	3	45 分钟	
C 电磁学	一学期	电磁学	微积分	客观	35	45 分钟	90 分钟
				主观	3	45 分钟	

表8-2　AP物理1、2课程和考试情况（2015年5月起）

类别	课程时间	学习内容	数学基础	考试形式		题目数量	时长	总时长
物理 1	一学年	牛顿力学（包括转动）、声与光、简单电路	代数	客观	单选	45	90 分钟	180 分钟
					双选	5		
				主观	实验设计	1	90 分钟	
					定性转换	1		
					简答题	3		
物理 2	一学年	电磁学、流体力学、热力学、光与波、近代物理	代数	客观	单选	45	90 分钟	180 分钟
					双选	5		
				主观	实验设计	1	90 分钟	
					定性转换	1		
					简答题	2		

从上面可以看出，革新后 AP 物理 1、2 课程的考试内容叠加后与 B 课程相差无几，相同的考试时间和比 B 课程少的题目数量，可以猜测出物理 1、2 的难度较 B 课程可能会有提升。由于收集到的 1、2 课程的样题不足一套题目（所有题目均来自 College Board 官方网站），不能在后文中通过 SOLO 理论分析后与其他试卷比较，只能在这里着重分

析几题。

AP 物理 1 课程主要涉及以下内容：运动学；力学（牛顿运动定律）；曲线运动与万有引力定律；简谐运动（单摆与弹簧）；冲量、一维动量与碰撞中的一维动量守恒；功、能与能量守恒；转动（力矩、转动运动、转动力学与角动量守恒）；静电学（电荷与库仑力）；直流电路（仅电阻）；机械波与声学。

【例 1】（AP 物理 1 考试样题）如下图，A 物体通过轻绳和轻质滑轮与水平桌面上的 B 相连，桌面无摩擦。为了测量此系统中 B 的质量，除了要测量 A 物体从静止释放到落地所需的时间外，还要测量哪些物理量？

A. A 的质量

B. A 与地面的距离

C. A 的质量和 A 与地面的距离

D. A 的质量、A 与地面的距离和滑轮的半径

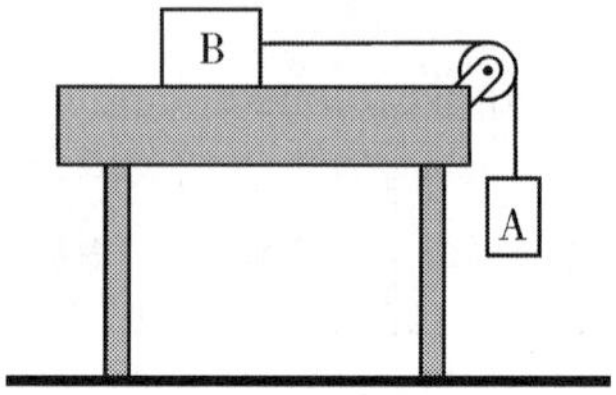

这道题目简化了选项，打破了原有 AP 选择题有五个选项的传统。题目需要学生在理解题意的基础上，对 A 和 B 物体分开进行受力分析，并找到联系二者的关键性因素——加速度。在得出两个牛顿第二定律方程后，学生需要根据题设找出计算加速度所需的物理量，即 A 到地面的距离。通过综合分析得到答案。这道题目体现了科学实践的第（4）点要求，需要学生根据具体问题设计收集数据的计划。

【例 2】（AP 物理 1 考试样题）两根相同的管子，一端开口一端封闭，只有长度稍有不同。一个扬声器连接着可发出不同频率声音的发声器，放置在管子前方。喇叭发出的声波从很低的频率逐渐升高，观测者发现开始时一次只有一根管子发生共鸣，当声波频率很高时有时会发生两根管子同时共鸣的情况。请清楚解释为什么在高频时会同时共鸣，解释时你可以画图或者列出公式。

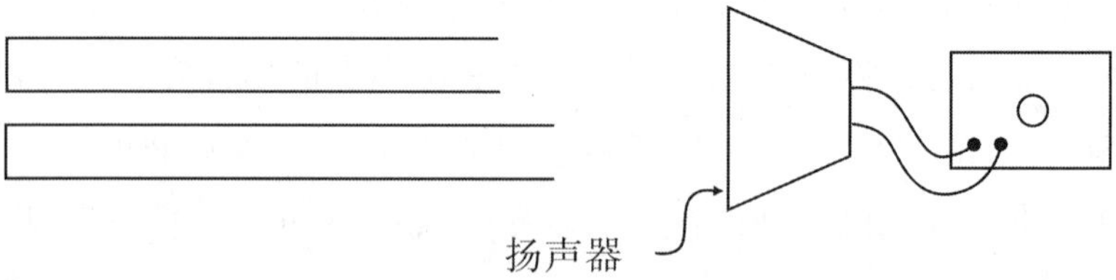

这道题目在样题中给出的参考时间是 12 分钟，分值为 7 分，是一道较为简单的简答题。题设中给出，当喇叭的频率很低时仅有一根管子发生共鸣，当频率升高到一定值时，两根管子都发生共鸣，要求学生分析原因。这道题目考查学生对共鸣的理解，为了达到共鸣，管子的长度必须是波长的整数倍。而在频率极高的情况下，喇叭发出的波长会很短，使两根管子都满足要求。从参考答案中看出，这道题目要求学生答出共鸣发生的条件、波长与频率的关系，并分析随着频率升高为什么两根管子会同时共鸣。答案中还鼓励学生画出样图并举例，例如在高频时一根管长为波长的 17 倍，另一根恰好为 18 倍，则此时两管同时发出声音。

AP 物理 2 课程的重点在电磁学，主要的数学基础仍然是代数，但是也用到了微积分的初步知识。考查的内容主要集中在：热力学定律、理想气体与分子动理论；流体静力学与动力学；库仑力、电场与电势；直流电路与交流电路；磁学与电磁感应；几何光学与物理光学；量子物理、原子与核物理。

【例 3】（AP 物理 2 考试样题）下图为三个点电荷 R，S，T 产生的电场，三个电荷的电量分别为 $-q$，$+2q$ 和 $-q$，位置分别为 x 轴的 $-d$，0 和 d。为了图像的明晰起见，较大的场强向量在下图未画出。

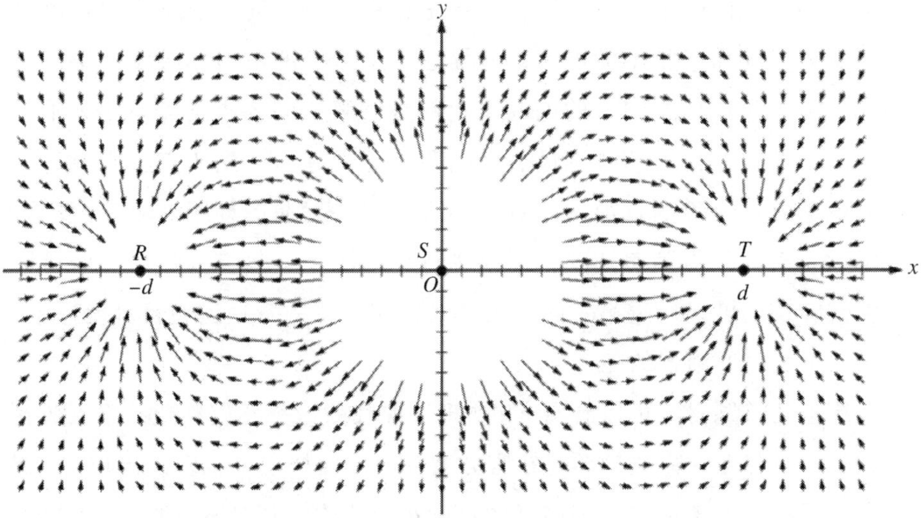

（a）i. 哪些电场图的特性表明 R 和 T 为负电荷而 S 为正电荷？请简述。

ii. 哪些电场图的特性表明 S 和 T 的电荷量等大而 S 的电荷量是

它们的两倍？请简述。

（b）在下方的坐标系中画出 x 轴上电场强度的变化趋势草图。（场强方向向右为正）

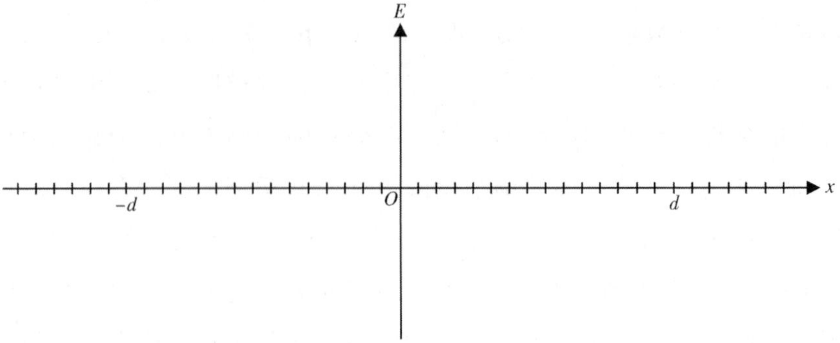

（c）写出从 S 到 T 区域内，x 轴上电场强度 E 随位置 x 变化的表达式，可以使用 q，d 和其他常量等。

（d）小明认为在 S 和 T 之间有一点的场强为零，这一说法是否正确？并根据前三问中的回答解释你的答案。（选用两种即可）

这道题目建议答题时间为 25 分钟，分值为 12 分。问题情境非常简单：三个电性不同的带电粒子分布在二维坐标中，第一问要求学生根据电场图简单描述 S 和 T 粒子的电性，并描述三个粒子的电荷量关系。第二问要求学生画出原图 x 轴上的电场变化趋势。第三问要求学生写出 x 轴上从 S 到 T 点的电场表达式。最后一问要求学生判断 S 到 T 点上有没有场强为零的点。这道题目前两问难度不大，只要读懂图即可。第三问中要求学生写出场强得到表达式，需要进行场强的矢量运算，最后一问可以读图作答，也可以通过第三问的表达式作答。总体看这道题目难度适中，考查了学生数形结合的能力。

综上几道题目，可以看出 AP 物理 2 课程的考查比较细致，重点放在电磁学的内容上，而热学题目在官方文件给出的样题中也多次出现。1 课程和 2 课程总的来说与我国高考的难度相差不大，但从样题中不难看出，1、2 课程在力、热、声、光、电等的分布更加平衡。

5. 中美考试改革比较。

中美两国大学入学物理考试都在不断发生改革，但是应当看到的是，改革的本质是不相同的，一为制度改革，一为内容改革。中国的考试改革主要是考试制度的变化，物理科目从理综必考项逐步过渡到选考科目，分值和地位将会发生变化，但是考试的内容是否会有变化，或者变化会有多大都是未知数。

AP 物理的变化则非常明显，由于美国颁布了新的科学教育标准（NGSS），AP 物理响应迅速，对考试的内容和形式进行了较大幅度的调整，甚至取消了 AP 物理 B 课程，以新的 1 课程和 2 课程代之。

中美两国大学入学的考试和招生方式有很大的不同。以考试目的来看，中国高考作为选拔性考试留给学生的选择余地较少，学生仅能在文理科间选择，不能选择具体考试科目，考试时间固定，考试科目安排紧密。而美国大学入学考试是由多种考试组成的考试系统，留给学生的选择余地较大，可以自主选择参加 SAT 或者 ACT 考试，而且一年之中还可以多次参加，这就使得大学入学考试的选拔功能由多个考试组成的考试系统共同承担，每个考试除了有为高校选拔人才的作用外，更具有测评学生物理水平的作用。由于两国大学入学考试的目标和考试形式不同，所以两国大学的招生制度也各不相同，中国大学的招生与高考密切相关，高考成绩几乎是大学录取的唯一标准，而美国大学的招生则会根据不同考试类别的成绩和考生特长、社会实践等诸多因素，录取的标准更加综合全面。此外，学生的选择余地也不相同，中国高考后的填报志愿极大地限制了学生的选择余地，而美国大学接受学生自主申请，学生也能从多所录取他的学校中挑选自己中意的一所。

随着教育的发展，两国的大学入学考试都在不断地将改革纵深化。中国高考的改革从“文化大革命”后一直在进行，目前为止处于分省命题和全国命题共存的时期。而随着各省（区、市）的考试招生制度改革，物理科目逐渐被划分入选考科目（这一改革举措最早会在 2017 年实施），值得注意的是，多数高校招生时都要求学生有物理考试成绩，短期来看物理科目的修习率不会下降。

2015 年美国的 AP 物理考试也迎来了大的内容革新，提出了新的学科核心理念，如场和系统等，还特别强调了科学实践能力的培养，提出了要注重物理模型，使用数学工具，合理质疑，收集数据，分析评估数据，使用科学理论解释现象和注重学科内外联系七大要点。除了提出新的教育理念之外，还改革了考试形式，将原有B课程划分为1、2两门课程来考试，在基础和提高等级的考试中都将力学和电磁学分开来考查，考查内容的深度也因此得以提高。

第四节　中美大学入学物理考试的试卷结构比较

在将中国高考物理试卷和美国 AP 物理试卷相比较之前，我们首先选择比较研究对象。

随着基础教育课程改革的推进，我国高考物理考试也随之改变。从 2010 年正式推出全国新课标卷（以下简称新课标卷）后，新课标卷逐渐取代全国卷成为非自主命题省（区、市）（包括河南、陕西、山西等）使用的全国物理试卷，2011 年全国卷取消了全国二卷（适用地域为贵州、西藏、广西等），新课标卷随着我国基础教育改革的深入使用的范围越来越广。海南一直是高考改革的试点地区，其物理试卷一直是区别于理科综合的单科形式。上海的基础教育改革一直处于前列，其高考物理也是采用单科形式。为此，我们选择能够较好地反映我国高考改革发展趋势的新课标卷、海南卷和上海卷作为研究对象。

在美国，高中升大学必须提交 SAT 或者 ACT 成绩，但是这两种考试都没有具体涉及物理科目。越来越多的学生选修 AP 课程作为进入大学的敲门砖。AP 物理课程为致力于在理工科深入学习的学生提供了契机。对计划在大学学习理工类科目如物理、软件、环境、生物工程等的学生而言，修读 AP 物理课程是提高大学申请通过率的良方。对于美国 AP 考试，我们选择 2010—2014 年五年间的 AP 物理 B 试卷和 AP 物理 C 试卷作为研究对象。由于只找到了近五年的 AP 物理试卷主观题部分（选择题部分并未公开），所以选取之前找到的选择题与近五年的主观题综合后进行分析处理，作为我们的研究试卷。研究试题的选择题为 1993 年、1998 年、2004 年、2009 年的 B 试卷，1984 年、1988 年、1993 年、1998 年、2004 年、2009 年的 C 试卷，以及近五年的 AP 物理主观题部分。

1. 中国高考物理部分的试卷结构。

（1）试卷结构。

本章主要分析了三类高考物理试卷，分别为新课标卷、海南卷和上海卷，三套试题的试卷结构各有不同。以 2014 年的试卷为例，三套试卷的结构分别如表 8-3 所示。

表8–3 中国高考物理试卷结构（以2014年为例）

试卷	考卷类别	题型		题数	满分	权重	总分	时长
新课标卷	理科综合	选择	单选	5	48 分	43.6%	110 分	60 分钟左右
			多选	3				
		实验		2	15 分	13.6%		
		计算		2	32 分	29.1%		
		选修		3 选 1	15 分	13.6%		
海南卷	单科卷	选择	单选	6	18 分	38%	100 分	90 分钟
			多选	4	20 分			
		实验		2	15 分	15%		
		计算		2	23 分	23%		
		选修		3 选 2	24 分	24%		
上海卷	单科卷	选择	单选	8	16 分	37.3%	150 分	120 分钟
			单选	8	24 分			
			多选	4	16 分			
		填空		5	20 分	13.3%		
		实验		4	24 分	16.0%		
		计算		4	50 分	33.3%		

上表中新课标卷的“选修”，学生需要在热学、光学、原子物理和动量这三个内容中选择一道作答，每一道题包含选择（或者填空）作为一小问，计算题作为一小问。海南卷则需要学生从三道题中选择两道作答。还有需要注意的是，上海卷在填空部分有一道“交叉题”，学生需要在动量和万有引力定律中进行二选一作答。上海卷这道交叉题的位置也有所变动，从最初的第 22 题改到了第 29 题。由上表也可以看出，虽然三类考试试卷基本都按照选择—实验—大题这样的顺序，但是具体题目的数量、题目的分值、考试时间等都有较大的不同。从新课标卷到海南卷再到上海卷，题目数量、试卷总分和考试时长都在增长。

（2）评分方式与考生成绩的作用。

在评分时中国的选择题和填空部分是“答对得分”的方式（多选题除外），计算题则根据得分点采分，最终学生得到的分数就是各部分相加的原始分数。

除此之外，补充说明考试成绩在高校录取中的作用：中国高考物理试卷的成绩直接计入高考总分中，学生的总成绩高于所报名大专院校的录取分数线，则能够被录取，反之则不能。进入大学学习后，高考物理的成绩一般不再有任何作用，不能以此作为免修或者评奖评优的基础。

2. 美国 AP 物理考试的试卷结构。

（1）试卷结构。

AP 物理考试在 2014 年进行了较大的变革，2015 年起的试卷结构与 2014 年及以前的试卷结构相比，发生了许多变化。改革前的 AP 物理分为 B 课程和 C 课程力学、C 课程电磁学三种考试，其中 B 课程难度最低，C 课程难度最高；改革后的 AP 物理分为 1 课程、2 课程和 C 课程力学、C 课程电磁学四种考试，C 课程基本没有变化，B 课程拆解成为 1 课程和 2 课程。下面给出改革前后的试卷结构，见表 8-4。

表8-4　AP物理试卷结构（2014年及以前）

类别	课程时间	考卷类别	题型	题数	满分	分段时长	题目权重	总分	时长
B	一学年	单科卷	单选	70	70	90 分钟	50%	5 分	180 分钟
			主观	6 ~ 7	80	90 分钟	50%		
C 力学	一学期	单科卷	单选	35	45	45 分钟	50%	5 分	90 分钟
			主观	3	45	45 分钟	50%		
C 电磁学	一学期	单科卷	单选	35	45	45 分钟	50%	5 分	90 分钟
			主观	3	45	45 分钟	50%		

从上表可以简单看出改革前 AP 物理试卷的结构，B 试卷的单选题都是五选一，每题 1 分，做单选题部分时不能携带计算器；主观题部分学生可以携带计算器，题目一般情况下都是七道，分值在 10 ~ 15 分不等，七道题里面有一道实验题，但是实验题的位置和题号不固定。C 试卷的单选题仍是五选一，每题 1.2857 分；主观题的分值为 10 ~ 15 分不等，三道题中也有一道实验题，题目位置和题号也不固定。与 B 试卷不同的是，C 课程考试在单选和主观部分考生都可以携带计算器。

改革后的 AP 物理 1、2 试卷结构如下表所示。因没有看到 2015 年的试题，表中分段的满分没有给出，原始分数的满分也未知。在题型中专门提出一道定性转换题（Qualitative Translation），但是官方文件中并未指出这类题型的具体模式。1、2 课程考试中，无论选择题或者主观题部分考生都可以携带计算器。

表8-5 AP物理1、2课程试卷结构（2015年及以后）

<table>
<tr><th>类别</th><th>课程时间</th><th>考卷类别</th><th colspan="2">题型</th><th>题数</th><th>满分</th><th>题目时长</th><th>题目权重</th><th>总分</th><th>总时长</th></tr>
<tr><td rowspan="5">物理 1</td><td rowspan="5">一学年</td><td rowspan="5">单科卷</td><td rowspan="2">选择</td><td>单选</td><td>45</td><td rowspan="5">未知</td><td rowspan="2">90 分钟</td><td rowspan="2">50%</td><td rowspan="5">5 分</td><td rowspan="5">180 分钟</td></tr>
<tr><td>双选</td><td>5</td></tr>
<tr><td rowspan="3">主观</td><td>实验设计</td><td>1</td><td rowspan="3">90 分钟</td><td rowspan="3">50%</td></tr>
<tr><td>定性转换</td><td>1</td></tr>
<tr><td>简答题</td><td>3</td></tr>
<tr><td rowspan="5">物理 2</td><td rowspan="5">一学年</td><td rowspan="5">单科卷</td><td rowspan="2">选择</td><td>单选</td><td>45</td><td rowspan="5">未知</td><td rowspan="2">90 分钟</td><td rowspan="2">50%</td><td rowspan="5">5 分</td><td rowspan="5">180 分钟</td></tr>
<tr><td>双选</td><td>5</td></tr>
<tr><td rowspan="3">主观</td><td>实验设计</td><td>1</td><td rowspan="3">90 分钟</td><td rowspan="3">50%</td></tr>
<tr><td>定性转换</td><td>1</td></tr>
<tr><td>简答题</td><td>2</td></tr>
</table>

AP 物理课程在 2013—2014 年发生了诸多变化，但首先应该看到的是，许多本质的东西未曾改变，课程内容继承传统。在新一轮改革当中，AP 物理 C 课程并未发生变化，而 B 课程被拆解为 1、2 课程之后，虽然教学时长等发生了变化，但课程内容并未有大幅度的改动。试卷难度变化不大，考试形式大体一致。无论是曾经的 B 课程还是新的 1、2 课程，都将考试分为选择与主观两部分，每部分时长都是 90 分钟，中间有短暂休息，总时长为 180 分钟。选择题仍然以单选为主，主观中的实验题、简答题也都未发生明显变化。由于新的 AP 物理 1、2 课程第一次考试（2015 年 5 月）试题尚未公开，因此本章分析的试卷仍然是改革前的 AP 物理试卷。

（2）评分方式与考生成绩的作用。

AP 物理考试的选择题评分曾经是“答对得分，答错倒扣 0.25 分”的原则，但是 2004 年以后只有“答对得分”了，考生答错的题目不再倒扣分数。在换算总分的时候，首先将单选和主观部分的得分加在一起得到原始分数，然后与“复合分”（Composite Score）进行对比换算，每一年的复合分数区段略有不同，例如 2004 年学生要原始分数至少 121 分才能拿到最终的 5 分，而 2009 年学生只要原始分数达到 112 分就能得 5 分。下表给出了不同年份的复合分与原始分的对应关系。

表8–6　不同年份的复合分与原始分对应关系

复合分	2004 年原始分区段			2009 年原始分区段		
	AP 物理 B	AP 物理 C 力学	AP 物理 C 电磁学	AP 物理 B	AP 物理 C 力学	AP 物理 C 电磁学
5	121 ~ 180	52 ~ 90	48 ~ 90	112 ~ 180	50 ~ 90	53 ~ 90
4	98 ~ 120	41 ~ 51	34 ~ 47	85 ~ 111	39 ~ 49	39 ~ 52
3	72 ~ 97	32 ~ 40	28 ~ 33	57 ~ 84	31 ~ 38	32 ~ 38
2	59 ~ 71	23 ~ 31	20 ~ 27	40 ~ 56	23 ~ 30	20 ~ 31
1	0 ~ 58	0 ~ 22	0 ~ 19	0 ~ 39	0 ~ 22	0 ~ 19

而 AP 物理试卷在学生申请大学中的作用也与中国不同。AP 物理考试成绩下发给学生后，由于许多大学的理工类科目都希望学生有较好的物理基础，学生可以将 AP 物理的成绩作为申请大学和专业的重要条件，AP 物理的成绩在理工科目专业的录取上有一定的加分作用（较好的院校会希望学生的 AP 物理成绩在复合分 4 分或以上，但是 AP 成绩不一定起决定性作用，这是由美国的大学申请制度所决定的）。如果学生有多次 AP 考试的成绩，或者有 B 课程或者 C 课程等多门课程的考试成绩，学生可以自主决定向大学选报某次考试某门课程的成绩。在进入大学后，AP 物理的考试成绩还能折算成一定的学分。根据学校要求的不同，学生还可以用 AP 物理成绩申请免修一些课程等，帮助学生节省课程学习的费用。一般情况下，由于 C 课程的难度显著高于 B 课程，通过 C 课程申请免修的概率比较大。

3. 中美两国试卷结构比较。

综上，中美大学入学物理考试的试卷结构有一定的共同点，二者在题目类型上大致相同。中国高考的试卷题目类型大致分为选择、实验和计算三大部分，上海卷中还有五道填空题。美国 AP 试卷分成选择和主观题两部分，看似与中国高考卷不同，实际上在主观题部分有一道实验题，其他主观题中也有填空、简答和计算的形式。除此之外，两国试卷的评分方式基本相同。两国的单选题都是选对得分，错选不倒扣分；AP 物理试卷的主观题与中国高考的采分方式基本相同，写出正确的概念或者公式能够得到分数，但是计算的过程不计分。

同时也要看到，中美大学入学物理考试在试卷结构上的差异较为明显，二者有所区别。

第一，两国物理试卷的选择题选项个数与形式不同。中国的试卷选择题都只有四个选项，而且在单选题以外还有多选题。而 AP 物理试卷的选择部分都是单选题，选项都是五个。以 2009 年的一道 AP 物理 B 试卷选择题为例，这道题目中就有五个选项。而且要看到的是，每个选项中对比了两个物理量，这在 AP 试卷选择题中是经常出现的。

【例 1】(2009 年 AP 物理 B 卷）两个小球从同一高度水平抛出，球 2 的抛出速度大于球 1，不计空气阻力。两球的加速度和落地的时间大小如何？

加速度	落地时间
A. 球 2 大	球 2 大
B. 球 2 大	等大
C. 等大	球 2 大
D. 等大	球 1 大
E. 等大	等大

第二，主观题的形式不同。中国的高考试卷主观题以填空题（实验）和计算题为主，一道计算题经常是只有 2~4 问。而美国 AP 物理试卷的主观题将简答、计算糅合在一起，在题目中经常看到简答和简单计算的交替出现，还会让学生画出受力分析图或者其他物理量的变化图，主观题通常会有 4~6 问。以一道大题的一部分为例，如下题。这道题共有 5 个小问：第一问需要学生通过物理公式进行计算；第二问首先要求学生选出正确选项，并简答选择的原因，随后又回到计算中。这样的考查方式在 AP 物理试卷的主观题中很常见。

【例 2】(2014 年 AP 物理 C 力学）质量为 m 的小物块从高为 h 的光滑斜坡顶端滑下，在斜坡底端 P 点的速度为 v_0，随后物块滑入水平面上的圆弧形粗糙墙面，导轨半径为 R，物块与桌面的摩擦忽略不计，与导轨的动摩擦因数为 μ。

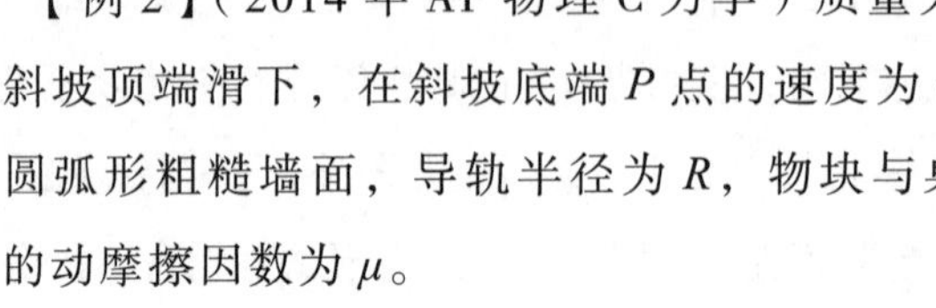

侧视图

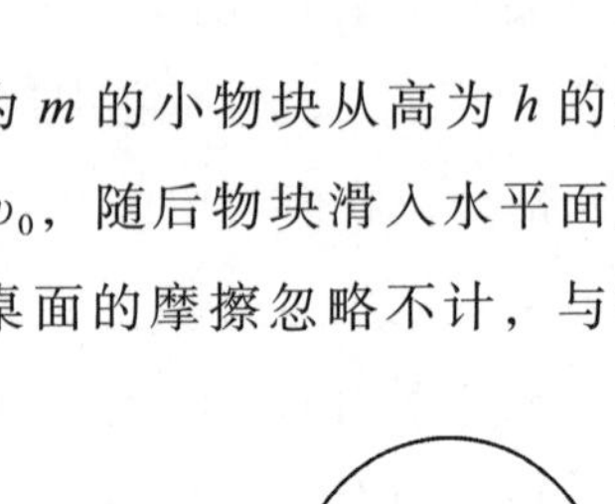

俯视图

（a）用 v_0，m 和其他常数表达斜坡的高度 h。

（b）经过 P 点一段时间以后，物块与墙面接触运动的速度为 v。

i. 物块受到的合力竖直方向分力的方向是向上、向下还是零？为什么？

ii. 在下图中画出物块受到的合力在图中水平方向上的分力方向，并说明理由。

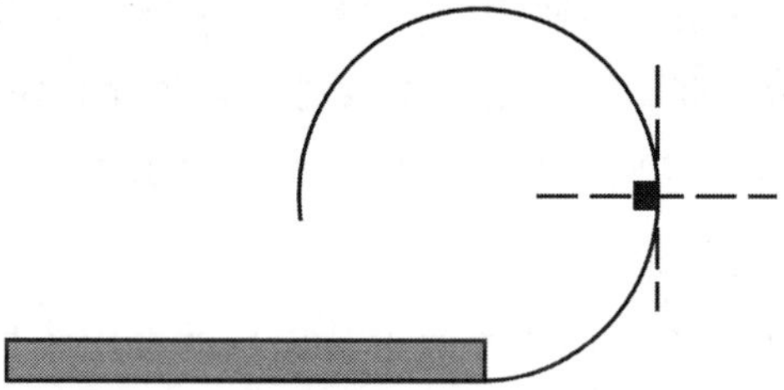

俯视图

（c）将物块受到墙面的支持力写成 v 的函数。

（d）将物块的切向加速度写成 v 的函数。

（e）写出物块在 P 点之后运动的速度随时间变化的函数。

第三，题型的数量与分值配比大不相同。中国高考物理试卷的选择题相比美国 AP 物理考试而言要少很多，而非选择部分又相对多一些。新课标卷、海南卷和上海卷分别有 8、10 和 20 道选择题，而 AP 物理 B、C 力学和 C 电磁学分别有 70、35 和 35 道选择题。而主观题上中国的新课标卷、海南卷和上海卷分别有 5、6 和 13 道，美国 AP 物理 B、C 力学和 C 电磁学则分别只有 7、3 和 3 道。两国物理试卷的主、客观题分值配比也不同，新课标卷、海南卷和上海卷的选择题分值配比分别为 43.7%、38% 和 37.4%，而 AP 试卷的选择题配比统一为 50%。从题型数量上看，上海卷与 AP 试卷整体最相似（上海卷主观题虽多，但是每道题目都很短）；从分值配比上看，新课标卷与 AP 试卷整体最相似。

第四，两国物理试卷的时间配比也有区别。中国高考的考试时间短，美国 AP 考试的时间长，尤其是 B 试卷，考试时长达 3 小时。中国高考中，新课标卷采取大综合考卷，物理单科的时间根据考生的作答情况有所区别，海南卷与上海卷规定了单科作答时间，选择题和主观题的时间没有固定。美国 AP 物理考试将选择部分与主观部分分开计时，学生做完选择部分还有中间休息，然后再开始主观部分的作答。除了总体时间的分配不同外，两国试卷在具体题目上的时间配比也不相同。以海南卷和AP课程的C力学为例，根据题目的复杂程度和分值将海南卷的选择和主观部分时间配比拟定为1∶2，C力学规定的选择和主观时间配比固定为1∶1。分配到每道题上，选择题海南卷平均每道作答时间为3分钟，C力学平均每道作答时间为1.3分钟；主观部分海南卷平均每道作答时间为10分钟，C力学平均每道作答时间为15分钟。由此可见，中国高考主观题不仅对学生的知识储备有要求，还对学生的作答速度有要求。而美国AP物理考试则在选择部分更为严苛，虽然每道题目考查的知识点较少，但仍然对学生的作答速度提出了考验。

第五，两国物理考试时对数学工具使用的要求不同。在中国高考物理试卷中，只有上海卷考试时允许学生携带计算器，其余考试都不能。而在美国AP物理考试中，只有B考试的选择部分不能使用计算器，其余考试都可以使用计算器进行数据计算。除此之外，中国高考物理试卷不向学生提供所需的公式，仅在部分需要的题目中提供计算用的常数（如万有引力常数等）；而AP物理试卷在选择部分会给出常数表，在主观题部分会给出公式表，B试卷的公式表包含牛顿力学、电磁学、流体与热学、原子物理、光与波、几何与三角函数六个部分，C试卷的公式表包含力学、电磁学、几何与三角函数、微积分四个部分。

第六，两国物理考试成绩的评分与成绩作用不同。中国高考试卷评分后，学生拿到的总成绩是各部分相加得到的原始分数。而AP物理试卷的评分是将学生在选择与主观的得分相加后得到原始分数，再与逐年变动的复合分区段进行对比，归入1～5分的等级中，学生申请大学时报送的就是等级分。两国大学入学物理考试的成绩发挥的作用也不相同。中国高考物理成绩会计入学生总分，不能作为单项的招生录取参考，大学录取考生时也是以学生的总分为主；进入大学后高考物理成绩不能作为换算大学学分的依据。而AP物理考试主要是针对对理工科有兴趣的考生，他们向大学报送AP物理考试的成绩作为增加录取概率的筹码，对于选择工程类的考生，C考试成绩会比B考试成绩更有分量；进入大学后，AP物理考试的成绩还能折算成一定的学分，部分学校还允许学生凭借优秀的C考试成绩申请免修。

第五节 中美大学入学物理考试的试卷题型特点比较

1. 中国高考物理试卷题型特点。

（1）选择题考查的知识点较多。

以下面一道 2014 年新课标卷的选择题为例。这道题目需要学生正确进行受力分析，明确摩擦力作为合外力提供向心力，通过计算得到物块的摩擦力和滑动临界角速度等。考查了多个知识点的综合运用。

【例 1】（2014 年新课标卷第 20 题）如图所示，两个质量均为 m 的小木块 a 和 b（可视为质点）放在水平圆盘上，a 与转轴 OO' 的距离为 l，b 与转轴的距离为 $2l$，木块与圆盘的最大静摩擦力为木块所受重力的 k 倍，重力加速度大小为 g。若圆盘从静止开始绕转轴缓慢地加速转动，用 ω 表示圆盘转动的角速度，下列说法正确的是（　　）。

A．b 一定比 a 先开始滑动

B．a、b 所受的摩擦力始终相等

C．$\omega=\sqrt{\dfrac{kg}{2l}}$ 是 b 开始滑动的临界角速度

D．当 $\omega=\sqrt{\dfrac{2kg}{3l}}$ 时，a 所受摩擦力的大小为 kmg

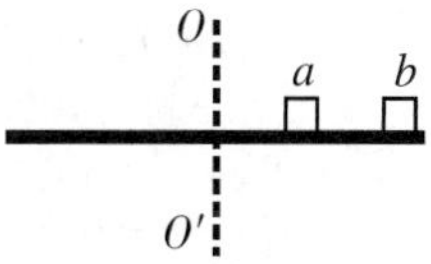

再来看一道考查概念的题目，以 2014 年海南卷的选择题为例，这道题目主要考查了学生对电场、电势、电势能三个概念的理解。在一道题目中考查了多个概念的辨析，这也是中国高考题的特点。

【例 2】（2014 年海南卷第 9 题）如图（a），直线 MN 表示某电场中一条电场线，a、b 是线上的两点。将一带负电荷的粒子从 a 点处由静止释放，粒子从 a 运动到 b 过程中的 v–t 图线如图（b）所示。设 a、b 两点的电势分别为 φ_a、φ_b，场强大小分别为 E_a、E_b，粒子在 a、b 两点的电势能分别为 W_a、W_b，不计重力，则有（　　）。

A．$\varphi_a > \varphi_b$　　B．$E_a > E_b$

C．$E_a < E_b$　　D．$W_a > W_b$

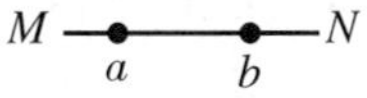

图（a）

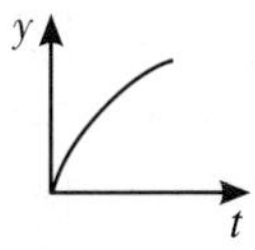

图（b）

（2）试卷的实验题以力学和电路为主，上海卷的实验题广度最广，均不涉及数据的分析和处理。

首先通过统计对近五年来新课标卷、海南卷和上海卷实验题考查的内容进行汇总如下表所示。通过统计不难看出，随着时间推移，试卷的实验内容更加多样，尤其是上海卷的实验题，虽然每道题目的内容较少，但是几乎每年都会涉及热学和电磁学方面的知识。

表8-7　2010—2014年新课标卷、海南卷和上海卷实验考查内容总表

	新课标卷	海南卷	上海卷
2010 年	22. 验证机械能守恒 23. 热敏电阻特性	13. 测电源内阻 14. 验证机械能守恒	26. 模拟等势线 27. 卡文迪许扭秤 28. 气体等温线 29. 测电源内阻
2011 年	22. 测表头内阻 23. 光电门法测加速度	13. 电流表的改装 14. 验证机械能守恒	26. 光电门法测加速度 27. 油膜法测分子大小 28. 感应电动势与磁通量关系 29. 测电流表内阻
2012 年	22. 螺旋测微计使用 23. 以安培力测磁感应强度大小	13. 测电路内电阻值 14. 验证机械能守恒（弹性势能）	26. 验证楞次定律 27. 多用电表的使用 28. 等温气体特性 29. 单摆测重力加速度
2013 年	22. 光电门法测动摩擦因数 23. 测多用电表电动势与内阻	13. 验证机械能守恒 14. 电流表的改装	26. 地磁场演示 27. 未知元件的伏安特性 28. 研究平抛运动的规律 29. 测大气压强与容器体积
2014 年	22. 牛顿第二定律 23. 测电源的电动势和内阻	13. 螺旋测微计的使用与导线电阻 14. 测电源内阻	26. 光的衍射 27. 气体压强、体积关系 28. 测电源电动势和内阻 29. 复摆特性

新课标卷和海南卷考查的范围比较窄，以 2013 年海南卷的实验题为例（见例 3），这道题目放弃了填空的形式，较为罕见地采取了简答的形式提出问题，但是题目的内容仍然是传统的验证机械能守恒。考查的实验内容也是简单的读取数据点，不涉及误差分析和数据处理。

【例 3】(2013 年海南卷第 11 题）某同学用图（a）所示的实验装置验证机械能守恒定律。已知打点计时器所用电源的频率为 50Hz，当地重力加速度为 g=9.80m/s^2。实验中该同学得到的一条点迹清晰的完整纸带如图（b）所示。纸带上的第一个点记为 O，另选连续的三个点 A、B、C 进行测量，图中给出了这三个点到 O 点的距离 h_A、h_B 和 h_C 的值。回答下列问题：(计算结果保留 3 位有效数字）

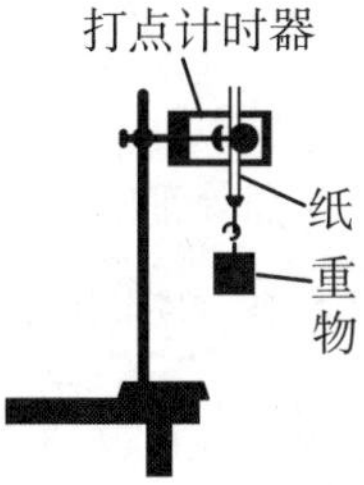

图（a）

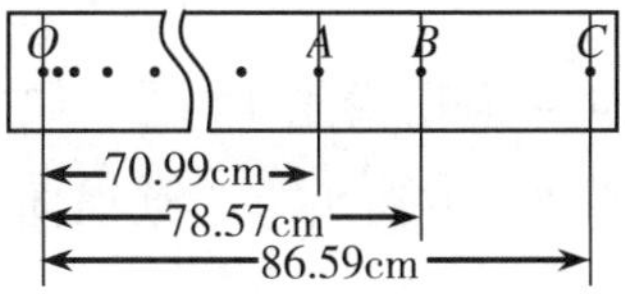

图（b）

（1）打点计时器打 B 点时，重物速度的大小 v_B=______m/s。

（2）通过分析该同学测量的实验数据，他的实验结果是否验证了机械能守恒定律？简要说明分析的依据。

而上海卷考查的范围比较广，但是题目都较短，而且难度也不大。以 2014 年上海卷的一道实验题为例（见例 4），这道题目首先需要学生根据题中给出的结论选择正确的表达图像，并要求学生推断产生该现象的原因，考查了学生的逻辑推理能力和对理想气体方程的认识。考查的实验内容有描述实验中的误差来源，同样不涉及数据的分析处理。

【例 4】(2014 年上海卷第 27 题）在“用 DIS 研究在温度不变时，一定质量的气体压强与体积的关系”实验中，某同学将注射器活塞置于刻度为 10mL 处，然后将注射器连接压强传感器并开始实验，气体体积 V 每增加 1mL 测一次压强 p，最后得到 p 和 V 的乘积逐渐增大。

（1）由此可推断，该同学的实验结果可能为图____。

（2）（单选题）图线弯曲的可能原因是在实验过程中____。

A. 注射器中有异物

B. 连接软管中存在气体

C. 注射器内气体温度升高

D. 注射器内气体温度降低

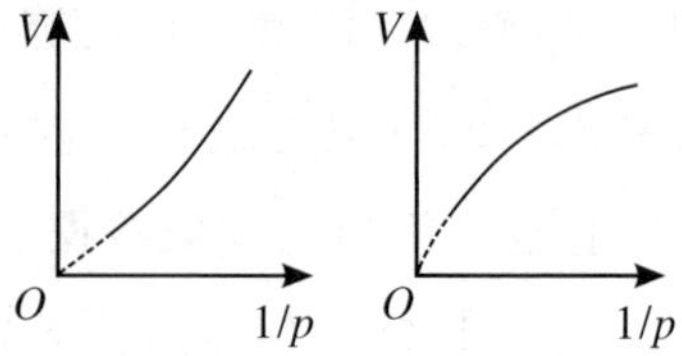

图（a）　　图（b）

（3）计算题对学生的数学知识运用能力要求较高。

以 2014 年海南卷的一道电磁学题目为例（见例 5）。这道题目考查的知识点很多，其中考查了带电粒子在磁场和电场中的运动。粒子在磁场中的运动涉及学生对几何中圆的性质的认识。第二问则需要学生厘清逻辑关系，意识到只有在 T_0 后回到磁场才能重回 P 点，进而列出不等式进行计算。

【例 5】（2014 年海南卷第 14 题）如图，在 x 轴上方存在匀强磁场，磁感应强度大小为 B，方向垂直于纸面向外；在 x 轴下方存在匀强电场，电场方向与 xOy 平面平行，且与 x 轴成 45° 夹角。一质量为 m、电荷量为 q（$q>0$）的粒子以速度 v_0 从 y 轴上的 P 点沿 y 轴正方向射出，一段时间后进入电场，进入电场时的速度方向与电场方向相反；又经过一段时间 T_0，磁场方向变为垂直于纸面向里，大小不变，不计重力。

（1）求粒子从 P 点出发至第一次到达 x 轴时所需的时间；

（2）若要使粒子能够回到 P 点，求电场强度的最大值。

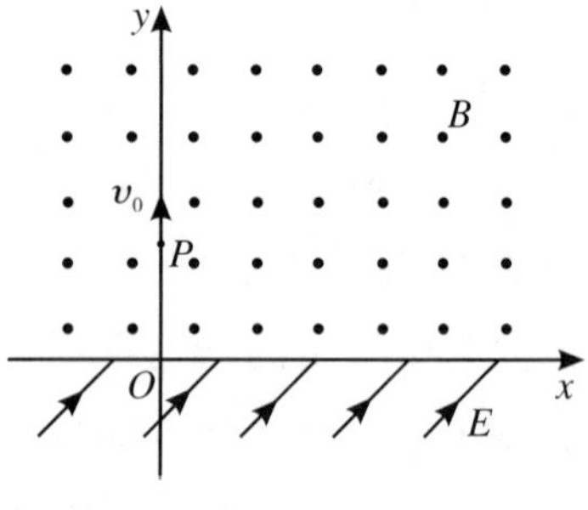

2. 美国 AP 物理试卷题型特点。

AP 试卷的考试形式和试卷结构与中国高考试卷完全不同，题型和考查的知识点也与中国高考有较大的区别。

（1）选择题每道题考查的知识点少，对数学知识运用的要求低；B 试卷整体考查的知识面广。

从对已有的 AP 物理试卷选择题分析来看，AP 物理 B 试卷和 C 电磁学试卷平均每道题目考查的知识点都很少，一般情况下都不到两个知识点，C 力学平均每道选择题考查的知识点个数比其他两类试卷多一些，因为会包含受力分析的情况。

以2009年官方发布的B试卷的一道选择题为例（见例6）。该题题设部分较长，但是题目仅考查了流体的连续性方程一个知识点，而且未涉及数值的带入计算（带入数值计算的为第38题）。虽然AP物理B试卷每道选择题考查的知识点较少，但由于题目数量多，整体考查的内容比较全面。

【例6】（2009年AP物理B选择题第37题）如下图，氦气在管道中流动。左侧管道直径为2.00×10^{-2}m，右侧管道直径为1.00×10^{-2}m，气体流速很缓慢，气体密度保持不变，气体流速为$2.00\times10^{-3}\mathrm{m^3/s}$，则右侧的管道气体的流速为左侧的几倍？

（A）1/4

（B）1/2

（C）1

（D）2

（E）4

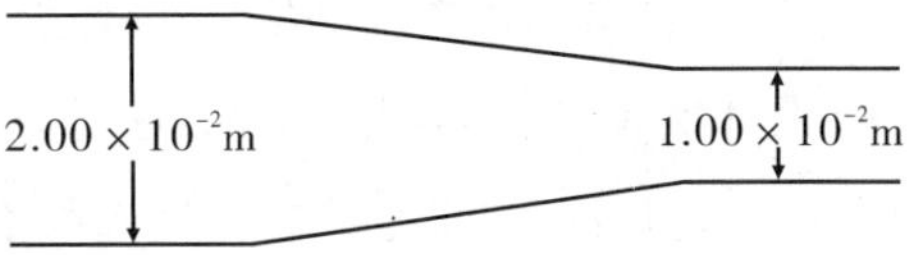

C电磁学试卷选择题考查的知识点仍然较少，以2004年的一道题目为例（见例7）。该题考查了欧姆定律和环形线圈内感应电动势的计算。所运用的物理知识和数学知识难度都不大。

【例7】（2004年AP物理C电磁学第32题）如下圆形线圈电阻为30Ω，面积为$3\mathrm{m}^2$，被固定在平面内，有磁场B穿过平面向内。为了获得1mA的电流，磁场应该如何变化？

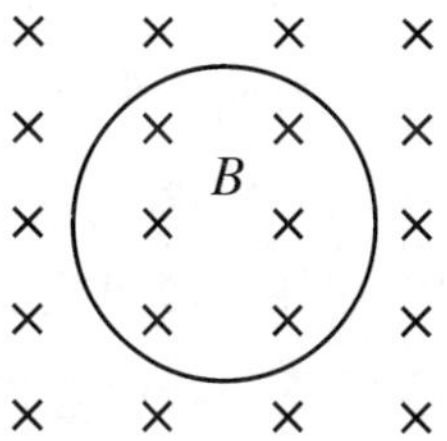

（A）3×10^{-4} T/s

（B）1×10^{-3} T/s

（C）3×10^{-3} T/s

（D）1×10^{-2} T/s

（E）3×10^{-2} T/s

C力学试卷选择题平均每题涉及的知识点数目整体看会比B试卷和C电磁学多一些，这主要是因为在进行受力分析的时候，会应用到多种力的基本特性，这样就使力学试卷选择题部分用到的知识点数目增加。以2009年C力学的一道选择题为例（见例8），这道题目并不难，但是用到了受力分析、重力、弹力、牛顿第二定律等知识，因此比 B 试卷和 C 电磁学试卷单题考查的知识点数目多。

【例 8】（2009 年 AP 物理 C 力学第 14 题）质量为 m 的物块以加速度 a 滑下无摩擦的斜面，斜面倾角为 θ，若 N 为斜面施加给物体的支持力，则以下正确的是（　　）。

（A）$N = mg$

（B）$N = ma$

（C）$a = mg\sin\theta$

（D）$a = g\sin\theta$

（E）$a = mg\cos\theta$

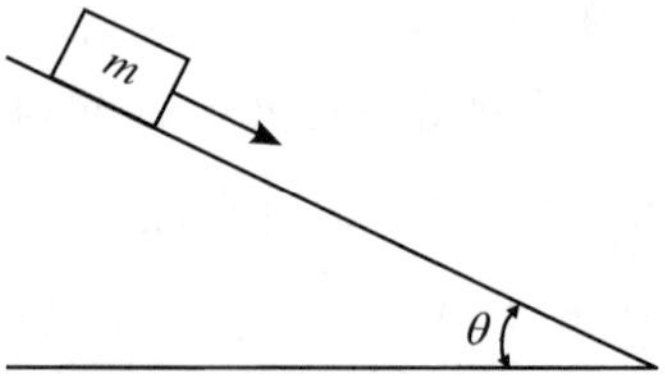

（2）实验题开放度较高，重视学生的数据分析处理能力。

有一部分 AP 物理的实验题会给出大量的实验器材，要求学生选择器材、设计实验、写出数据处理方法等。以 2012 年 C 力学的实验题为例（见例 9）。题目第一问就要求学生选择合适的器材验证机械能守恒；第二问要求学生写出具体步骤和测量量；第三问要求写出数据处理方法；第四问开始，要求学生进行误差的分析，找出实验中出现的问题。这道题目开放性较高，仅答案中就给出了两种设计方案，而写出步骤与数据处理也对学生的思维逻辑有很高的要求。

【例 9】（2012 年 AP 物理 C 力学第 2 题）为了验证机械能的守恒，例如从重力势能转化为动能，请设计一个实验。

（a）请挑选以下主要实验器材：

斜面、米尺、不同质量的物体组、小车、电子天平、轻质无摩擦滑轮、细绳、秒表。

（b）写出实验步骤，画出实验图。注意要标出所用仪器，并写出需要测量的物理量和代替符号。

（c）采用上一问中的符号写出实验前后的重力势能和动能的大小。

（d）第一次实验后，实验结果显示机械能增加。假设没有数学计算上的失误，请给出这个结果的合理解释。

（e）后续实验结果显示机械能减少。假设没有数学计算上的失误，请给出这个结果的合理解释（可参考保守力和非保守力的作用效果）。

还有很多实验题题目都比较长，中间会有简单的计算。这类题目特别重视学生对数据的分析和处理能力，大多数实验题都会让学生进行数据分析（包括描点画图、计算斜率、截距等）。以 2014 年的一道 C 力学实验题为例（见例 10），题目前两问暂且与实验无关；第三问要求学生描点作图，写清楚横、纵坐标与单位；第四问则是查找实验中误差的来源与不足。

【例 10】（2014 年 AP 物理 C 力学第 1 题）如下图，通过弹簧为小车加速，弹簧连接在墙面上，小车并未与弹簧连接。小车在水平轨道上运行，轨道附有分度值为厘米的软尺，并添加了五个光电门。弹簧提供非线性的回复力，大小为 $F_S = As^2 + Bs$。s 代表弹簧离开平衡位置的位移即被压缩的量。

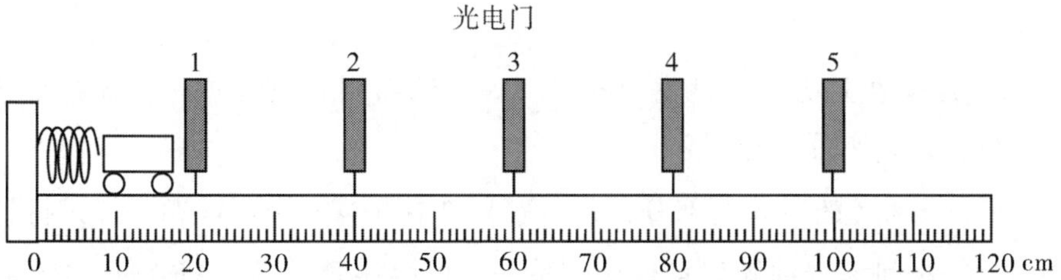

（a）写出势能 U 与压缩量 s 的关系式。通过 A、B、s 和其他常量表示。

在一次实验中，学生用质量为 0.3kg 的小车将弹簧压缩了 0.04m，对该弹簧有 A=200N/m^2，B=150N/m，这段时间内不计摩擦和空气阻力。

（b）计算：i. 当小车与弹簧分离瞬间的速度。

ii. 弹簧给小车的冲量。

在第二次实验中，学生通过光电门记录了一些数据。该学生预测出压缩弹簧会给小车 0.32m/s 的速度（此速度为二者分离瞬间小车的速度），他推着小车压缩弹簧记录距离，而后放开小车让其运动。速度计算的精确度为 0.002m/s，位置计算的精确度为 0.005m。

光电门	1	2	3	4	5
小车速率 /（m/s）	0.412	0.407	0.399	0.374	0.338
光电门位置 /m	0.20	0.40	0.60	0.80	1.00

（c）在下图画出速度 v 随位移 s 变化的图像，自行确定坐标轴和标度。

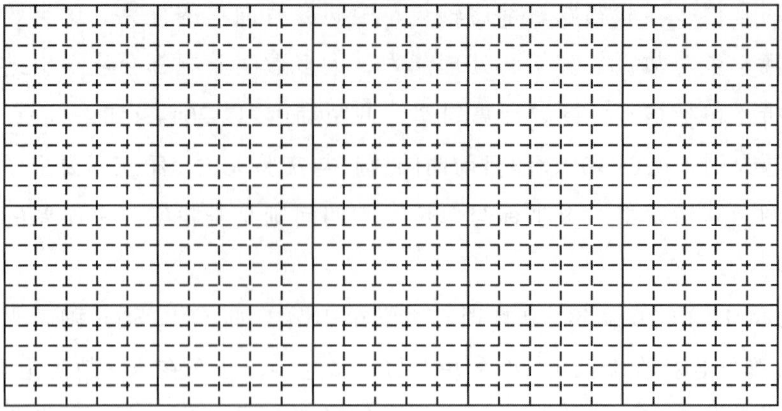

（d）i. 比较 1 号光电门所测得的速度和小车与弹簧分离时速度的预测值。列出二者不同的误差原因。

ii. 从光电门测出小车的运行速度，给出你所能观测到的现象产生的原因。

（3）其他主观题 B 试卷重视广度，C 试卷则较具深度；C 试卷对学生的数学基础要求较高。

而 AP 物理的主观题部分，每道题目都有 4 ~ 6 个小问题，经过拆解之后，每小问考查的知识点也比较单一。值得注意的是，AP 物理 B 试卷在主观题部分总会有光学和近现代物理方面的考题，较为重视知识的广度。以 2013 年 B 试卷的一道主观题为例（见例 11），这道题目主要考查了原子的能级图。第一问要求学生画出从第二激发态跃迁到基态时可能出现的跃迁方式；第二问要求学生计算跃迁中产生的光子可能的最大波长，需要运用光子的能量波长和频率关系式；第三问求基态电子的电离能；最后两问考查不同波长的光照射时的反应，需要学生知道能级的不连续性，并且联系光电效应求解。总体来看每小问考查的知识点不多，整体却顾及了与能级结构相关的多个知识点。

【例 11】（2013 年 AP 物理 B 试卷第 7 题）假设一个孤立原子的能级图如下：

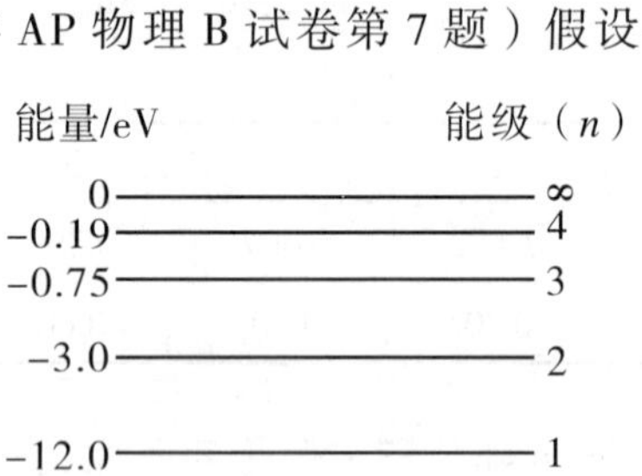

（a）该原子的电子从第三能级跃迁到第一能级仅会放出光子，在上图中画出所有可能的跃迁图线，注意画出电子跃迁的起点和终点。

（b）在上一问中跃迁可能放出的光子中，最长的波长是多少？

（c）基态电子的电离能是多少？

（d）用能量为 11eV 的光子照射这一原子，会对处于基态的电子产生什么影响？为什么？

（e）用能量为 14eV 的光子照射这一原子，会对处于基态的电子产生什么影响？为什么？

AP 物理 C 课程的难度比 B 课程要大，C 课程重视考查知识的深度。以一道 2012 年的 C 电磁学的大题为例（见例 12）。C 课程的难度相当于大学普通物理水平，因此这道题目考查的也是大学物理知识。第一问和第二问都是应用高斯定律求解的，考查学生对该定律的理解与计算，需要指出的是，在 AP 物理考试时所有的公式都会专门给出；第三问在求电势时，要求学生对电场进行积分；第四问通过点电荷周围的电势反推电荷量。由此不难看出 C 试卷主观题对数学（尤其是微积分）知识的要求。

【例 12】（2012 年 AP 物理 C 电磁学第 1 题）两个薄的导体球壳彼此孤立，半径分别为 0.1m 和 0.2m，内层球壳电势为 -100V，外层球壳电势为 +100V。假设内外球壳所带电量分别为 Q_i 和 Q_o，r 为距离球心的距离，用以上三个量和其他常量表示以下值：

（a）应用高斯定律写出当 $0.1\text{m} < r < 0.2\text{m}$ 时场强的表达式 $E(r)$；

（b）写出当 $r > 0.2\text{m}$ 时场强的表达式 $E(r)$；

（c）写出当 $r > 0.2\text{m}$ 时电势的表达式 $V(r)$；

（d）通过给出的数值，计算出两个球壳上携带的总电量 Q_T。

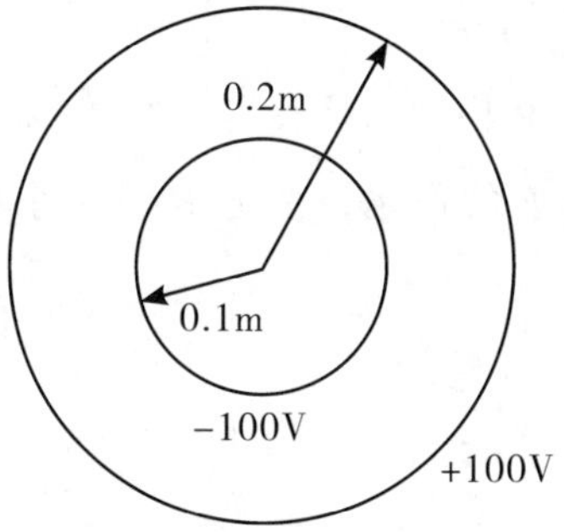

3. 中美两国题型特点比较。

第一，选择题知识点的容纳量不同。中国高考物理试卷的选择题单题考查知识内容多于AP物理试卷，但是总体广度不如AP物理B试卷。中国高考的新课标卷、海南卷和上海卷的单题考查知识点数分别是3.08、3.10和2.32，都多于AP物理B、C力学和C电磁学的1.69、2.11和1.67。其中也能看出中国高考这三类试卷的不同，上海卷在单题考查知识内容上与AP物理试卷最为相似。而在知识广度方面，AP物理B试卷涉及的知识点远多于中国高考物理试卷。除了交变电流和相对论以外，B试卷所考查的知识涵盖了力学、电磁学、热学、原子物理、光与波等多个方面，也正是因为考查的范围大，B试卷与中国高考试卷相比显得失于深度而收于广度。

以下为中美两国选择题的样例比较（见例13、14）。两国题目分别是一道考查概念的题目和一道考查定理定律的题目。从题目中也可以看出，中国高考物理试卷在概念题中知识点的容纳量是多于AP物理试卷的。而在考查定理定律方面，上海卷这道题考查了对串联电路和电功率的应用，AP物理C力学试卷考查了对加速度和速度定义式的应用，二者考查知识点数目差距不大，也体现出上海卷与AP物理试卷的相似性。

【例13】（2014年上海卷第15题）将阻值随温度升高而减小的热敏电阻Ⅰ和Ⅱ串联，接在不计内阻的稳压电源两端。开始时Ⅰ和Ⅱ阻值相等，保持Ⅰ和Ⅱ不变，冷却或加热Ⅱ，则Ⅱ的电功率在（　　）。

A．加热时变大，冷却时变小

B．加热时变小，冷却时变大

C．加热或冷却时都变小

D．加热或冷却时都变大

【例14】（2009年AP物理C力学第27题）质量为5kg的物体在t=0时刻从静止开始受合力F的作用，变力F的大小可以表示为F=0.5t。则在t=4s时物体速度为（　　）。

A．0.5m/s

B．0.8m/s

C．2.0m/s

D．4.0m/s

E．8.0m/s

第二，实验题考查的内容与灵活度不同。在中国的新课标卷和上海卷中，实验题集中在力学（以测加速度和验证机械能守恒为主）和电路（以测电动势和内阻为主），上海卷考查的范围较广，还会涉及电与磁、热学等知识。美国 AP 物理 B 试卷的实验内容有力学、电磁学和热学等，题数虽然只有一道，每年考查的内容却都不一样。在实验题的灵活度上，AP 物理试卷好于中国高考物理试卷。AP 物理的实验题会出现设计实验、描点画图计算、根据公式画草图等的形式，题目比较灵活多样。从实验题方面看，上海卷在考查内容的多样性上与 AP 物理 B 试卷最为相似，但是考查的深度远不如 B 试卷。

以下面两道题目进行对比（见例 15、16），新课标卷实验题以力学知识为实验依托，主要考查实验技能，集中在实验图的解读和实验措施的改进上。而 AP 物理 B 试卷的实验题以光学知识为实验依托，主要考查实验数据分析和技能，包括数据的描点作图、图线拟合以及设计实验步骤，相对中国的试卷来说更为灵活。

【例 15】（2014 年新课标卷 I 第 22 题）某同学利用图（a）所示实验装置及数字化信息系统获得了小车加速度 a 与钩码的质量 m 的对应关系图，如图（b）所示。实验中小车（含发射器）的质量为 200g，实验时选择了不可伸长的轻质细绳和轻定滑轮，小车的加速度由位移传感器及与之相连的计算机得到。回答下列问题：

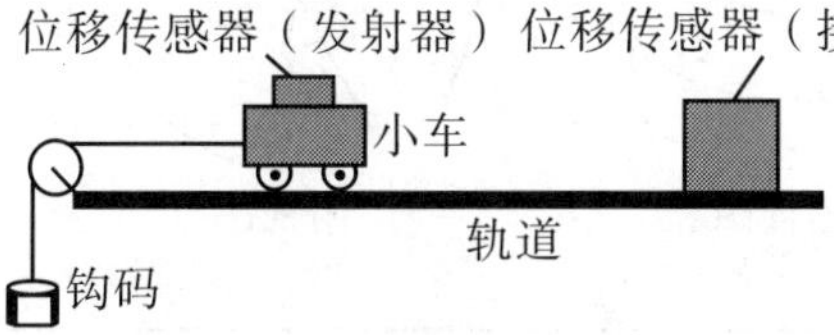

图（a）

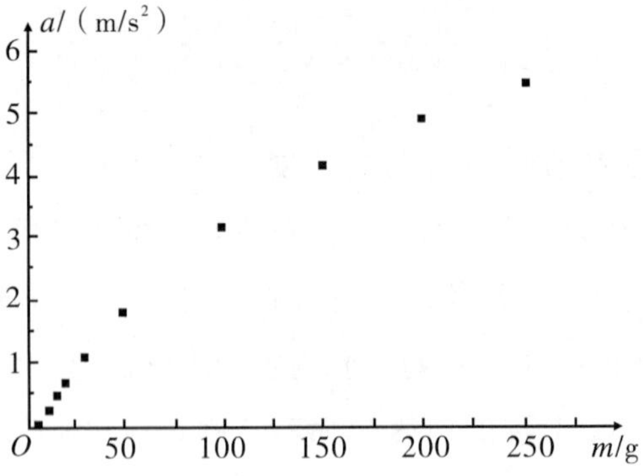

图（b）

（1）根据该同学的结果，小车的加速度与钩码的质量成__________（填“线性”或“非线性”）关系。

（2）由图（b）可知，a–m 图线不经过原点，可能的原因是______________。

（3）若利用本实验装置来验证“在小车质量不变的情况下，小车的加速度与作用力成正比”的结论，并直接以钩码所受重力 mg 作为小车受到的合外力，则实验中应采取的改进措施是______________，钩码的质量应满足的条件是____________。

【例 16】（2013 年 AP 物理 B 试卷第 3 题）某同学要测量半圆形透明塑料元件的折射率，如下图。采用波长 λ =632nm 的红光从半圆中心入射，垂直于圆面出射。通过量角器测量入射角 θ_i 和 θ_r，数据如下：

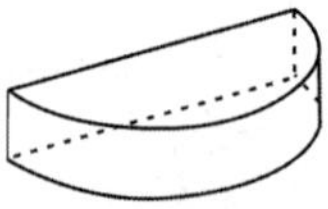

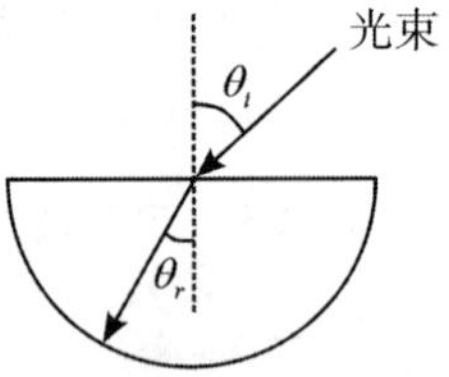

θ_i	0°	15°	30°	45°	60°	75°
θ_r	0°	10°	21°	30°	37°	44°
$\sin\theta_i$	0	0.26	0.50	0.71	0.87	0.97
$\sin\theta_r$	0	0.17	0.36	0.50	0.60	0.70

（a）为了能通过一条直线计算折射率，在下图中进行描点，注意自行画出坐标轴代表的含义和数值的标度。

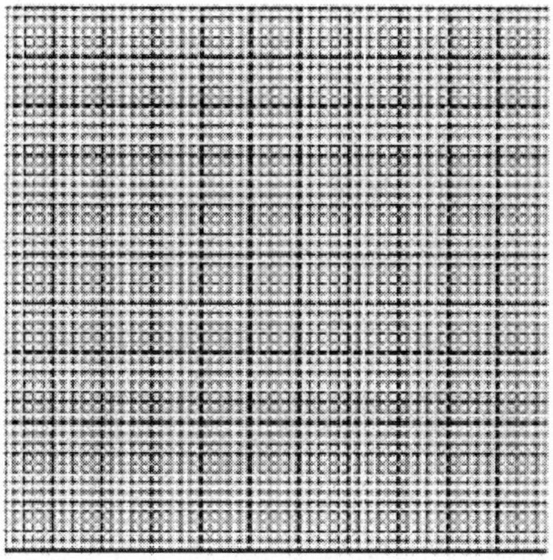

（b）在上图中画出最能表示数据点的直线，并通过直线的斜率算出塑料元件的折射率。

（c）该学生试图通过元件的全反射角验证上一问的计算结果。写出一种得到全反射角的实验方法，并表明如何计算才能得到折射率。

第三，其他主观题考查的广度与深度不同。中国高考计算题重视深度，美国 AP 物理 B 试卷重视广度，C 试卷重视深度。这个特点与考试的性质有关，中国高考是选拔性考试，需要有深度和难度的题目区分学生的水平。AP 考试则主要是水平测试，只需要考查学生能否达到课程教授的水平即可，因为B试卷广度足够，深度不足；而C课程的自身难度相较B课程要大，C 试卷的深度也因此较深。

以下面两道题为例进行对比，新课标卷的主观题涉及动量和运动学的计算，情境复杂，计算难度较大，较有深度。而 AP 物理 B 试卷的主观题虽然涉及浮力、受力分析、密度等多个知识点，问题情境却很简单，深度不足。

【例 17】（2014 年新课标卷第 35 题）如图，质量分别为 m_A、m_B 的两个弹性小球 A、B 静止在地面上方，B 球距离地面的高度 h=0.8m，A 球在 B 球的正上方，先将 B 球释放，经过一段时间后再将 A 球释放。当 A 球下落 t=0.3s 时，刚好与 B 球在地面上方的 P 点处相碰。碰撞时间极短，碰后瞬间 A 球的速度恰好为零。已知 $m_B=3m_A$，重力加速度大小 $g=10\text{m/s}^2$，忽略空气阻力及碰撞中的动能损失。求：

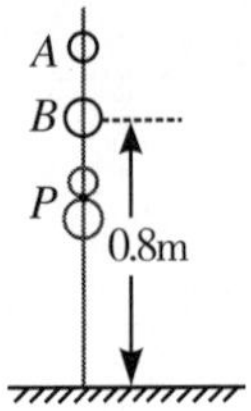

（1）B 球第一次到达地面时的速度；

（2）P 点距离地面的高度。

【例 18】（2014 年 AP 物理 B 试卷第 2 题）如图，质量为 m、边长为 L 的小方块被绳子束缚在水下。绳子受到的弹力为方块重力的$\frac{1}{4}$。

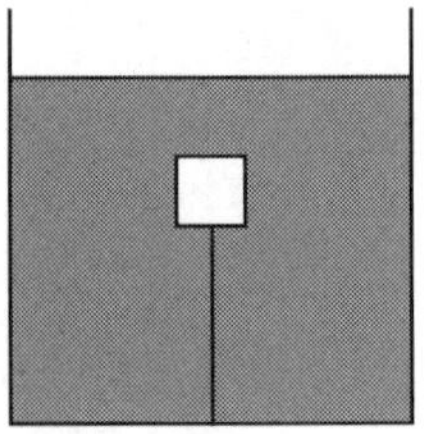

（a）画出方块的受力分析图。

（b）计算方块的密度。

（c）计算绳子剪掉瞬间方块的加速度。可画受力分析图，但请勿污染第一问图。

（d）在物块浮出水面之前的上升过程中，所受浮力如何变化？为什么？

第四，对数学和逻辑推理的要求程度不同。定性来看，中国的高考卷无论是新课标卷、海南卷还是上海卷，在区分度较高的题目上都考查了学生的数学基础和逻辑推理的能力。在难度较高的选择题和简答题中，往往也涉及多步骤的数学运算，只有在代数运算、平面几何、解析几何等方面游刃有余的学生才能顺利地完成计算，得到结果。而美国 AP 考试中，B 课程重视物理知识的广度，对数学和逻辑推理的要求不高，选择题部分经常不需要计算或者仅需要最简单的代数运算，主观题部分每道题目都分割成 4~5 个小题，每一个小题对数学运算的要求也不高。AP 考试的 C 课程却对数学有一定的要求，尤其是在主观题部分，虽然每一小问考查的知识点不算多，但是却不仅需要学生了解高中数学知识（以代数运算、平面几何、立体几何为主），还要求学生有微积分基础。

以下面三道例题来看，上海卷这道题目是最后一道填空，要解答这道题目需要学生在受力分析后进行方程组的运算，对逻辑推理的要求较高，数学内容上也需要学生具备解方程组的能力。AP 物理 B 试卷的这道例题既体现了 B 试卷深度不够的特点，也可从中看出 B 试卷对于数学内容在选择题部分几乎没有要求，初中水平即可解题。而例 21 的选择题也体现了 AP 物理 C 试卷对数学的高要求，解决这道题目需要学生通过牛顿第二定律和加速度的定义式进行微积分运算，为了将速度表示成时间的函数，学生必须具备微积分的基础。

【例 19】（2013 年上海卷第 25 题）如图，倾角为 37°、质量不计的支架 *ABCD* 的 *D* 端有一大小与质量均可忽略的光滑定滑轮，*A* 点处有一固定转轴，$CA \perp AB$，$DC=CA=0.3$m。质量 $m=1$kg 的物体置于支架的 *B* 端，并与跨过定滑轮的轻绳相连，绳另一端作用一竖直向下的拉力 *F*，物体在拉力作用下沿 *BD* 做匀速直线运动，已知物体与 *BD* 间的动摩擦因数 $\mu=0.3$。为保证支架不绕 *A* 点转动，物体向上滑行的最大距离 $s=$______m。若增大 *F* 后，支架仍不绕 *A* 点转动，物体能向上滑行的最大距离 s' ________（填“大于”“等于”或“小于”）s。（取 $\sin 37°=0.6$，$\cos 37°=0.8$）

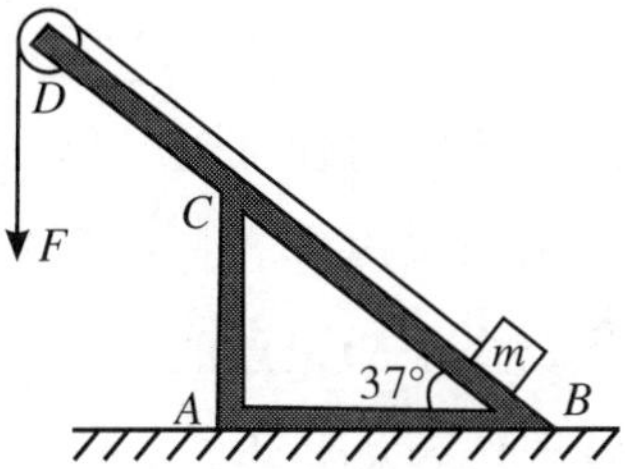

【例 20】（2009 年 AP 物理 B 试卷）质量为 m、动量为 p 的小球动能大小为（　　）。

（A）$\frac{p^2}{2m}$　（B）$\frac{p^2}{m}$　（C）$\frac{2p^2}{m}$　（D）$\frac{m}{2p^2}$　（E）$\frac{2m}{p^2}$

【例 21】（2009 年 AP 物理 C 力学卷第 22 题）质量为 m 的物体从地球表面静止下落，物体所受空气阻力大小为 kv，其中 v 为速度，k 为常量。则以下哪个式子是 v 随 t 变化的函数？（　　）

（A）$\int_0^v \frac{dv}{mg-kv}=\int_0^t \frac{dt}{m}$　（B）$\int_0^v \frac{dv}{mg-kv}=\int_0^v \frac{dt}{m}$　（C）$\int_0^v \frac{dv}{kv}=\int_0^t \frac{dt}{m}$

（D）$\int_0^v (mg-kv)\,dv=\int_0^t m\,dt$　（E）$\int_0^v (mg-kv)\,dt=\int_0^t m\,dv$

由于考试的目的不同，中美两国大学入学物理试卷的试卷结构和题型特点各有不同。从试卷结构来看，两国物理试卷的选择题数目和形式不同，中国高考试卷多为四个选项，有单选和多选之分，题数较少；美国 AP 试卷则全是五个选项的单选题，题目数量远多于中国高考试卷。主观题的形式也不同，中国高考试卷以计算为主，美国 AP 试卷则是简答和计算兼有。综合全卷看，题目的数量和分值比例也不同，中国高考试卷数量较少，分值倾向于主观题；AP 试卷题目数量多，分值为选择题、主观题各一半。考试的时间也不同，从总体来看，中国高考试卷的时间较短，新课标卷和海南卷的时间都少于 AP 试卷，仅上海单科卷的时间较多；在考试时，AP 试卷还设有休息时间，这也是中国高考所没有的。在做题时，数学工具的使用也不同，中国高考三类物理试卷中只有上海卷可以使用计算器；而在 AP 物理考试时，除了 B 试卷选择部分不能使用计算器外，其余答题时间都能使用计算器。最后，试卷的评分和作用也不相同，中国高考试卷为学生呈现出的是原始分数，直接用于大学对人才的选拔；AP 试卷则告知学生复合分数，为学生申请高校提供帮助，在录取后也能转换成学分。

除了试卷的结构不同，两国物理试卷具体的题型也各有特色。从选择题来看，两国物理试卷的知识内容容量有所不同，由于题量限制，中国高考试卷选择题往往涉及多个知识点的综合运用，在题量较多的单科卷，如上海卷中，这种情况就不太明显了；AP 物理试卷题量较大，因此每道题目考查的知识点数相对较少。从实验题来看，两国物理试卷考查的内容和灵活程度也不相同，中国高考试卷中新课标卷和海南卷的考查多集中在力学和电学，不如上海卷考查内容多样；AP 试卷的考查虽然题目少，但是也逐年涉及光学和热学内容，考查形式十分灵活。从其他的主观题来看，两国物理试卷的广度和深度都不同，中国高考试卷的深度足够，广度相对较差；AP 物理 B 试卷涉及内容广泛，而在深度上不及其他试卷；AP 物理 C 试卷分科考查力学和电磁学，考查的深度高于中国高考试卷和 B 试卷。最后，从数学内容的难易程度来看，从难到易可以简单分为三个梯度：AP 物理 C 试卷、中国高考试卷、AP 物理 B 试卷。

总体来看，中国的高考卷总体呈现出时间短、内容多、深度明显的特点，AP 物理的 B 试卷体现出时间长、内容多、深度不明显的特点，C 试卷则是时间短、内容少、深度明显的特点，几类试卷各有不同。值得注意的是中国高考试卷中的上海卷，表现出与 AP 物理试卷有很多相似之处，包括考试时间、题量、各种题型的特点等，从中也可推测出上海卷的改革可能是从美国 AP 物理试卷中借鉴了许多。

第六节　中美大学入学考试物理试卷的知识内容定量比较

在前面规定的分析编码框架的基础上，结合美国 AP 物理试卷的特点，对考试内容维度进行了必要的增补修订，对于认知水平的层次界定和编码依然采用前面的比较框架。修订物理内容分类为力学、电磁学、其他学科、应用物理、物理实验等五个主题。修订主要在力学主题，增补了三个二级主题。在力学中，增加了 3F 表示转动力学，包含 AP 物理中涉及的转动惯量、角加速度、力矩、角动量、转动动能等知识；将动量从原来的 1D（动量、机械能）中分离，增加了 1G 表示动量；增加了 3H 表示流体力学，包含 AP 物理中涉及的伯努利方程等知识。对于 AP 物理考查的如电场中的高斯定理、RC 电路、磁场中的安培环路定理等内容，则增补了电磁学二级主题中的内容。

下面进行分析比较的物理试卷有：2010—2014 年新课标卷五套、海南卷五套、上海卷五套、AP 物理 B 主观题五套、AP 物理 C 力学和电磁学主观题各五套，以及 1993 年、1998 年、2004 年、2009 年 AP 物理 B 选择题共四套，1984 年、1988 年、1993 年、1998 年、2004 年、2009 年 C 力学和电磁学各六套。依据分析框架和编码标准，对于所选择物理试卷进行详细编码分析，具体的分析编码结果详见文献杨帆的硕士论文[1]。依据编码分析结果，对试卷考查的物理知识内容从以下几个方面进行了定量比较。

1. 知识内容总量比较。

为了比较中美大学入学物理试卷中考查的知识内容总量，对两国物理试卷考查的知识内容进行了统计分析。采用下面的方式统计与计算每套试卷平均考查的知识点数目。

由于 AP 物理试卷的选择题部分不公开，每五年仅公布一套试卷，所以对 AP 物理 B 试卷先统计 1993 年、1998 年、2004 年、2009 年 AP 物理 B 试选择题四套总计考查的知识数目，再对其计算平均值，得到 AP 物

［1］杨帆.基于SOLO理论的中美大学入学物理考试比较研究［D］. 北京：北京师范大学，2015.

理B试卷选择题部分平均考查的知识数目。然后统计2010—2014年的AP物理B试卷主观题五套试卷总计考查的知识点数目，再计算主观题部分平均考查的知识点数目。将AP物理B试卷的选择题与主观部分平均考查的知识点数目之和，作为AP物理B试卷平均考查的知识点数目。其他的试卷则先统计所有考查的知识点数目总和，然后计算平均值，作为该种试卷平均考查的知识点数目。

图8-2显示，对新课标卷、海南卷、上海卷来说，平均每套试卷中考查的知识点数目逐渐增多，上海卷考查的知识点数目甚至比AP物理C电磁学试卷还要多一些。AP物理B试卷平均每套试卷考查的知识点数目最多，大约是C电磁学卷的两倍，这也符合二者考试时间与内容的基本比例；C力学卷的平均考查知识点数目比C电磁学多21个，这与力学卷中常需受力分析有关（每次受力分析都会考查不少于3个知识点）。

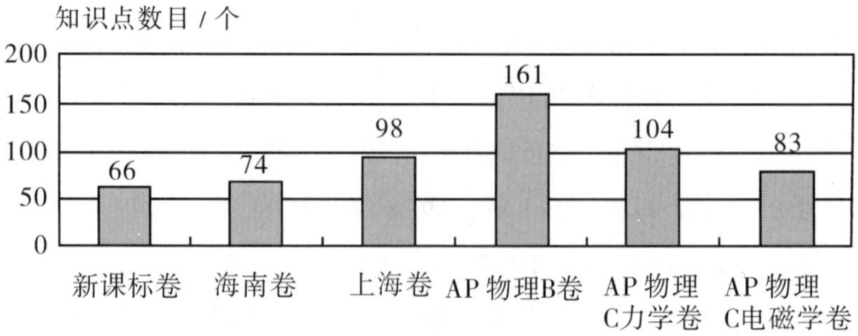

图 8-2 试卷平均考查知识点数目

根据考试的时间不同，也可以得到不同的试卷在每小时内需要解决的知识点数目如下：

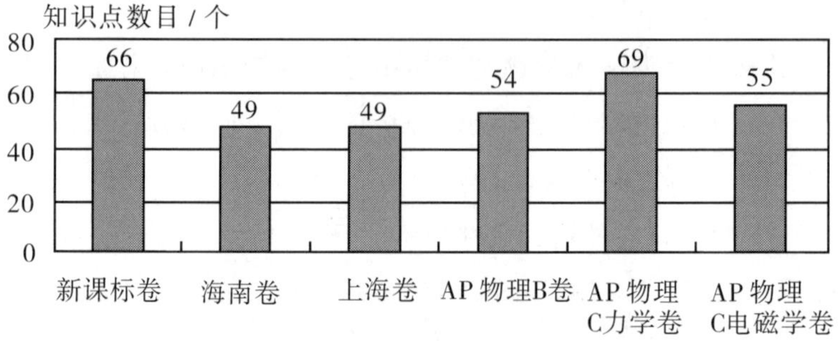

图 8-3 每小时需解决知识点数目

从图中可以看到，新课标卷（理科综合卷，物理部分的解题时间约为 60 分钟）每小时要解决的知识点数目与 AP 物理 C 力学试卷最为相近，比其他试卷高出许多；其他的海南卷、上海卷、AP 物理 B 试卷和 C 电磁学试卷在每小时需要解决的知识点数目上相差不多，都在每小时 52 个左右。总体来看，中国高考物理试卷和美国 AP 物理试卷对学生的解题速度要求差不多。但是前文中指出 AP 物理试卷在选择部分单题考查知识点数目少，意味着解决同样的知识点数目，参加 AP 物理考试的考生需要做更多道题目，也就是说考生必须更快地读完题目。

此外，针对之前的定性分析，在此处对选择题考查的知识点数目进行验证性分析。如下表为 2010—2014 年三套高考卷选择题部分平均每题考查的知识点数目（新课标卷和海南卷不含选修，因为这一部分以选择题或是填空题的形式随机出现），如表 8-8 可见，选择题考查知识点较多，这个现象在新课标卷和海南卷比较明显；上海卷由于时间较长、选择题较多，平均每道题目考查的知识点较少。

表8-8　2010—2014年三类高考卷平均每道选择题考查知识点数目（单位：个）

	2010 年	2011 年	2012 年	2013 年	2014 年	平均
新课标卷	3.38	3.5	2.88	3.13	2.5	3.08
海南卷	3.4	3.4	3.3	2.4	3.0	3.10
上海卷	2.2	2.7	2.45	1.85	2.4	2.32

表8-9　历年AP物理试卷平均每题考查知识点数目（单位：个）

	1984 年	1988 年	1993 年	1998 年	2004 年	2009 年	平均
B 试卷	—	—	1.7	1.7	1.6	1.7	1.7
C 力学试卷	1.9	1.9	2.0	1.9	2.4	2.5	2.1
C 电磁学试卷	1.7	1.7	1.7	1.7	1.5	1.7	1.7

表 8-9 为历年 AP 物理试卷平均每题考查的知识点数目，与中国的高考试卷对比来看，仅有 AP 物理 C 力学试卷与中国上海卷最接近。所有的美国 AP 物理试卷选择题考查的知识点数目均少于中国高考试卷，这与定性分析部分的直观印象相符。

2. 试卷考查的物理知识内容比较。

（1）知识内容的整体情况比较。

按照物理内容标准中的分类，将试卷物理内容分为力学、电磁学、热学、光学、原子物理与近代物理、波与振动、实验七个部分。然后分别分析所选择的物理试卷。通过计算得到每套试卷中各部分物理内容的数量如表 8-10 所示。

表8-10　平均每套试卷中的各部分物理内容数量

	力学	电磁学	热学	光学	原子物理与近代物理	波与振动	实验
新课标卷	31.6	11.6	3.6	2.6	1.8	3	4.4
海南卷	35.2	18.2	3.8	2.8	1.8	2.2	3.2
上海卷	45.6	21.8	4.2	3.6	6	5.4	4.4
AP 物理 B 卷	76.4	31.6	10.8	12.7	11.7	9.5	5.6
AP 物理 C 力学卷	87.6	0	0	0	0	3.9	3.6
AP 物理 C 电磁学卷	5.3	62	0	0	0.2	0	5.1

为了更直观地看到各部分物理内容的数量组成，计算出其百分比如表 8-11 所示。

表8-11　试卷整体物理内容组成比例

	力学	电磁学	热学	光学	原子物理与近代物理	波与振动	实验
新课标卷	53.92%	19.80%	6.14%	4.44%	3.07%	5.12%	7.51%
海南卷	52.38%	27.08%	5.65%	4.17%	2.68%	3.27%	4.76%
上海卷	50.11%	23.69%	4.62%	3.96%	6.59%	5.93%	4.84%
AP 物理 B 卷	48.26%	19.96%	6.82%	8.02%	7.39%	6.00%	3.54%
AP 物理 C 力学卷	92.11%	0.00%	0.00%	0.00%	0.00%	4.10%	3.79%
AP 物理 C 电磁学卷	7.30%	85.40%	0.00%	0.00%	0.28%	0.00%	7.02%

从表 8-11 中可以看到，AP 物理 C 力学与 C 电磁学专注于固定领域，考查的内容比 B 试卷多很多，C 电磁学在实验的考查上都多于 C 力学卷。与考查知识很综合的中国高考物理试卷和 AP 物理 B 试卷相比，四类试卷在力学、热学、波与振动上的考查内容差异不大。电磁学内容以海南卷考查得最多，考查比例比新课标卷多近 10%；在光学内容上，AP 物理 B

试卷最多，几乎是中国高考试卷的两倍；在原子与近代物理上，上海卷与 AP 物理 B 试卷最相近,二者在这方面的考查远多于新课标卷和海南卷；实验方面，中国的高考试卷都多于 AP 物理试卷，值得注意的是上海卷虽然实验题数目最多，但是考查的内容比例却不如新课标卷。

（2）力学、电磁学的知识内容比较。

由于力学和电磁学是中美大学入学物理考试的重要考查内容，下面对这两部分的主要知识点进行了更细致的划分，其中力学部分包括质点的运动、力、牛顿定律、能和动量、力学分析方法、转动、流体，电磁学部分包括电场、电路、磁场、电磁感应、交变电流、电磁场与电磁波、逻辑电路。在这个分类的基础上对力学、电磁学各部分占全部内容的百分比进行了计算，得到的图像如下所示。

①力学知识内容差异。

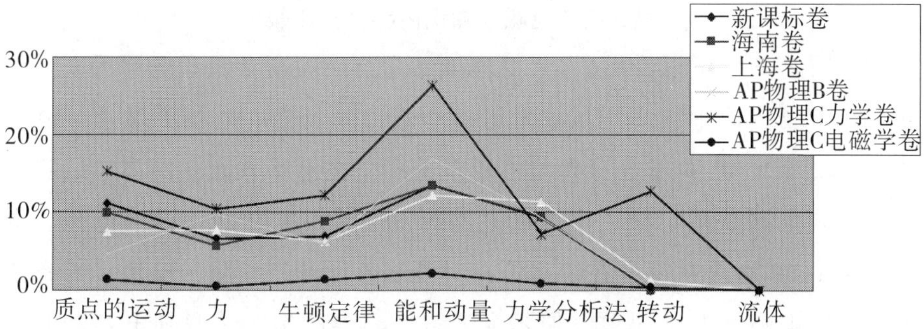

图 8-4　力学知识内容分类比较

从图 8-4 中可以看到不同的试卷在力学知识内容上的考查各有不同，其中差异比较明显的是质点的运动、能和动量、转动三个部分。首先要认识到，AP 物理 C 力学着重考查力学知识（84% 的知识内容），因此各部分所占比例大；C 电磁学仅以力学作为基础，不参与差异的比较。在质点的运动方面，中国高考物理试卷经常考查匀变速运动、曲线运动等，并结合电磁学进行考查；而 AP 物理 B 试卷在这方面的考查比例较小，最常用到匀变速运动的规律等。在能和动量方面，中国高考物理试卷常考查动能定理与动量守恒，有一定的难度；AP 物理 B 试卷在这方面考查得更多，但是难度都不大，只会用到最基本的机械能守恒和动量守恒公式；C 力学在这方面的考查尤其多，而且相比于中国高考，C 力学还会加入二维的动量守恒。转动在中国高考物理试卷中几乎不被考查，仅有上海卷简单考查了力矩平衡条件；AP 物理 B 试卷几乎也不在此设计考点；而 C 力学经常考查刚体的转动惯量、力矩、角动量守恒、转动动能等知识，有时候还会涉及转动与平动的转化。

②电磁学内容差异。

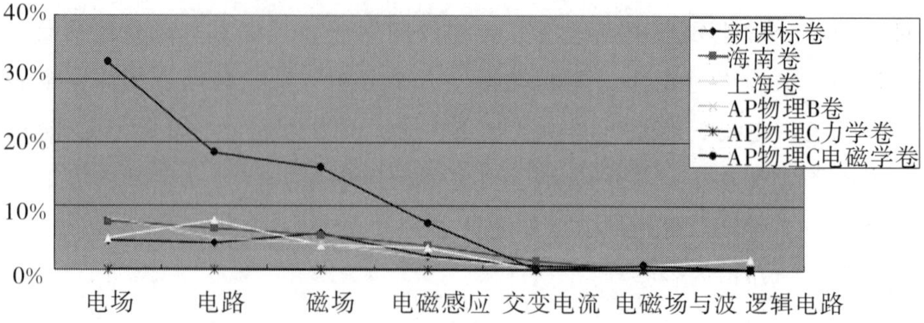

图 8-5 电磁学知识内容分类比较

从图 8-5 中可以看出，AP 物理 B 试卷与中国高考试卷也并无太大差异。在电场方面中国高考试卷常考查电场力、场强、电场力做功、电容器的性质等，AP 物理 B 试卷与之所差不多。在电路方面中国高考试卷常考查闭合电路欧姆定律、串并联电路等，会涉及复杂电路内的电流、电压变化；AP 物理 B 试卷在考查电路时几乎不涉及带内阻的电池，考查的串、并联电路也非常简单，偶尔会考查电容器的串、并联和电容器的能量等。磁场方面主要是安培力、洛伦兹力、左手定则和右手定则等，两国考卷相差不多。电磁感应方面主要是对楞次定律的考查，也相差不多。在交变电流方面中国高考试卷会偶尔考查变压器的性质，AP 物理 B 试卷和 C 电磁学卷在此都不设考点。电磁场与电磁波方面中国高考试卷偶尔会考查电磁波谱，AP 物理试卷则不做考查。

比较特殊的是 C 电磁学，试卷对于电场的考查非常多，仅电场单项就占到了全卷的 33%，试卷在考查这部分内容时着重对电场的叠加、电势的叠加、电容、高斯定理，尤其是对高斯定理的考查非常多，经常考查带电绝缘球或者导体球内外的电场。在电路部分 C 电磁学试卷除了考查串、并联电路外，还经常考查 RC 电路的性质（RC 电路的时间常数），并结合电场方面的知识（电容的充放电电荷变化等）进行考查，偶尔还会考查基尔霍夫定律的简单应用（不多于三个回路）。在磁场部分 C 电磁学试卷常考查安培环路定理与磁场的叠加，例如求解多条通电直导线在某一点的磁场强度等，这些都是中国高考试卷中不会涉及的。

3. 试卷考查的实验内容比较。

通过对试卷的实验知识内容进行整理分类，得到实验内容分类比较如图 8-6 所示。

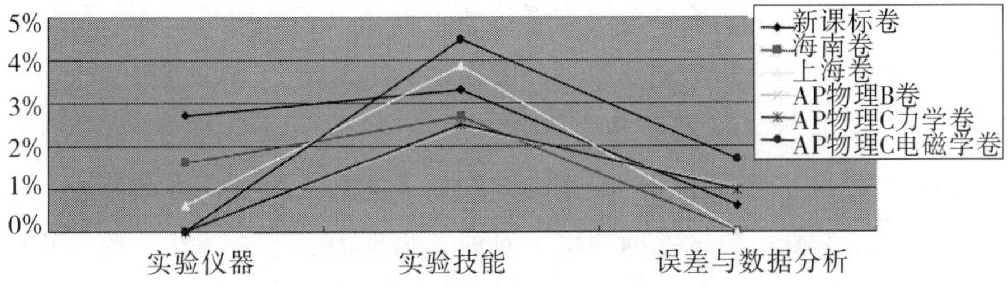

图 8-6　实验知识内容分类比较

图 8-6 显示，在考查实验知识内容方面，AP 物理试卷与中国高考物理试卷有差异。AP 物理考试中不涉及实验仪器的考查，而中国高考物理试卷会考查仪器的读数、多用电表的使用等，考查形式一般为填空。在误差与数据分析方面，中国高考物理几乎不涉及（仅新课标卷 2014 年有考查），而 AP 物理，尤其是 C 电磁学非常重视这方面的考查，在主观题中经常出现有关作图注意事项、图像拟合方法、图线处理方法的题目。

在中美两国考卷都会考查的实验技能方面，考查的内容有所不同，中国高考试卷经常考查的是电路的实物图连接、根据实验要求选择合适的仪器、实验步骤的补充、误差产生的原因等内容，考查的形式一般以画图和填空为主。而 AP 物理试卷考查实验技能方面常常是数据描点、根据公式画草图、设计实验等，数据描点一般为一阶函数的描点，草图一般是反比例函数和指对数函数的草图，设计实验会要求选定器材和写出完整步骤，考查的形式以画图和简答形式为主，几乎没有填空的形式。

4. 试卷内容特点小结。

综上可以看出，中美两国的大学入学物理试卷所考查的物理内容种类基本相同，不同的是物理内容的组成比例有差异。从试卷整体来看，中美两国的考卷都很重视力学和电磁学的考查（AP 物理甚至有 C 试卷将力学与电磁学分卷单独考查），中国的三类物理试卷中，力学的考查内容比例很相似，电磁学以海南卷考查的内容比例最多。AP 物理 B 试卷的内容比例与中国物理试卷相似，且机械能和动量的考查比例最突出；C 力学试卷作为专门考查力学的试卷，与中国物理试卷相比，增加了转动力学知识点的考查，难度较高，这与 AP 物理是大学先修课程是密不可分的；C 电磁学作为专门考查电磁学的试卷，与中国物理试卷相比，特别重视电场内容的考查，电场内容的比例达到了电路内容的两倍，而不是像中国物理试卷一样二者比例差不多。除力学和电磁学外，两国试卷也有一些差异。AP 物理 B 试卷在热学、光学、原子物理、波与振动上考查的比例均高于中国物理试卷，尤其是光学和原子物理，光学内容的考查比例达到了中国各类物理试卷的两倍；对原子物理内容考查的比例约是新课标卷和海南卷的三倍，仅上海卷比之略少。但是，AP 物理 B 试卷涉及很多我国初中学段的知识内容，因此在深刻性方面远不如中国的物理试卷。而 AP 物理 C 试卷考查了很多大学阶段的知识内容，而且力学与电磁学分开考查，深刻性比中国的物理试卷高很多。

在实验内容方面，中国的物理试卷非常重视实验仪器和实验技能的考查，并且很多实验重视实验原理（也就是物理知识），上海卷的个别实验题甚至只是以实验题目的形式考查学生对物理知识的理解。AP 物理试卷的实验题则不会考查实验仪器的使用，重视对实验技能和误差与数据分析的考查，会有设计实验的题目，还有很多需要学生描点绘图的试题，并且还在非实验的主观题目里用到数据分析的技能，尤其是 C 电磁学试卷，对数据处理能力的考查比 C 力学试卷和 B 试卷更多。

简而言之，中国高考物理试卷对物理内容，尤其是力学和电磁学的考查较为系统和深入，综合性较强；而 AP 物理 B 试卷考查得很全面，但不够系统深入，对数学推理能力的要求也不高；C 试卷由于是分类考查，很专业和深入，对实验与数学要求很高。中美对实验内容的考查差异最大，中国高考物理试卷重视仪器和技能，而美国 AP 物理试卷重视技能和数据处理。

第七节　中美大学入学物理试卷考查认知水平定量比较

1. 试卷认知水平整体情况比较。

为了比较中美大学入学物理考试试卷中考查的认知层级的分布，本章通过对研究对象的SOLO认知层级进行统计，计算出平均每套试卷中各个认知层级的内容分布情况如图8-7所示。从该图可以看出，整体上各类试卷都以多元层级的知识内容为主，单一层级的知识内容次之，关联层级的内容很少，而且几乎不涉及扩展层级的考查。

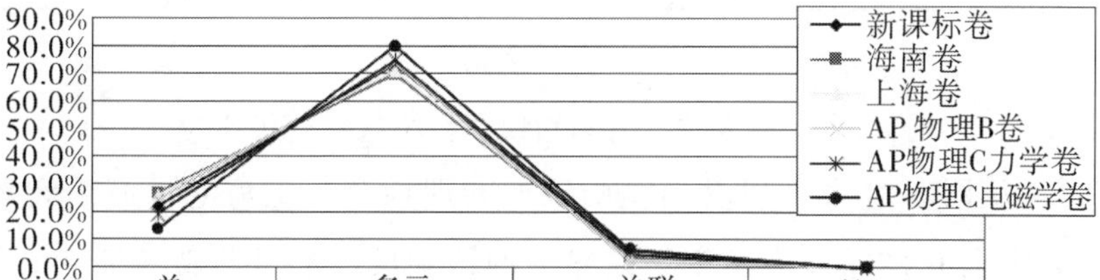

	单一	多元	关联	扩展
新课标卷	22.0%	73.2%	4.8%	0.0%
海南卷	26.7%	69.8%	3.5%	0.0%
上海卷	25.9%	71.1%	3.1%	0.0%
AP物理B卷	24.1%	73.9%	2.0%	0.0%
AP物理C力学卷	19.1%	74.9%	6.0%	0.0%
AP物理C电磁学卷	13.6%	19.9%	6.5%	0.0%

图8-7　中美大学入学物理试卷的整体认知层级比较

从图8-7中的数据可以看出，两国大学入学物理试卷在整体上有相同点也有不同点。相同点是各类物理试卷中各个层级的比例大体一致，多元层级的考查比例范围在70%到80%之间波动，关联层级的比例都不超过7%。不同之处在于美国的AP物理C试卷（含力学和电磁学），这两类试卷为专项考查，在单一层级的考查比例低于其他四类试卷，而在关联层级高于其他四类试卷。对于AP物理B试卷而言，关联层级是六类试卷中最低的，而多元层级则与其他试卷持平。可见，我国的新课标卷、海南卷和上海卷整体认知层级略高于AP物理B试卷，略低于AP物理C试卷。

2. 物理内容的认知水平比较。

虽然两国大学入学物理试卷的整体认知层级差异不是很大，但是不同物理知识内容的认知层级可能会有区别。笔者统计了物理内容中所占比例最多的力学和电磁学知识内容的层级比例，希望找出其中的不同。如图 8-8 为力学知识内容的认知层级比较图：

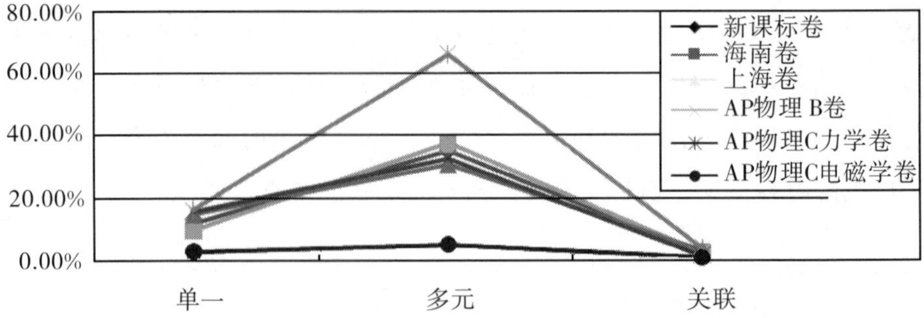

图 8-8 力学知识内容的认知层级比较

从图 8-8 中可以看出，中国的新课标卷、上海卷、海南卷和美国的 AP 物理 B 试卷在力学知识内容上的认知层级非常相似，而 AP 物理 C 试卷则表现出较大的不同性。AP 物理 C 电磁学试卷由于专注于电磁学的考查，仅将力学作为基础，此处可以略去不计；而 C 力学试卷在多元层级的考查比例明显多于其他试卷，这与力学卷专注于考查力学知识有关。

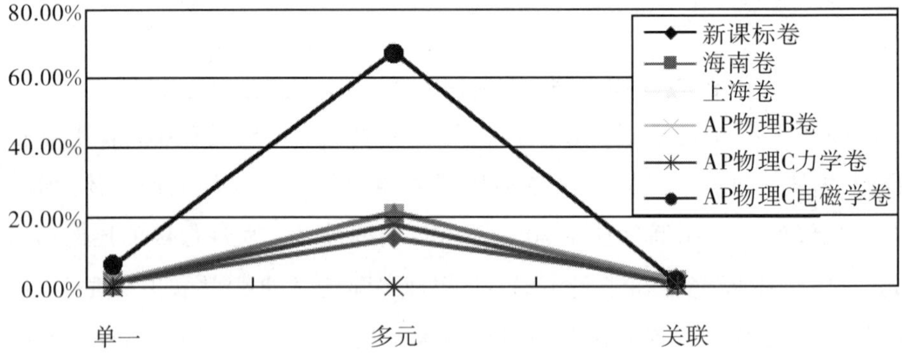

图 8-9 电磁学知识内容的认知层级比较

如图 8-9 所示为各类试卷在电磁学知识内容上的认知层级比例。从图中不难看出，新课标卷在多元层级的比例略小于海南卷、上海卷和 AP 物理 B 试卷；而 AP 物理 C 电磁学试卷在多元层级的比例远高于其他类试卷，但单一层级的比例与其他类试卷差不多，这与 AP 物理 C 电磁学试卷的专项考查有关。同力学知识内容认知层级比较图一样，各类试卷在电磁学内容上的考查同样以多元层级的内容为主，比较少考查单一层级的内容。

3. 实验内容的认知水平比较。

实验知识内容是物理试卷中必不可少的一部分，各类试卷对实验内容的考查呈现出不同的特点，图 8-10 为实验内容的认知层级比较。

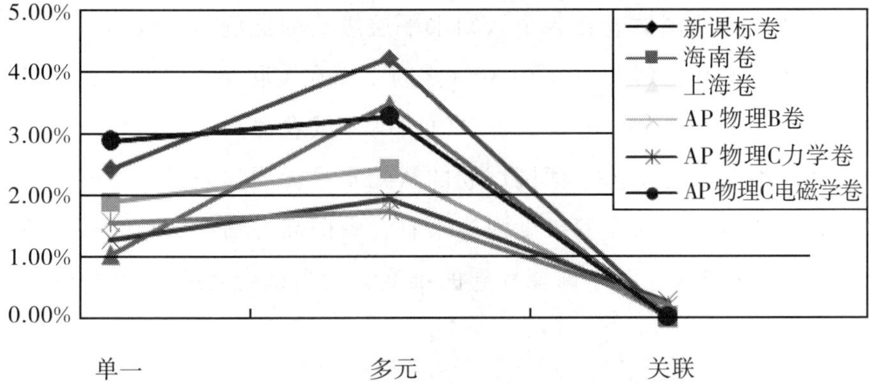

图 8-10　实验内容的认知层级比较

从图 8-10 中不难看出，这六类试卷在实验内容的考查上差距很大，即使是同一国家的试卷，也表现出极大的差异性。其中上海卷和新课标卷表现出多元层级多于单一层级的特点，而海南卷、AP 物理 B 试卷、AP 物理 C 力学试卷、AP 物理 C 电磁学试卷则表现出单一层级与多元层级持平的特点。其中在实验内容上考查最深入的是新课标卷，AP 物理 C 电磁学试卷次之。结合之前的知识内容分析，笔者发现新课标卷多元层级的高比例是来自对实验仪器读数方面的考查，如螺旋测微器的读数等，而 AP 物理 C 电磁学试卷在多元层级的高比例则来自对数据处理方面的考查，如数据描点后的直线化处理等，这也是这两类试卷在实验上最大的区别。

4. 试卷认知水平小结。

由于中美大学入学物理考试的试卷结构差异很大，两国试卷在不同认知层级的知识内容数量差别很大，但是从各个认知层级占试卷的比例来看，中美两国的试卷差异不大，都呈现出以多元和单一结构水平的知识内容为主的特点。AP 物理 C 试卷由于将力学和电磁学分卷考查，在物理内容的认知层级上不可避免地表现出与其他试卷较大的差别；除去由于考查内容带来的差别外，中美大学入学物理考试试卷认知水平上最主要的差别表现在对实验的要求上。

在实验内容的认知水平上，中国高考物理试卷的新课标卷和上海卷在多元层级的比例高于美国 AP 物理的 B 试卷和 C 力学试卷，仅有 C 电磁学试卷与中国高考试卷相当，中国海南卷在多元层级的考查比例少于中国的其他试卷和 C 电磁学试卷。

总体上，两国试卷在各个认知水平层级上的比例是一致的，以多元水平居多，考查比例在 70% 到 80% 之间；而在关联层级中考查比例最高的是 AP 物理 C 试卷，比 B 试卷和中国高考试卷都高。在物理内容（如力学和电磁学部分）上，两国试卷的认知水平无明显差异，主要的不同体现在实验维度。从实验维度内容来看，中国高考物理试卷的难度整体高于 AP 物理试卷，其中新课标卷的难度为六类试卷之最，AP 物理 C 电磁学试卷次之。

第八节　中美大学入学物理试卷内容效度分析

在规定的分析框架和编码标准下，分析了中国高考物理试卷与美国AP物理试卷考查内容上的一致性，计算得到的所选择的研究对象间的平均一致性系数见表8-12。

表8-12　中美物理试卷的平均一致性系数

	海南	上海	新课标	AP物理B卷	AP物理C力学	AP物理C电磁学
海南	1					
上海	0.646	1				
新课标	0.647	0.628	1			
AP物理B卷	0.603	0.637	0.597	1		
AP物理C力学	0.478	0.467	0.494	0.471	1	
AP物理C电磁学	0.313	0.286	0.252	0.243	0.110	1

表8-12中的平均一致性系数的计算方法如下：首先计算出我们分析框架下的每套物理试卷间的一致性系数，例如2014年的海南高考物理试卷与2014年上海的高考物理试卷间的一致性系数。然后将这些一致性系数按其种类归类，例如海南卷与上海卷间的一致性系数，最后将各个种类的一致性系数求平均，就得到了表中的数值。这里选择了平均一致性系数比较小的算法。

表8-12中的数据显示，中国高考物理试卷间的内容一致性要远高于美国AP物理试卷间的一致性。这表明如果以中国高考物理试卷彼此互为效标来评估高考物理试卷的内容效度，我们能够得到中国高考物理试卷的内容效度比较高的结论。这是因为这些试卷都是在同一个物理考试大纲下命制的，内容的选择上基本一致。相对而言，由于美国AP物理B试卷与C试卷在考试内容上有很大差异，命制试卷时在内容选择上就有很大差异，所以如果同样以AP物理试卷互为效标来评估其内容效度，就会得到其内容效度不高的结论。因为AP物理分科考查，从B试卷与两种C试卷的一致性系数来对比也能看出，B试卷的考查侧重于力学内容，B试卷与C力学卷间的一致性系数大于与B试卷与C电磁学卷的一致性系数。

C 力学卷与 C 电磁学卷两者间差别极大，几乎没有多少一致性。

同样，如果设中国高考物理试卷和美国的 AP 物理试卷互为效标，评定其内容效度，表 8-12 中的数据显示：美国 AP 物理 B 试卷与中国高考物理试卷间的平均一致性系数要远高于 AP 物理 C 试卷与中国高考物理试卷间的一致性。比较这些物理试卷的内容，从本章表 8-9、表 8-10 和图 8-4、图 8-5 显示的结果来看，AP 物理 B 试卷的内容与中国高考物理试卷间的内容相近，它们才具有较好的一致性，如表 8-12 显示它们的一致性系数为 0.6 左右。而 AP 物理 C 试卷所要求的内容要远高于中国高考物理试卷的内容，因此它们间的一致性很差。AP 物理 B 试卷和 C 试卷间的巨大差异主要是因为它们各自的考试目标不同。由于 AP 物理考试不受考试次数的限制，可以通过举行不同水平的考试来区分学生，所以 AP 物理考试设置了两个水平的考试。AP 物理 B 试卷是对应于低水平的考试，而 AP 物理 C 试卷对应于高水平的考试。

下面的图 8-11 是这六类试卷的物理内容和认知层级分布曲面图，能够显示出其在内容上的共同点和差异。

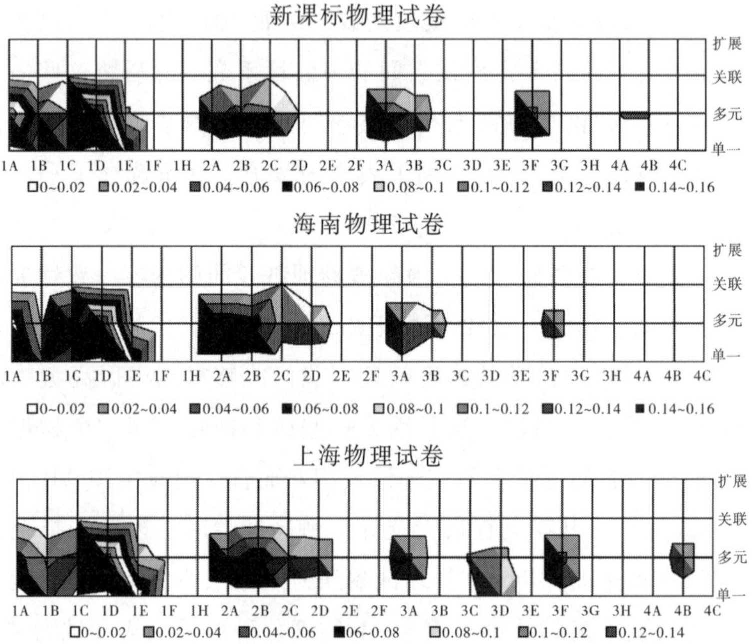

图 8-11 中国高考物理试卷考查内容和认知层级分布曲面图

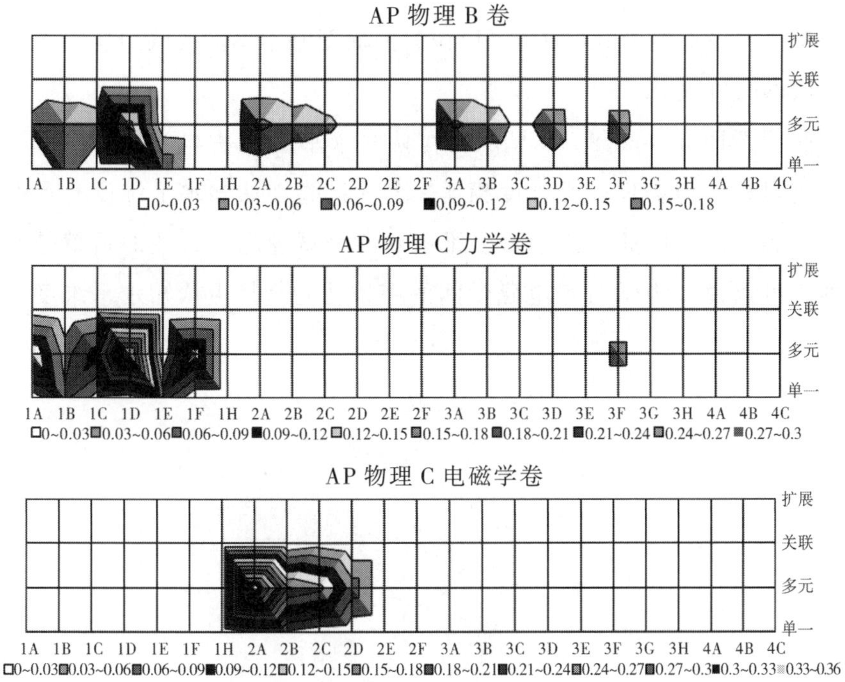

图 8–12 美国 AP 物理试卷考查内容与认知层级分布曲面图

从图 8-11、图 8-12 所示的曲面图可以看出，新课标卷考查的峰值在力学部分，以多元层级的机械能和动量部分考查最多，除此之外多元层级的考查中运动学也较多；单一层级以受力分析最多。海南卷和上海卷的考查与新课标卷稍有不同，除了力学外，在电场和电路的内容也有峰值。美国的 AP 物理试卷与中国的差异也较为明显，AP 物理 B 试卷考查的内容比较全面，在机械能和动量、电场、热学、原子与原子核、振动与波等二级主题都有考查。C 试卷将力学与电磁学分开考查，力学卷的重点与中国的相同，峰值在机械能和动量；电磁学卷却不同，重点放在电场内容。

对于物理实验主题，总体说来，实验主题所占比例比较小，上面的曲面图显示中国新课标卷、上海卷在实验技能主题有小峰值，而 AP 试卷和海南卷均没有值出现。这是因为新课标卷、上海卷的实验主题下的二级主题有高于 0.02 的比例，海南卷实验主题没有高于 0.02 的比例；AP 试卷的曲面图的最小分度值为 0~0.03，而实验主题下的二级主题各个认知水平的层级上都没有高于0.03的值，最高的C电磁学卷在实验技能主题的单一层级上值为0.029。可以说，曲面图基本不能反映出实验主题中各个试卷的情况。

曲面图图8-11、8-12显示，在认知水平上，基本以多元水平为主要考查目标；与物理内容维度相比，各个试卷在认知水平维度一致性要高于内容维度。因此，认知水平维度对各个试卷间一致性的贡献是非常大的，可以说C力学与C电磁学间的一致性完全是由认知水平维度提供的。

第九节　中美大学入学物理考试比较研究概述

我们首先对中美大学入学考试、招生制度进行了比较，然后对我国大学入学物理考试和美国的 AP 物理考试进行了定性和定量比较。选取我国具有代表性的全国新课标卷、海南单科卷、上海单科卷与美国 AP 物理的 B 试卷、C 力学卷、C 电磁学卷作为具体的研究比较对象。对这些物理考试的试卷结构进行了分析，在考试的题量、考试时长、分值以及数学工具等方面进行对比，分析总结了两国大学入学物理考试的题型及其特点。在规定的物理内容分类和 SOLO 理论的认知水平及其编码的框架下，定量地分析了两国大学入学物理试卷的内容，其分析结果可以概括如下：

1. 从定性和定量两方面得到两类物理试卷的差异如下：

定性比较研究得出主要结论：（1）中国高考物理科目用一套试卷来区分不同层次的学生，而 AP 物理考试则通过设置 B 和 C 两个难度等级的试卷来区分学生，以便对不同水平的学生采取不同难度的物理内容的考核。（2）中国新课标理综卷物理内容考试时长不到一个小时，设置题目数量较少，而 AP 物理试卷则在较长的时间内设置更多的题目。（3）中国高考试卷题目的综合性较强，新课标卷物理选择部分每道题目考查的 SOLO 知识点数目几乎都在三个以上，赋分向更有难度的主观题倾斜；AP 物理试卷则趋向于考查对单个物理知识点的理解，每道选择题几乎考查不到两个知识点，难度较高的主观题也设计为包含多个小问题以便降低难度。

定量比较研究可以得出主要结论：（1）中国高考试卷考查的知识内容总量少于 AP 物理试卷，中国新课标卷仅考查 66 个 SOLO 知识内容，而 AP 物理 B 试卷多达 161 个。（2）在实验内容上，中国高考物理试卷以实验仪器和实验技能的考查为主，而 AP 物理试卷则以实验技能和数据分析为主。（3）数学方面，中国高考物理试卷考查的数学仅是中国高中要求的内容，不包含微积分。而 AP 物理试卷则根据层次有所区别，B 试卷考查数学内容基本与中国相似，难度极低，C 试卷则涉及微积分等数学知识，整体数学难度高于中国高考物理试卷。

上述差异产生原因与试卷的功能有不可分割的关系。选拔是中国高考的主要功能，要采用同一份试卷将不同层次的学生区分开来，试题的综合度就会较高，且题目之间的难度梯度也较大，会有个别简单的题目，也会出现特别有难度的题目。美国大学入学的考试和录取体系与中国截然不同。选拔的功能由不同层次的考试分别承担，学业水平较差的学生仅参加高中的学业水平测试，学有余力的学生可以选择参加 SAT2 的科目考试，更顶尖的学生才会选择参加大学先修课程。在已经将不同水平的学生分层的前提下，AP 物理考试首先是水平测试，用来检测对物理感兴趣的优秀学生的水平，考查他们能否了解大学理科类的科学知识内容，在这一基础上兼具评价功能，对这些优秀学生进一步仔细分层。因此 AP 物理考试在分层次分试卷考核时，更倾向于检测学生对每个物理知识点的理解，因此每一道选择题中，考查的知识点数目相对单一，在主观题部分也将每个题目分割为多个小问题，便于考查学生对单个概念或定理的理解。

2. 比较研究得到的中美两国物理试卷的共同点主要体现在定量方面，具体如下：

首先，单位时长内试卷包含的知识点数目基本相同，这是因为学生在单位时间内的问题解决能力有限，超越学生能力阈值设计出的试卷是没有意义的。

第二，中美两国试卷考查内容都包含了物理学的基本内容，AP 物理 B 试卷和中国高考物理试卷的知识内容差异很小，差异系数都在 0.1 左右，具体来说都以力学和电磁学为主，在实验方面都重视考查实验技能。

第三，中美两国试卷表现出来的 SOLO 认知层级分布基本一致，都以多元层级为主。

中美两国的大学入学物理试卷表现出的如内容覆盖类似、单位时长内知识点数目类似、认知水平分布类似的共性，体现了物理试题命制需要遵循的基本原则，命制物理试题必须遵循学生的认知水平发展规律。

第九章 中英大学入学物理考试比较研究

英国是具有悠久历史和考试传统的国家，拥有牛津、剑桥等多所享誉世界的一流大学。世界上很多大学在招生录取时都接纳英国主要考试机构主考的普通教育证书的考试成绩；一些国家或地区，现在仍然采用英国的招生考试制度。如新加坡和我国的香港地区，高等院校的入学要求仍然是普通教育证书的考试成绩。这充分说明英国的大学入学考试成绩在国际上有着较高的认可度，那么作为英国"高考"的普通教育证书 A-level 考试究竟有何独特之处呢？

随着中国的迅速发展，中国的高考成绩虽然也逐渐得到世界各国越来越多高校的认可，但其认可度与英国 A-level 证书成绩相比，还存在一定的差距。因此，了解中英两国的大学入学物理考试对考生知识内容与认知层次的考查有何异同，对于我国的基础教育课程改革有一定的借鉴意义。

第一节　中英大学入学考试制度比较

高校招生制度是高校招生的目的、方针和实施办法等的总称，是国家教育制度的重要组成部分，受国家政治和社会制度的影响。高校招生制度包括招生政策、选拔形式、入学考试、录取方式等方面[1]。本章主要就中英大学入学考试方式和高校招生方式两方面进行比较。

中英现行的大学入学考试方式各具特色，差异较大。中国实行典型的入学统一考试方式，英国实行的是基础教育结束资格认定型方式。其中，前者指的是由某个考试机构负责全国考试，为大学提供选拔性信息的考试模式；后者指的是只要学生通过高中毕业考试（或会考），并获得相应的毕业资格证书，就基本获得了进入大学学习的资格。但是，仅持有证书并不能完全保证获得进入大学学习的机会。中英两国现行的两种特点迥异的入学考试方式在考试功能、考试时间、组织形式、考试课程、成绩认定等方面都存在显著差异。

1. 考试性质和功能存在差异。

由于社会文化、政治体制以及在教育制度和发展水平上的差异，中英两国大学入学考试的性质和功能也有差别。中国高考承担着为高校选拔优秀人才的功能，属于选拔性考试；英国的 A-level 学科证书考试则承担着多种考试功能，既要考查学生在中等教育阶段的学业水平，也能认定学生高中毕业资格，同时还是高等院校选拔学生的重要依据。因此，英国的证书考试既属于水平考试，同时也具备选拔人才的功能。两国考试在性质和功能上的差异决定了考试目标、考试命题与组织方式等其他方面也会存在较大不同。

2. 考试时间、次数及组织形式差异明显。

中国的大学入学考试，即高考，每年六月份由国家统一举行一次，所有高中毕业生均可参加。考试时间相对集中，科目安排较为密集，一般每天考查 2 门科目，整个高考持续 2~3 天。如果因身体或其他外界

［1］陈晓云.中外高校招生制度比较与研究［J］. 比较教育研究，2003，24（4）：25-30.

因素没能参加本年的高考，或者考试发挥不理想的考生，只能继续准备参加下一年的高考。英国具有高校招生功能的学术型资格证书考试，即A-level考试，每年六月份和十一月份由英国各个地方考试局举行。考生可以在两年的学习期间，用四轮考试把某门课程的6个单元考完，成绩合格者获得该学科的A-level证书。暂时完成3个单元课程学习的考生，也可参加该学科的阶段性考试，成绩合格者可以获得阶段性证书，即AS证书。如果考生六月份的考试成绩不理想，经过半年努力还可以参加十一月份的考试，取最好的一次成绩作为最终考试成绩。另外，与中国不同的是，英国考试通常次数较多，相邻两次考试的时间间隔也较长，一般在3天左右。总共的考试时间比中国长很多。

另外，中英大学入学考试的组织形式也存在明显差异。英国的大学入学考试实行分阶段考核，至少需要参加两次阶段性考核才能获得A-level等级证书。每个阶段考核的知识内容一般是由多次考试完成，并且每次考试考查的知识内容较少，每次的考试持续时间不会太长。以物理学科为例，每个阶段的考核一般由2~3次不同的考试组成，每次的考试时间一般少于120分钟。中国的高考是终结性考试，各学科的知识内容只由一次考试来考核，一次性考查的知识总量大，考试持续时间可能较长。以理科综合考试为例，一次性考查物理、化学和生物等3门学科的知识内容，整场考试持续的时间为150分钟。考生需要根据自己的实际情况合理分配各学科的答题时间，尽量在规定时间内解决能力范围内的所有问题，发挥出最佳水平。

中英大学入学考试在考试时间、考试次数和组织形式上的差异，与两国考试的性质和考试目的有很大关系。高考在中国属于选拔性考试，考试目的是为各类不同层次的高校选拔具备相应专业基础素养和潜力的优秀人才，并且高考成绩是评价学生能力水平的最重要标准。从某种程度来看，每年举行一次高考有助于更高效地甄别不同层次水平的考生，为高校筛选符合要求的人才；英国A-level考试属于水平性考试，认定高中毕业学生的学业水平是其重要功能之一，虽然A-level证书也为高校选拔人才提供重要依据，但它并非评价学生能力水平的唯一标准，还有其他必要条件作为补充以保证招生质量。所以，实行分阶段考试的方式和一年两次的考试机会有利于考生发挥最佳水平，保证较多的学生经过努力能够达到高中毕业水平。

3. 考试课程的选择范围不同。

中国的高考科目设置及权重较为统一，从 2002 年开始，中国全面实行“3+X”科目设置方案。其中“3”是指语文、数学、外语 3 个科目，为考生必考科目；“X”设置为“文科综合或理科综合”“大综合”“大综合 +1”。其中“文科综合”含历史、地理、政治，“理科综合”含物理、化学、生物，“大综合”含上述 6 门学科，“大综合 +1”就是“大综合”以及所含 6 门学科中的 1 门单科科目。由于全国各省（区、市）的基础教育水平存在差异，各省（区、市）可以自行选择“X”方案。目前，大部分省（区、市）的“X”选择“文科综合或理科综合”,也有个别省（区、市）选择“大综合”或“大综合 +1”的方案。一般来讲，考生在高二学年会进行文理分科，这也决定了考生在高考时所选择的“X”方案，以及填报高考志愿时所允许选择的高校和专业。

英国的 A-level 证书考试的学科范围相当广泛，既有像英语、数学、物理、化学、生物等所谓的传统科学文化课程，又有像会计、商务、法律、传媒等与职业发展联系密切的课程。总的来说，课程涵盖了文科、商科、经济、语言、数学、科学、计算机、法律、媒体、音乐等各个方面。与中国高考相比，英国考生在选择考试科目时考虑更多的是自身能力与天赋，以及将来计划就读的学位课程和高校要求，课程的选择较中国考生灵活很多，这在一定程度上满足了不同层次学生的需求。一般来讲，英国学术性较强的高等院校对考生的传统文化课程的成绩要求较高，不同的专业对申请者的学科证书也有限定，有的高校甚至对相关课程的学习时间也有具体要求。

4. 成绩认定方式不同。

中国高考实行的是分学科评定成绩，即向考生公布试卷的原始分数，最终成绩为所有考试科目的成绩总和。这种成绩认定方式的区分度较高，即使两名考生仅相差一分，他们的排名也有可能相差几百甚至上千个名次。英国 A-level 考试实行的是分学科评定成绩等级，并分别颁发相应学科的证书的方式。各科目阅卷时仍然采用分数制，如 100 分或 120 分等，而向考生公布的成绩一般为 A、B、C、D、E 五个等级。近年来为了方便区分高学业水平的学生，又增加了 A* 等级。英国教育界普遍认为采用等级成绩比使用试卷原始分数报告成绩更有利于减少考试本身的误差，更符合考生的实际水平。另外，英国学科证书考试的成绩评定还将“课程作业”评定考虑在内。依据课程性质的不同，“课程作业”所占分值比重一般为 25%~30%（大部分科目的上限是 30%），由校内教师实施评价。

成绩评定方式的不同也源于两种考试性质和功能的差异。作为选拔人才最重要依据的高考分数来说，较高的区分度是必要的，不然就失去了其选拔性的意义。而英国 A-level 考试的首要功能是评定学生的高中学业水平,因此以等级区分更有现实意义。虽然这种等级成绩的区分度不高，但毕竟 A-level 证书不是唯一的选拔依据，不同的高校还有自己的补充措施来进行二次选拔。

综上所述，从考试功能来看，英国 A-level 考试承担的不仅仅是选拔人才的任务，还有评价学生高中学业水平的功能，这决定了其考试目标与中国高考的考试目标各有侧重，进而也影响了考试的组织形式和成绩评定方法。从考试时间安排来看，中国的高考由于时间安排紧密，考生的心理压力和焦虑情绪容易对其正常水平的发挥产生负面影响。英国的 A-level 考试时间安排相对灵活，每次考试的知识容量也较小，能够给学生提供较为充足的准备时间及弥补和提高的机会。从考试课程及成绩认定方式来看，英国较好地考虑了学生的个体差异，赋予学生更大的学习自主权，同时评价方式也更加多元化。

虽然中英两国的大学入学考试方式存在上述差异，但是中英在试题的开发和设计、课程考查目标等宏观方面也存在若干共性。如两国均强调试题的开发和设计要以相关课程内容和标准为依据，考试科目均为必考和自选科目相结合，课程均以考查学生相关能力为目的，考试成绩都具有选拔人才的功能等。基于上述共性，中国高考试题和英国 A-level 考试试题具有一定的可比性。

第二节　中英高校招生制度比较

不同的大学入学考试方式对应着不同的高校招生方式。中国在统一入学考试方式下实行的是以统一文化考试为主、单独考试为辅、保送生为补充的高考制。其中，全国统一文化考试的入学方式是我国高校选拔新生的主要方式。英国在资格认定型考试方式下实行的是高校招生证书制。两者在入学的判定资料上有较大差异，尤其是考试成绩占招生录取的权重及高校招生自主权都有明显不同。此外，考生在选择学校时也存在较大差异。

1. 高校选择学生。

中国高校招生属于总分录取型，即最终决定高校招生与否的是高考的总分数。全国实行统一的录取原则、录取体制、录取方法、录取时间，各省（区、市）自主进行录取。录取分批进行，基本上依据考生所填报的志愿，按考生高考总分从高到低以不大于高校招生计划数的120%为比例向高校提供考生信息，高校按招生录取原则进行择优录取。办学质量越高、师资力量越强的高校，生源越好，分数线也就越高。

英国高校招生属于中学资料录取型，即招生时依据中学提供的考生中学时期的全部资料来录取。这些资料主要包括普通教育终了资格认定考试成绩、平时考试成绩、教师评语、校长的推荐意见等。英国除国家规定的大学入学最低要求外，高校自身还享有很大的招生自主权。不同高校、不同专业在招生录取时对考生的中学所修课程及时间、证书成绩都有不同的要求。以牛津大学物理专业为例，要求申请人的三科A-level证书中必须包含数学和物理，并且这两科的证书成绩至少达到A*A等级（即数学或物理任一门学科的成绩为A*），另外还要有一门课程的证书成绩达到A等级。满足此申请要求的学生还需参加牛津大学组织的物理能力测验（Physics Aptitude Test），作为申请过程的必要环节。

可见，英国高校在选拔学生时较中国高校拥有更大的自主权。不仅不同层次的高校对考生的申请条件有具体要求，相同高校的不同专业对考生的证书成绩也有明确规定。部分高校还可以根据本专业的情况追加专业基础知识的相关考试，这样更有利于高校选拔出最具专业学习潜力的考生。

2. 学生选择高校。

在中国高考的录取环节中，考生一般只填报一次志愿，各类院校按层次水平由高到低分批次进行录取。同一批次的高等院校在录取时，首先按照考生的第一志愿将考生进行分类。当各所高校对考生的第一志愿录取完毕之后，如果实际录取人数少于计划录取人数，才会开始考虑未录取考生的第二志愿以及后续志愿。但如果高校在第一志愿的考生中录取人数已满，则不会考虑未录取考生的后续志愿。

需要注意的是，中国考生的第一志愿只能填报一所高校，无论是否被所选学校录取，都将失去在第一志愿里选择其他高校的机会。在这方面中英是有显著差异的，英国学生在选择学校时可以同时申请多所高校，相当于英国学生的第一志愿可以同时填报多所高校，成绩较为优异的考生很有可能同时被多所高校录取，最后出现学生选择高校的情形。这样在很大程度上维护了考生的利益，使得考生拥有更大的选择余地，避免考生因偶然因素导致“高分落榜”或“高分低就”的情况出现。

由此可见，英国的高校与学生之间的双向选择更加灵活，既保证高校选出具备专业基础素养的优秀人才，又保证考生能够申请到最符合自己意愿的高校和专业。

第三节　英国CIE A-level物理考试简介

英国剑桥大学国际考试委员会（简称 CIE）是英国规模较大的一种资格认证考试，于 1998 年正式成立。高级水平 A-level 考试是其中的一种考试，既是高中毕业考试，也是大学入学考试，主要为 14 岁到 19 岁学生提供国内与国际认可的高中资格证书，其资格证书实行单科制，单科及格就授予单科及格证书。高级水平证书是英国国内与许多国外大学录取学生时的主要参考，也是高中毕业生找工作的重要凭证。

A-level 考试又分为高级补充水平考试（简称 AS 考试）和第二考试（简称 A2 考试）。考生可根据报考学校与专业的要求选择考试的科目，如果考生的 AS 考试合格后，又需要 A-level 考试成绩，则可选择 A2 考试。如果不参加 A2 考试，则只获得 AS 考试成绩。AS 考试成绩是许多国内外大学录取学生的重要参考。而 A2 考试成绩是许多名牌大学录取学生的重要参考。如果考生某一门科目的考试成绩不理想，考生可以重复报考，以最高成绩作为本学科的最后成绩。CIE 每年都举行两次统一的全国性甚至是世界性的 A-level 考试，一次在六月，另一次在十月。CIE 还负责提前颁发每年的考试大纲（一般情况下提前 3~4 年），考试大纲还起着教学大纲的作用，教材的编写一般依据考试大纲进行。

随着现在去英国留学读高中的国外学生越来越多，英国政府对于英国的高考制度时刻高度关注，相应的改革也在不断进行。

2015 年取消了 AS 水平考试（A-level 课程为期两年，第一年称为 AS，第二年称为 A2）。英国把 A-level 考试改成两年学习后进行的统一考试。

2015 年 2 月，根据 CIE 官网上颁布的最新教学大纲，CIE 考试在数学、高等数学、物理、化学、经济学等很多科目上做了修订和改正，新的教学大纲意味着新的教学模式和评价标准体系。A-level 考试随着全球教育的变化而在不断地变化和改革。

第四节　中英大学入学物理试卷结构比较

我们选择英国CIE的2002—2010年A-level物理试卷、中国2002—2010年的高考物理全国卷（主要为全国Ⅰ和全国Ⅱ）及2007—2010年的高考物理新课标卷（2009年之前也称为宁夏卷）为研究对象，分别简称为A-level卷、全国卷和新课标卷。英国其他考试中心的A-level卷主要用于英国本土学生进入大学的入学考试，而CIE的A-level卷主要用于海外留学生进入英国大学的入学考试，以此为研究对象能够给中国国际学校的A-level教师和考生在工作、学习和备考等方面提供有利帮助。中国高考物理试卷依地区而不同，全国卷是新课标实施前使用范围非常广泛的物理试卷；而新课标卷的使用地区最多，且是在基础教育课程改革之后出现的有代表性的物理试卷。选择这两种高考试卷最具有代表性。通过全国卷和新课标卷的比较，可以从一定程度上看出我国大学入学物理考试的发展趋势。

1. 英国CIE A-level物理考试的试卷结构。

CIE A-level物理考试主要以笔试和实验操作两种考试方式来考查学生，并且分阶段考查相应的物理内容。该考试的试卷结构在2007年经历了一次较大的调整。2007年之前的物理考试由六份试卷组成，2007年以后的物理考试由五份试卷组成。以下主要介绍现行A-level物理考试的试卷结构（如表9-1所示），并简要分析新旧试卷结构的主要差异。

表9-1　2007年以后CIE A-level物理试卷的题型、题量及时间和分值情况

试卷	考试形式	试题类型	题量	考试时间 /min	分值	权重	
						AS	A2
1	笔试	选择题	40	60	40	31%	15%
2	笔试	AS结构化试题	6~7	60	60	46%	23%
3	实验操作	实验题（操作）	2	120	40	23%	12%
4	笔试	A2结构化试题	11~13	120	100		38%
5	笔试	实验题（实验设计、分析与评价）	2	105	30		12%

2007年以后的CIE A-level物理考试一般由AS水平和A2水平两个阶段的考试组成，报考AS水平考试的考生只需作答卷1、卷2和卷3，三份试卷的卷面分数分别乘以相应的权重之后的分数总和即为AS的考试成绩。报考A2水平考试的考生需要作答卷4和卷5，两份试卷的卷面分数分别乘以相应的权重之后的分数总和即为A2的考试成绩。AS考试成绩与A2考试成绩在A-level的最终考试成绩中各占一半比例。最终按标准被划分为七个等级，分别为A*、A、B、C、D、E，不及格被记录为U。

2007年之前的CIE A-level考试与现行考试相比，主要差异体现在卷3、卷4和卷5，以及选做题卷6，可以归纳为以下三点：（1）变化前后的卷3和卷5考查的均是实验内容，但在题量、考试时间和考试方式上都稍有变化；（2）2007年之前卷4的题量较现行卷4的题量减少约三分之一，考试时间较现行的卷4减少一半；（3）2007年之前的考试包含一份选做题卷6，其中有五个部分可供选择，分别是天体物理和宇宙、流体物理、医学物理、环境物理和电讯，要求考生从中任选两部分作答，每部分的分值均为20分。卷6的考试内容在现行考试中并非全部消失，而是保留了医学物理和电讯等方面的内容，并以必答题的形式出现在卷4中。

在所有CIE A-level物理考试的题型中，结构化试题在我国考试中不太常见。这种题型一般围绕某个核心物理知识内容命制若干小问题，每一问的分值很少，一般在1~3分，并且前后问题之间或者相互独立，或者有相互提示作用。该题型主要考查学生对概念、原理的理解和简单应用。同时，试题的物理思维过程和数学运算一般较为简单。下面列举2010年6月卷4的第4题予以说明。

【例题】（a）解释什么是物体的势能。（2分）

（b）两个相距较远的氢原子核，初始动能均为E_k。氢原子核可以视作直径为3.8×10^{-15}m、质量与电荷集中于球心位置的质点。两原子核从初始位置开始运动，最终相互碰撞并静止。如图9-1所示。

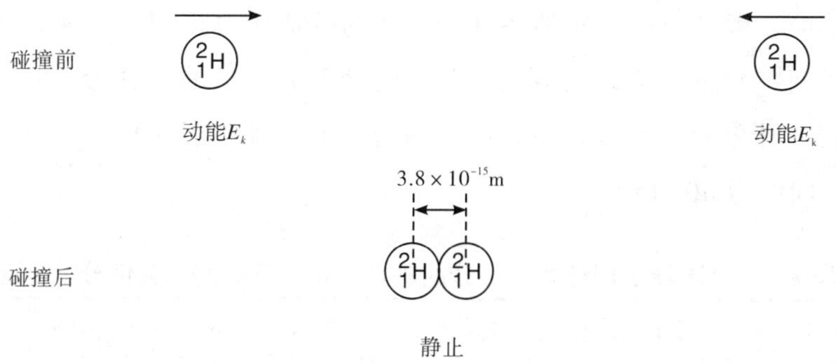

（i）计算两氢原子核碰撞前后，引力势能的变化量；（3 分）电势能的变化量。（3 分）

（ii）应用（i）的计算结果证明氢原子核的初始动能 E_k 为 0.19MeV。（2 分）

（iii）如果氢原子核的初始动能 E_k 比（ii）中的计算值大，两个氢原子核碰撞之后除了可能会反弹，还会有什么效果。（1 分）

上面所举的例题是以碰撞为情境，围绕"势能"这个概念具体考查了学生对引力势能和电势能的理解与计算，在此基础上考查了学生对"能量转化与守恒定律"的理解和应用。该题的（a）（b）两问之间相对独立，且第一问（a）较为简单；第二问（b）中又设计出三个小问题，且前面的问题为后面的问题提供解题信息，难度由易到难。

2. 中国高考理综物理部分的试卷结构。

我国自实行课程改革以来，不同地区的高考可采用不同的高考试卷。除去部分地区自主命题外，较多地区采用全国卷（包括全国卷Ⅰ和全国卷Ⅱ）。另外自 2007 年开始有部分地区采用新课标卷，即原来的宁夏卷。由于全国卷和新课标卷在中国的使用范围较为广泛，因此选用全国卷和新课标卷与英国 A-level 卷进行比较最具代表性。以下分别介绍全国卷和新课标卷的理综物理部分的试卷结构。

（1）全国卷理综物理部分的试卷结构。

以全国卷Ⅰ为例，物理试题以笔试的方式考查，与化学、生物试题同在一份试卷上，称为理科综合考试。全国卷Ⅰ理综物理部分的试卷结构如表 9-2 所示，试题按照题型及考查内容分为选择题、实验题和综合题三部分，考试时间是按照各部分试题的分值所占比例进行换算得到的建议时间，并不是考试的规定时间。物理部分试题的总分为 120 分，理综试卷的总分为 300 分，总作答时间为 150 分钟，因此物理部分的建议作答时间约为 60 分钟。

表9–2 全国卷Ⅰ理综物理部分的题型、题量及时间和分值分配情况

题号	考试形式	试题类型	题量	考试时间 / 分钟	分值
14~21	笔试	选择题	8	24	48
22~23	笔试	实验题	2	9	18
24~26	笔试	综合题	3	27	54

（2）新课标卷理综物理部分的试卷结构。

新课标卷物理试题仍以笔试的方式考查，与全国卷情况相同，其试卷结构如表 9–3 所示。与全国卷最大的不同在于，新课标卷的物理试题包含选做题目，允许学生根据平时所学内容选择适合自己的作答题目。另外，新课标卷物理试题的分值为 110 分，较全国卷物理试题的分值少 10 分。按照试卷的分值比例可以大致算出，物理部分试题的建议作答时间为 55 分钟。

表9–3 新课标卷理综物理部分的题型、题量及时间和分值分配情况

题号	考试形式	试题类型	题量	考试时间 / 分钟	分值
14~21	笔试	选择题	8	24	48
22~23	笔试	实验题	2	7.5	15
24~25	笔试	综合题	2	16	32
选做	笔试	选择题或填空题、综合题	3 选 1	7.5	15

3. 中英大学入学物理考试的试卷结构差异。

由于中英大学入学物理考试在组织形式上存在较大差异，中国的高考物理试题全部呈现于一份试卷并由一次考试完成，英国的 A–level 物理试题分别呈现于五份试卷并由多次考试分阶段完成。然而中国一次物

理考试的成绩与英国多次物理考试的综合成绩在申请大学的效力上是等同的，即中国一份理综试卷上的全部物理试题与英国五份试卷上的全部物理试题都属于大学入学水平的物理试题。

影响试卷结构的因素主要包括题型、题量、考试时间、考试内容及分值等。本文在比较中英大学入学物理考试的试卷结构时，采取将试题的题型和考查的物理内容相结合进行分类比较的方式，即将中英各自整套物理试题主要分为选择题、实验题、综合题三部分。中英大学入学物理考试中各部分试题的对应关系如图 9-1 所示，图中左框区域代表的是中国高考物理试题的三个组成部分，右框区域代表的是英国 A-level 物理试题的三个组成部分。其中，英国 A-level 物理考试的卷 1 为选择题，卷 3 和卷 5 为实验操作和实验笔试题，卷 2 和卷 4 为结构化试题。因此，结合考试题型和考试内容来看，图中的三个部分相互对应。下面分别从题量与考试时间的搭配、主客观试题的分值比例、试题的物理内容情境三个方面对中英大学入学物理考试的试卷结构进行比较。

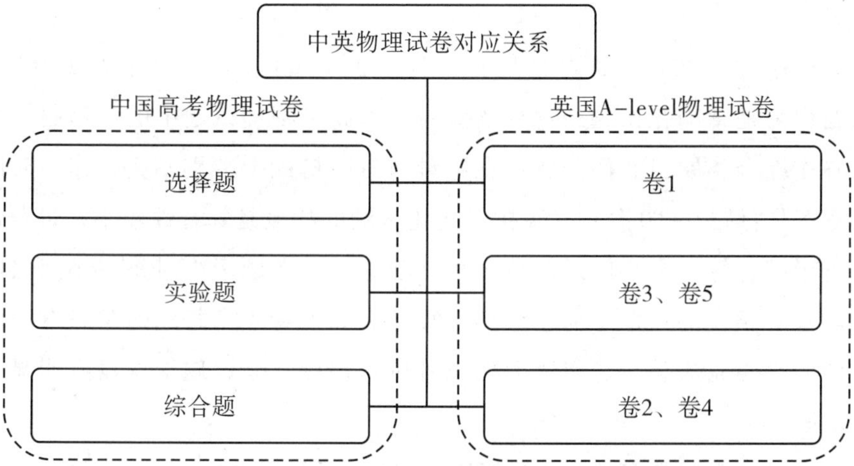

图 9-1　中英大学入学物理考试中各部分试题的对应关系

（1）题量与考试时间的搭配。

首先比较选择题部分，英国 A-level 物理考试的卷 1 为单项选择题，题量为 40 道，每题的题干部分一般较为简短，考生作答时间约为每题 1.5 分钟；全国卷与新课标卷理综物理部分的选择题均为多项选择题，题量为 8 道，建议考生作答时间约为每题 3 分钟。这从侧面反映出英国 A-level

考试中选择题的难度和技巧性相对较小，但知识的覆盖范围可能较大。相比之下，中国高考物理试卷的选择题中每道题的知识容量可能较大，但知识考查的范围可能较窄。

接下来比较实验题部分，英国 A-level 物理试题的卷 3 和卷 5 全部考查实验内容，分别是实验操作题和实验笔试题，题型包括填空、列表、作图、计算、设计实验等。另外，卷 1、卷 2 和卷 4 中也会涉及少量实验方面的知识。我国的全国卷与新课标卷理综物理的实验部分只有两道题目，均以填空的形式考查。由于英国 A-level 物理考试中的卷 3 为实验操作题，中国高考物理试卷中没有相似的题目与之对应，文中主要选取英国 A-level 试卷 5 中的实验笔试题与中国的实验题进行比较。从时间分配上来看，英国 A-level 实验笔试题包含一道实验设计题和一道实验数据处理题，因此每题涉及的工作量较大，考查内容较细致，考生作答时间约为每题 52 分钟；全国卷和新课标卷的实验题，建议考生作答时间约为每题 4 分钟。由此可见，英国的实验题从题型、考查方式到考题数量都要比中国的实验题丰富很多。

最后进行综合题部分的比较，英国 A-level 物理考试中卷 2 和卷 4 的题型都是结构化试题，这种题型与中国高考物理试题中的计算题均可以看作综合类题目。两种题型在题量与时间搭配上差别不大，作答时间基本都是每题 9~10 分钟。英国结构化试题的特点是综合性较小，每题包含若干问，每一个小问之间或者相互独立，或者题干中对每一小问之间的联系有相应的提示；而中国的计算题有如下特点：每题通常只有一问或两问，要完成整个题目需要的思维过程比较复杂，题干中没有明显的提示语。

（2）主观题与客观题的分值比例。

试卷的主、客观题型组合及所占的分值在一定程度上反映了试卷的标准化程度。按照题型的标准化程度由高到低排列：单选选择题 > 不定项选择题 > 填空题 > 简短的结构化试题 > 计算题 > 实验设计题，其中前三种题型属于客观题，后三种题型属于主观题。本文将中英大学入学物理考试中各题型的分值按照客观题和主观题进行分类统计，并对英国五份试卷的原始分值进行权重因素的处理，得出中英大学入学物理试卷中主观题与客观题的分值比例。经分析发现 A-level 物理试卷中的主观题与客观题的分值比例明显高于我国全国卷与新课标卷中主观题与客观题的分值比例，结果如表 9-4 所示。可见，英国 A-level 物理试卷的标准化程度较中国高考物理试卷低。

表9-4　中英大学入学物理试题的标准化程度比较

试题	客观题	主观题	主观题与客观题的分值比例	标准化程度
A-level	选择题	结构化试题、实验题	5.7 ∶ 1	较低
全国卷	选择题、实验题	计算题	0.82 ∶ 1	较高
新课标卷	选择题、实验题	计算题	0.62 ∶ 1	较高

（3）试题的物理内容情境比较。

①物理内容情境的界定。

除题型、题量及考试时间等试卷的表面形式外，试卷所考查的不同物理知识内容分值占整套试卷总分值的比例也是反映试卷结构特点的重要方面。高中阶段的物理学内容主要分为力学、电磁学、热学、光学、原子物理学等，此外物理是一门以实验为基础的自然学科，还会涉及实验内容。由于力学是学习其他物理内容的基础，一些综合性较强的物理试题往往不会单纯考查某一类物理内容，因此在判断一道物理试题考查的主要物理内容时是存在困难的。以“带电粒子在电场或磁场中的偏转”为例，解决该类题目一般会用到运动学知识，即在考查电磁学内容的同时也考查了力学内容。我们简单地将这类试题的主要考查内容归为电磁学或者力学都是不合适的，但可以认为该类题是以电磁学内容为情境的题目，在此情境下同时考查了力学内容。同样，实验部分也很少是单纯考查实验本身的知识，而是结合力学、电磁学等物理内容一同考查。笔者将中英大学入学物理试题的情境按物理内容主要分成以下八类，此外试题中还有个别题目考查单位制和量纲内容，由于所占比例极少，这里暂不讨论。

（a）力学情境：题干描述的是宏观物体静止或低速运动。

（b）电磁学情境：题干描述的是电磁场景，常常涉及微观带电粒子、带电导体。

（c）热学情境：题干描述的是微观粒子的热运动、热现象。

（d）光学情境:题干描述的是光现象,考查几何光学或物理光学规律。

（e）原子物理情境：题干描述的是微观世界的原子、原子核结构等方面内容。

（f）振动与波情境：题干描述的是宏观物体的振动、机械波等方面的内容。

（g）实验情境：题干描述的是某个物理实验或与实验相关的数据分析、处理及实验评价等方面的内容。

（h）应用物理情境：题干描述的是物理学在医学、通信等其他学科领域的应用。

②试题物理内容情境的统计分析。

本章以2002—2010年的全国卷、2007—2010年的新课标卷、2002—2010年的A-level卷为研究对象，分别统计出每套中英物理试卷中相应内容情境的试题分值，其中对英国A-level卷的原始分值考虑了各试卷的权重因素。然后计算出历年来平均每套试卷中各类内容情境的试题分值占试卷总分值的比例，统计结果如图9-2所示。由于2007年前后的英国A-level物理试题的试卷组成有所变化，因此将英国试题按时间分成2002—2006年试题和2007—2010年试题两部分来分析。

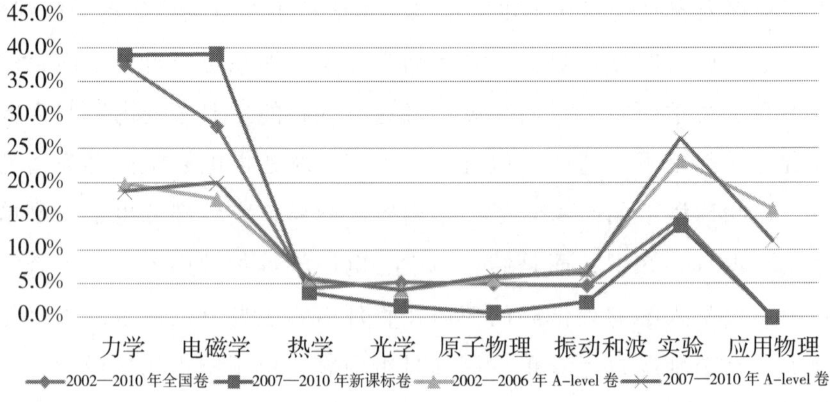

图9-2 平均每套试卷中各类内容情境的试题分值占试卷总分值的比例

由图9-2中的图线可以看出，虽然英国A-level物理考试的试卷组成在2007年发生变化，由原来的六份试卷减少为现在的五份试卷，每份试卷的题量和分值权重也稍有改变，但是从平均每套试卷中各部分内容情境的试题分值占试卷总分值的比例来看，差异相对较小，实验情境试题的分值比例增加约 3.3%，应用物理情境试题的分值比例降低 4.6%。这些差异主要源于试卷组成的调整和改变，现行 A-level 考试的卷 3 和卷 5 中实验题的题量、分值和权重均有所增加，而卷 5 中的应用物理情境试题的题量、分值和权重均有所降低。结合图 9-2 及 A-level 试卷组成上的调整可以看出英国 A-level 物理考试的改革方向。首先，更加重视实验内容，尤其是实验操作方面，为了全面考查考生的力学和电磁学实验技能，卷 3 的实验操作题目由一道题增加为两道题；其次，对应用物理内容的考查由选做题变为必做题，但对考试内容的范围进行了缩减，删除了天体物理和宇宙、流体物理、环境物理等较复杂的内容，保留了医学物理、通信物理等在现代社会和生活中应用较广泛的内容。

比较图 9-2 中的图线可以发现，中国的全国卷和新课标卷中物理试题在各类内容情境的分值比例上虽然有差异，但总体趋势是一致的。两者都以力学和电磁学情境的试题为主，两部分试题的分值占整套试卷总分值的 70% 左右；实验情境的试题分值占试卷总分值的比例为 14% 左右；热学、光学、原子物理、振动和波等内容情境的试题作为补充，各部分试题的分值占试卷总分值的比例几乎均低于 5%；没有应用物理情境的试题。但由于全国卷和新课标卷在卷面设计上存在一些差异，各个题型考查的物理内容情境不同，使得电磁学以及热学、光学、原子物理、振动和波等内容情境的试题在分值比例上存在一定的差异。

从图 9-2 整体来看，中英大学入学物理试卷在内容组成上既有共性，也有差异。共性体现在中英整套试卷中的热学、光学、原子物理及振动和波等四部分内容情境的试题分值占试卷总分值的比例均较少，且分值分配较均衡；差异主要体现在中英物理试卷对各部分物理内容考查的侧重点不同。中国重视对力学、电磁学等基础物理内容的考查，因此这两部分内容情境的试题占了整套试卷约三分之二的分值比例。相比之下，英国 A-level 卷更重视实验内容的考查，实验情境的试题占了整套试卷约四分之一的分值比例，成为八部分内容情境中所占分值比例最高的一部分。英国虽然也重视力学和电磁学内容的考查，但试卷中这两部分内容情境的试题在分值比例上并没有像中国试题那样以明显的优势凸显出来，这给应用物理内容的考查留下了一定的空间。

4. 中英大学入学考试招生方式与物理试卷结构的关系简析。

如前所述，中英大学入学考试方式存在显著差异，英国 A-level 考试为资格认定型考试，中国高考为全国统一选拔性考试。同时，中英高校在招生录取时也有明显不同，英国高校与学生之间的双向选择空间更大。以上差异是由中英两国的高等教育处于不同的发展阶段决定的。

英国在实行普通教育证书考试之前，其高等教育属于传统的精英教育。考生如果希望进入大学学习必须要参加大学入学考试。那时的大学入学考试和普通教育证书考试的区别在于考生必须一次性参加若干科目的考试，而不是根据自己的意愿分别取得若干门单科资格证书。如 1839 年《伦敦大学大学入学考试条例》规定的考试科目有 9 科，旨在考查考生几乎是百科式的知识广度[1]。由于经济发展需要大量应用型人才，传统的精英高等教育模式无法适应人才培养的需求。因此，英国主张高等院校应该满足每一个具备入校资格的学生接受高等教育的要求，并扩大高等教育规模以实现这一目标。发展至今，英国的高等教育已由传统的精英教育过渡为大众教育。英国现行的大学入学考试即资格认定型考试，以及高校招生方式，恰好符合大众化的高等教育理念。

中国自 20 世纪 90 年代开始大力发展高等教育，开发高等教育资源总量，逐渐步入大众化进程。1999 年至 2002 年，高校连年扩招，为更多的人创造了接受高等教育的机会。但是与西方发达国家相比，中国的高等教育供给还远远不能满足人们日益增长的高等教育需求。因此，中国的大学入学考试仍然具有较强的选拔性，高校的招生自主权及学生选择学校的自由度也不像英国那样灵活。

中英大学入学考试性质的差异决定了考试的次数、考试组织形式、考试课程的选择及成绩认定方式等若干方面都存在较大不同。英国 A-level 考试作为学业水平考试，每年举行两次，给学生更多的机会取得进步；同时，每一门课程的考试分阶段进行考核，每一次考查的知识量

[1] 王立科. 英国高等院校招生考试研究 [D]. 厦门：厦门大学，2007.

相对较少，减轻了学生的心理压力和负担，有利于他们更好地发挥；在考试的课程选择上，允许考生依据自己的特点及将来的就业意向选择适合自己的学科；成绩认定时以等级制代替分数制，不对考生进行严格的排名，以便更合理地评价考生的真实水平。以上几个方面均体现了学业水平考试的特征，与我国高考的选拔性特征存在较大差异。

中英考试性质和考试组织形式等方面的差异，又影响了中英大学入学考试的试卷结构。以物理考试为例，从中英各自整套物理试题来看，英国试题的题型综合性小，题量大，所考查物理知识内容的比例比较均衡且范围较广，涉及不少物理学的应用知识，以上均符合资格考试和大众教育的特点。中国试题则恰好相反，题量少而精，每题考查的知识容量大，题型综合性强，所考查的物理知识内容明显侧重力学、电磁学等基础物理内容，考查的知识内容范围相对较窄，但较注重考查学生对知识掌握的深度。

第五节 中英大学入学物理试卷的知识内容总量定量比较

为比较中英两国每套大学入学物理试卷中考查的知识内容总量，本文统计了历年来每套物理试卷中考查的知识内容总量。具体的编码分析统计过程见王琳的硕士论文[1]。经统计发现，2002—2010年以来中英每套大学入学物理试卷中考查的知识内容总量是较为稳定的，只有个别年份的物理试卷考查的知识内容总量与历年试卷的平均水平差异较大，例如2010年我国全国卷Ⅱ中考查的知识内容总量为62个，比历年的平均知识内容数量多出20多个。引起知识内容总量增多的主要原因是该套试卷中的选择题和计算题中每题考查的知识内容数量较多。因此，本文对历年的中英物理试卷考查的知识内容总量进行平均，得到历年来平均每套物理试卷考查的知识内容总量，结果如图9-3所示。

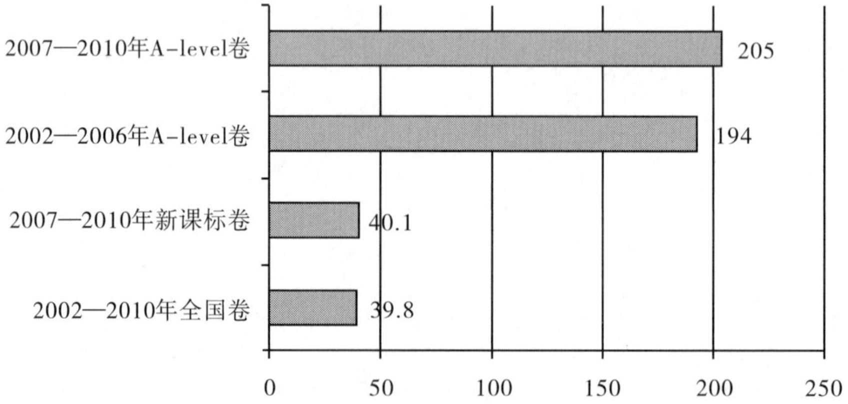

图9-3 中英平均每套物理试卷中考查的知识内容总量

由图9-3可以看出，每套A-level卷中考查的知识内容总量在200个左右，每套全国卷和新课标卷考查的知识内容总量在40个左右，可见中英每套大学入学物理试卷考查的知识内容总量之比约为1∶5。中英物

[1] 王琳. 基于SOLO理论的中英大学入学物理试卷的比较研究［D］. 北京：北京师范大学，2012.

理试卷在知识内容总量上存在如此明显的差异，是由中英大学入学物理考试的组织形式及试卷结构决定的。正如前文所述，英国每套 A-level 卷中包含五份试卷，所有考试分五次完成。中国的全国卷和新课标卷都只有一份试卷，并且这份试卷上包含了物理、化学、生物等三个学科的试题，由一次考试完成。因此，中英大学入学物理试卷在考试时间上存在巨大差异，从而影响了每套试卷中考查的知识内容总量。

2006 年改革之前完成一套完整的 A-level 卷的考试时间为 390 分钟，2007 年改革之后完成一套完整的 A-level 卷的考试时间增加为 465 分钟。而完成一套全国卷和新课标卷中物理部分的建议考试时间分别为 60 分钟和 55 分钟。为了消除时间因素对中英每套大学入学物理试卷考查的知识内容总量的影响，本文将图 9-3 中的数据除以完成整套试卷所需的考试时间，计算出每套试卷中平均每小时需要解决的知识内容数量，如图 9-4 所示。

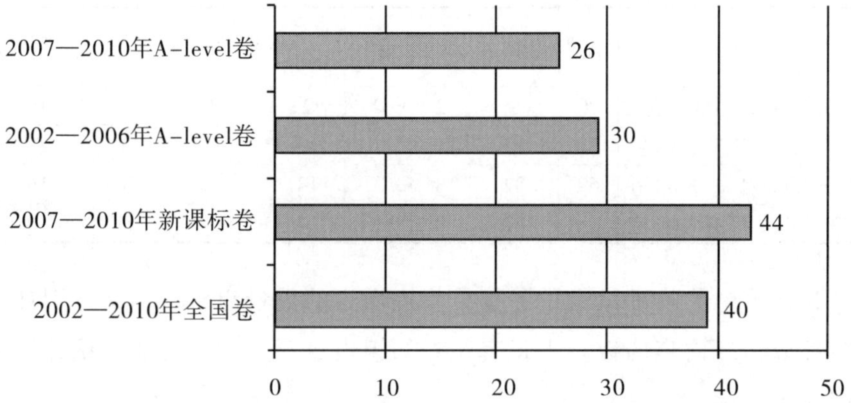

图 9-4　完成整套试卷平均每小时需解决的知识内容数量

由图 9-4 中的数据可以看出，完成每套 A-level 卷平均每小时需解决的知识内容数量约为 30 个，完成每套全国卷或新课标卷平均每小时需解决的知识内容数量约为 40 个。可见，中国高考物理试卷每小时需解决的知识内容数量比英国 A-level 卷多 10 个左右。这说明中国高考物理试卷对学生解决问题速度的要求比英国 A-level 卷的要求高。

第六节　中英大学入学物理试卷的物理内容定量比较

1. 试卷的物理内容的整体情况比较。

按照 SOLO 标准中的物理内容分类，可以将物理内容分为力学、电磁学、热学、光学、原子物理、振动和波、实验、应用物理八个主要部分。文中分别统计了历年的全国卷、新课标卷及 A-level 卷等三种物理试卷中以上八部分知识内容的总数量，并计算出平均每套试卷中各部分物理内容的数量，结果如表 9-5 所示。由该表可以看出，在以上八部分物理内容中，只有光学部分在中英物理试卷中考查的知识内容数量差异不大，其他七个部分的知识内容数量，英国试卷明显比中国试卷考查得多。这主要是由中英考试时间的不同引起的。

表9-5　平均每套试卷中各部分物理内容的数量

	力学	电磁学	热学	光学	原子物理	振动和波	实验	应用物理
2002—2010 年全国卷	20	9	2	2	2	2	2	0
2007—2010 年新课标卷	21	13	1	1	0.3	1	3	0
2002—2006 年 A-level 卷	69	32	8	3	13	13	36	16
2007—2010 年 A-level 卷	68	42	9	3	14	15	41	10

为比较中英物理试卷中各部分物理内容的数量组成，本文分别计算出各部分物理内容的数量占每套试卷知识内容总量的百分比，统计结果如图 9-5 所示。

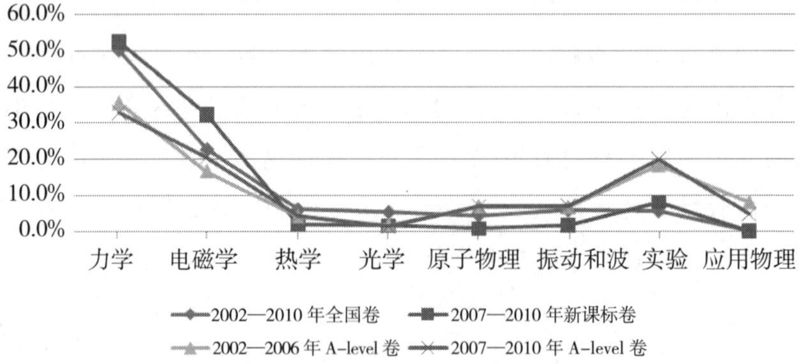

图 9-5　中英大学入学物理试卷整体的物理内容组成比例

由图 9-5 可以看出，中英大学入学物理试卷考查的物理内容比例存在一定的差异，但总体趋势较为相似，其中差异主要体现在以下几方面：首先，中国的全国卷和新课标卷对力学和电磁学这两部分物理内容的考查占绝对优势，两者的知识内容数量占试卷知识内容总量的比例之和达 70%~80%，其中力学部分的知识内容数量占试卷知识内容总量的比例高达 50%。英国 A-level 卷虽然也重视力学和电磁学内容的考查，但在考查的比重上明显较中国低，两者的知识内容数量占试卷知识内容总量的比例之和约为 50%。其次，英国 A-level 卷对实验部分内容的考查比重较中国的全国卷和新课标卷高出 10% 左右。最后，英国 A-level 卷还涉及应用物理内容的考查，即重视物理知识与人类社会、生活的紧密联系，中国的高考物理试卷在这方面上体现得还不太明显。

此外，还可以看出中英试卷考查的物理内容随时间的变化趋势也有差异。中国的新课标卷比全国卷更加重视力学和电磁学等知识内容的考查，两者的知识内容数量占试卷知识内容总量的比例分别增加了 2% 和 10% 左右。另外，新课标卷中热学、光学、原子物理、振动和波等部分的知识内容数量占试卷知识内容总量的比例总和约为 6%，较全国卷减少约 15%。虽然英国的 A-level 卷在 2007 年对试卷结构进行了较大的调整，但整套试卷所考查的各部分物理内容的知识内容数量占试卷知识内容总量的组成比例变化不大。除了力学稍有减少，电磁学稍有增加外，还略微加大了实验的比重，相应降低了应用物理内容的比重。

2. 力学、电磁学和实验部分的内容比较。

由于力学和电磁学两部分内容是中英大学入学物理试卷的主要考查内容，本文将这两部分主要内容按照中国考试说明的分类又进行了细致的划分，其中力学部分包括质点的运动、力、牛顿定律、机械能、受力分析方法、力矩、动量等，电磁学部分包括电场、电路、磁场、电磁感应、交变电流、电磁场和电磁波等。在此分类基础上，笔者统计了各部分力学内容占全部物理内容的数量百分比、各部分电磁学内容占全部物理内容的数量百分比，所得结果分别如图 9-6 和图 9-7 所示。此外，实验部分内容是物理考试的重要组成部分，笔者将实验内容划分为实验仪器、实验技能、误差与数据分析三部分，中英对具体实验知识内容的考查差异较大，各部分实验内容占全部物理内容的数量百分比如图 9-8 所示。

（1）力学知识的内容差异。

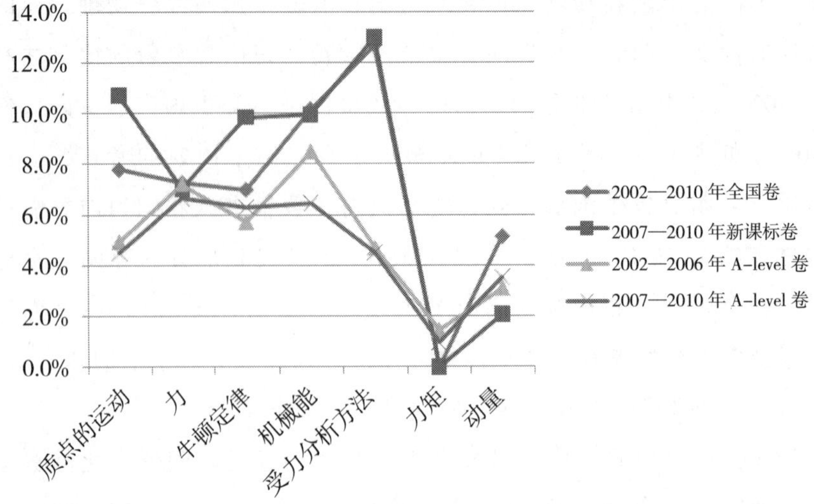

图 9-6 力学知识内容分类比较

由图 9-6 可以看出，中英物理试卷中力学知识内容差距最明显的是“质点的运动”“受力分析方法”这两部分的知识内容。其中，“质点的运动”在中国高考物理试卷中较多考查匀变速运动规律、平抛运动规律及其推论，并且经常结合电磁学等知识内容来考查，题目的综合性较强；英国 A-level 卷对“质点的运动”的考查相对较少，一般只考查最基本的概念和规律。中国高考物理试卷对“受力分析方法”这部分内容的考查有难有易，较难的题目一般会涉及多个物体或者需要依据题目隐含条件判断受力情况；英国 A-level 卷一般考查最简单的单个物体的受力分析，有时还将部分力的示意图作为已知条件在图中给出。

虽然中英物理试卷中“力”这部分知识内容数量占试卷知识内容总量的比例最为接近，但中国和英国常考的知识内容差异较大。从知识的考查范围来看，中国高考物理试卷中一般不考查浮力、液体压强等我国初中阶段所学的知识内容及应力、应变、杨氏模量等我国大学阶段涉及的知识内容，而这些内容在英国 A-level 试卷中每年都有专门的试题来考查。从知识的考查深度来看，中国高考物理对考生关于力的概念的理解有较高的要求，如弹力、摩擦力及两者的关系等。英国 A-level 卷虽然涉及较多有关力的概念，但考查的深度一般只是对概念本身含义的记忆和理解。可见，对于“力”这部分内容，中国的全国卷和新课标卷考查得窄而深，英国的A-level卷考查得广而浅。此外，英国A-level卷中还涉及少量“力矩”相关的知识内容，如“力矩”“力偶”“力偶矩”“力矩平衡原理”等知识。这部分知识内容相对简单，在我国初中阶段已有接触，但初中所学的知识内容范围没有英国内容广泛，一般只围绕杠杆平衡原理来考查，而中国高考物理试卷中则不再涉及这部分知识内容。

（2）电磁学知识的内容差异。

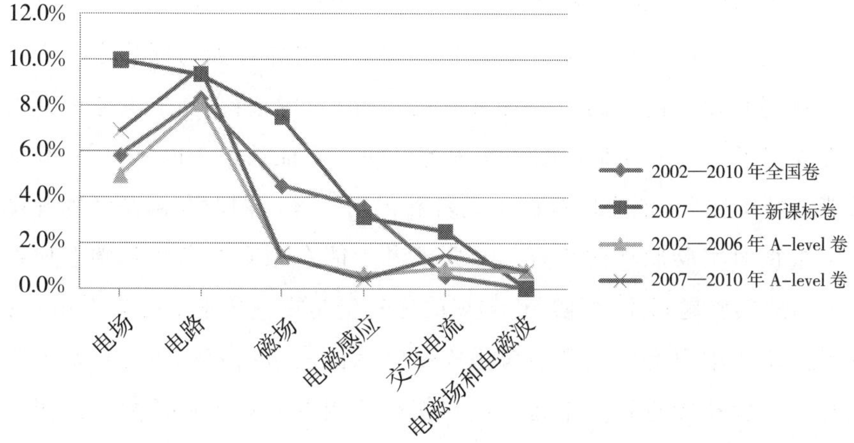

图 9-7　电磁学知识内容分类比较

由图9-7可以看出，中英物理试卷考查的电磁学内容中差异最明显的是“磁场”和“电磁感应”两部分的知识内容。中英大学入学物理试卷对“磁场”内容的考查范围差异不大，常考的内容一般是安培力、洛伦兹力及左手定则等，但中国的全国卷和新课标卷考查磁场内容的频率明显高于英国的A-level卷。同时，中英物理试卷一般都会考查带电粒子在复合场中的运动，但中国的全国卷和新课标卷中的复合场一般比较复杂，往往涉及重力场、电场、磁场等多种场的组合，并且电场和磁场的边界可能不规则或是未知条件，相应的粒子在复合场中的运动也可能涉及多种运动的组合，需要考生做出准确的判断。英国的A-level卷中的复合场一般比较简单，粒子的运动形式也较为单一。对于“电磁感应”这部分知识内容，中国的全国卷和新课标卷所考查的知识范围要明显多于英国的A-level卷。其中A-level卷主要考查法拉第电磁感应定律及其应用，几乎不涉及动生电动势及楞次定律等知识内容，而上述知识在中国的全国卷和新课标卷中则是历年考查的重点内容。

另外,“电路”和“交变电流”这两部分内容虽然在数量上差异较小,但在考查的具体内容上有较明显差异。其中“电路”部分,英国的 A-level 卷考查了基尔霍夫定律、电容的串并联规律等中国大学阶段学习的内容,但对欧姆定律及电功率等内容的考查较为简单;“交变电流”部分,英国的 A-level 卷考查的内容依然较为广泛,涉及整流电路和滤波电路等知识内容,但对理想变压器中的电压、电流及功率关系的考查则相对简单。

(3)实验知识的内容差异。

实验知识内容是中英大学入学物理试卷差异较大的部分之一。中英两国对实验知识内容的考查各具特色,最大的差别在于中国考试大纲中明确规定了考生需要掌握的实验内容,如“验证动量守恒定律”“验证机械能守恒定律”“测定电源的电动势和内阻”等,同时我国高考物理试题非常重视对实验原理的考查,并要求考生能在原有的实验基础上加以变通,因此实验题目中对纯理论知识的考查仍是重中之重;英国 A-level 物理考试说明中没有明确列出考生需要掌握的实验内容,而是对要求掌握的基本实验技能进行了描述,如“能在适当的时候重复读数、按照给出的操作步骤进行操作、分清实验中的自变量和因变量”等。同时 A-level 卷在设计问题时不会局限于考试说明中的内容,而是会告诉考生该做什么和怎么做,重在考查考生的动手能力。

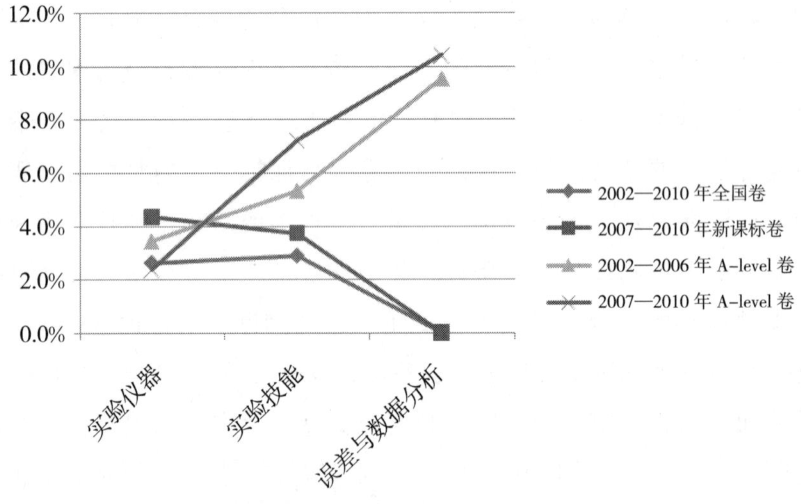

图 9-8 实验知识内容分类比较

由图 9-8 可以看出，中英大学入学物理试卷对实验知识内容的考查差异显著，尤其体现在“误差与数据分析”这部分内容上。英国十分重视考查学生对实验数据的分析和处理能力，每年在卷 3 和卷 5 中都设有固定数量和形式的题目来考查，如数据的有效数字、数据结果的不确定度分析、列表格整理数据、图像法处理数据等。英国对上述内容考查得十分细致，强调各方面的规范性。这部分实验内容虽然不难，但需要花费较多的时间。而中国的物理考试属于理综考试的一部分，考试时间非常有限，所以几乎不涉及这方面知识内容的考查。相比之下，我国初中阶段对“误差与数据分析”的考查较高中阶段更为重视，但从对考生的规范和细致程度的要求上仍不及英国 A-level 考试。

英国对“实验技能”部分的考查依然体现了细致而基础的特点，尤其是卷 3 中实验操作部分的题目将每一个实验细致地划分成若干步骤，在每个实验步骤中考查了学生需要掌握的最基本的实验操作技能。卷 5 中的实验设计题目则全面考查学生的理论知识和实验设计能力，题目中通常给出实验目的和实验规律，要求考生自行设计实验方案来验证实验规律，开放性较强，但同时题目中也提示了考生答题时需要注意的方面，加以约束。中国高考物理由于考试时间有限，没有设置实验操作这一环节，对实验本身基本技能的考查较少，更多的是考查对实验原理部分的理解。

3. 中英试卷的物理内容特点小结。

综上可以看出，中英两国大学入学物理试卷所考查的物理内容的种类基本相似，但在不同物理内容的组成比例上是存在一定差异的。从试卷整体来看，虽然中英都重视对力学和电磁学内容的考查，但英国 A-level 卷考查的知识内容较中国高考物理试卷更加广泛和均衡，这主要体现在英国 A-level 卷对实验知识内容和应用物理内容的考查上比中国高考物理要丰富得多。从中英考查的力学、电磁学等主要知识内容的相对数量来看，虽然这两部分的知识内容数量在英国 A-level 卷中所占的比例为 50% 左右，在中国的全国卷和新课标卷中所占的比例为 70%~80%，但是英国 A-level 卷中所涉及的知识内容范围较大，考查了很多我国初中和大学阶段学习的知识内容。因此，英国 A-level 卷在知识考查的系统性和深刻性方面远远不如中国的全国卷和新课标卷。

在实验内容方面，中国的全国卷和新课标卷非常重视实验原理的考查，而实验原理实质上属于理论知识，因此中国高考物理试卷中的实验题目较少考查实验技能等内容，归根到底是以实验题目的形式考查了学生对基本理论知识的理解；英国 A-level 卷中的实验题目对数据的收集和处理、实验仪器的操作和使用、实验方案的评价和设计等内容的考查较多。虽然这部分内容的难度不大，但对考生的要求规范而细致。

简而言之，中国高考物理试卷对基本理论知识，尤其是力学、电磁学等主要物理内容的考查较为系统和深入，综合性很强；英国 A-level 卷对基本理论知识的考查面面俱到，但综合性较小。中英对实验知识内容的考查差异最大，中国高考物理试卷的实验题中对基本理论知识的考查较多，英国 A-level 卷则倾向于对实验技能和操作能力等方面的考查。

第七节　中英大学入学物理试卷考查的SOLO认知层次定量比较

1. 试卷认知层次的整体情况比较。

为比较中英大学入学物理试卷中考查的知识内容在认知层次上的分布情况，本文统计了2002—2010年的全国卷、新课标卷和A-level卷中分别处于单一、多元、关联和扩展四个认知层次的知识内容总数量，并计算出平均每套试卷中各认知层次的知识内容数量，结果如表9-6所示。由该表可以看出，英国A-level卷中在单一、多元和扩展三个认知层次上考查的知识内容数量都比中国的全国卷和新课标卷多，而在关联结构水平的知识内容数量上却比中国的试卷少。此外，从各认知层次的知识内容数量的变化趋势来看，英国A-level卷中多元结构水平的知识内容数量在增加，关联和扩展结构水平的知识内容数量在减少，而中国的全国卷和新课标卷的变化趋势与英国A-level卷恰好相反。

表9-6　平均每套试卷中各认知层次的知识内容数量

	单一	多元	关联	扩展
2002—2010年全国卷	8.1	29.7	2.0	0.0
2007—2010年新课标卷	9.1	27.2	3.5	0.3
2002—2006年A-level卷	56	134	1.3	3.2
2007—2010年A-level卷	57	146	0.4	1.6

为了比较中英大学入学物理试卷在认知层次上的组成特点，本文分别计算出历年来平均每套试卷中各认知层次的知识内容数量占该试卷知识内容总量的百分比，统计结果如图9-9所示。

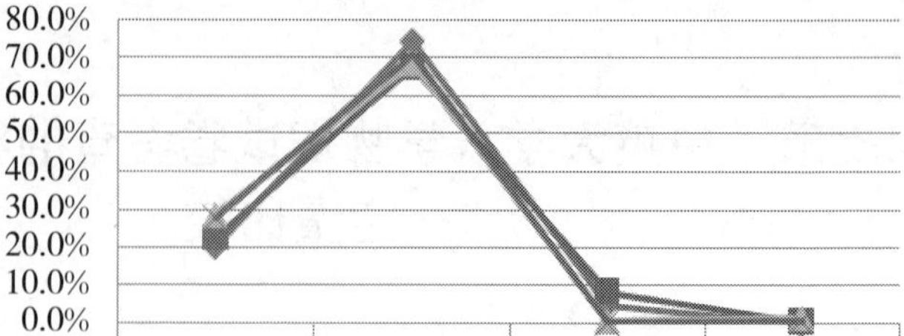

	单一	多元	关联	扩展
2002—2010 年全国卷	20.4%	74.6%	5.0%	0.0%
2007—2010 年新课标卷	22.7%	68.0%	8.7%	0.6%
2002—2006 年 A-level 卷	28.7%	69.0%	0.7%	1.7%
2007—2010 年 A-level 卷	28.0%	71.1%	0.2%	0.8%

图 9-9 中英大学入学物理试卷的整体认知层次比较

由图 9-9 中的数据可以看出，中英大学入学物理试卷在整体认知层次上同中有异。相同点是中英物理试卷中各认知层次的知识内容数量占历年来试卷中知识内容总量的比例较为一致，即处于多元结构水平的知识内容数量占试卷中知识内容总量的比例最高，达 70% 左右；其次是单一结构水平的知识内容，占 20%~30%；处于关联和扩展结构水平的知识内容数量占试卷知识内容总量的比例最低，均低于 10%。不同之处在于全国卷和新课标卷中处于关联结构水平的知识内容数量占试卷知识内容总量的比例略高于 A-level 卷，单一结构水平的知识内容数量占试卷知识内容总量的比例略低于 A-level 卷。可见，全国卷和新课标卷的整体认知层次略高于 A-level 卷。

从试卷的认知层次随时间的发展趋势来看，新课标卷中的关联和扩展结构水平的知识内容数量占试卷知识内容总量的比例较全国卷有所增加，因此中国的高考物理试卷倾向于向更高的认知层次发展，关注考生综合运用物理知识解决问题的能力及评价、创新能力。2007 年改革前后的英国 A-level 卷的认知层次较为稳定，其中关联和扩展结构水平的知识内容数量占试卷知识内容总量的比例有所下降，多元结构水平的知识内容数量占试卷知识内容总量的比例稍有增加，可见英国物理试卷加强了基础物理知识的考查，弱化了对物理知识综合应用的能力考查。

2. 力学、电磁学、实验部分的认知层次比较。

虽然中英大学入学物理试卷的整体认知层次差异很小，但不同物理知识内容的认知层次存在较明显差异。以力学和电磁学为例，这两部分知识内容是中英大学入学物理考试的重点考查内容，除了在知识内容数量占试卷知识内容总量的比例上有所不同之外，力学和电磁学知识内容的认知层次也存在显著不同。笔者统计了力学和电磁学知识内容中分别处于单一、多元、关联和扩展四个认知层次的知识内容数量占各试卷知识内容总量的百分比，如图9-10和图9-11所示。此外，实验知识内容也是中英大学入学物理考试中差异较明显的部分内容，其认知层次的分布情况如图9-12所示。

（1）力学知识内容的认知层次比较。

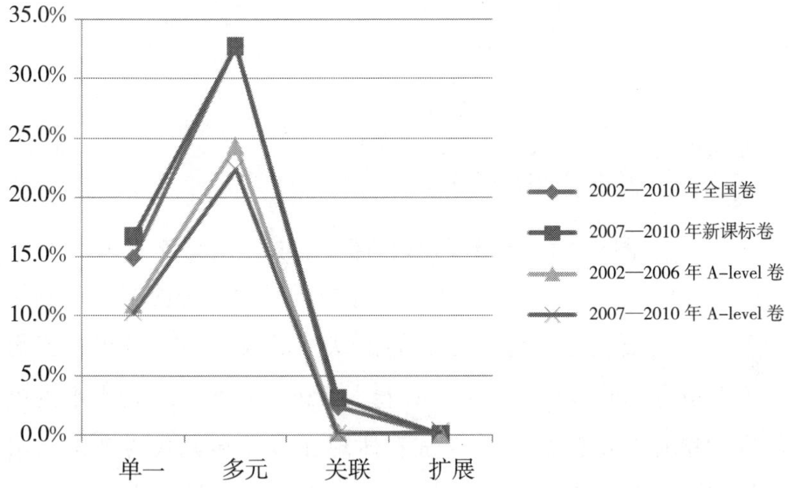

图9-10 力学知识内容的认知层次比较

由图9-10可以看出，中国的全国卷和新课标卷中的力学知识内容的认知层次非常相似，改革前后的英国A-level卷中的力学知识内容的认知层次也几乎没有变化，可见力学知识内容的认知层次趋于稳定。对比中英试卷中力学知识内容的认知层次可以发现，虽然中英物理试卷都以多元结构水平的知识内容为主要考查对象，但是中国高考物理试卷中的力学知识内容的认知层次明显高于英国A-level卷，主要体现在中国物理试卷考查了一定比例的关联结构水平的知识内容。

力学知识内容中处于关联结构水平的知识内容主要有两部分，分别是平抛运动规律的综合应用、万有引力提供向心力的规律应用。其中英国A-level卷主要涉及后者，全国卷和新课标卷则均有涉及。英国对抛体运动的考查多为斜抛运动，但一般是针对概念、受力情况或某个单一方向上的运动规律的考查，综合性较小。中国高考物理试卷常会考查学生结合数学知识及平抛运动规律推导出相应结论并加以应用的能力。

（2）电磁学知识内容的认知层次比较。

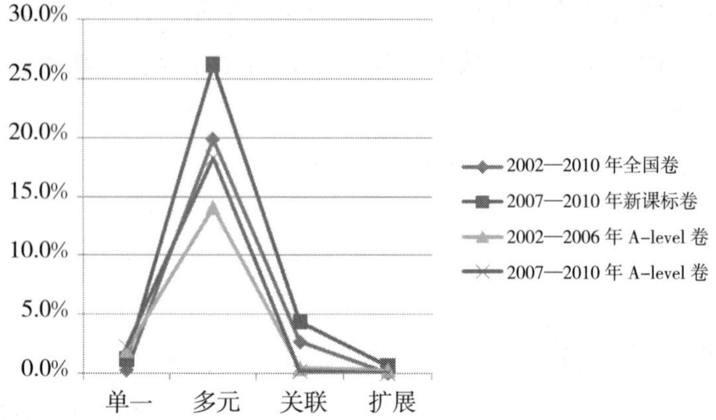

图9-11 电磁学知识内容的认知层次比较

由图9-11可以看出，中英物理试卷中电磁学知识内容的认知层次的差异较明显，主要变化趋势是向更高的认知层次发展，但在中英物理试卷中的体现稍有不同。英国A-level卷主要体现在多元结构水平的电磁学知识内容的增加，中国高考物理试卷体现在多元和关联两个认知层次的电磁学知识内容均有所增加。中国的全国卷和新课标卷中考查的关联结构水平的电磁学知识内容主要是带电粒子在匀强磁场、匀强电场及复合场中的运动规律，这类题目对考生的综合分析能力及数学能力要求较高。

此外与图9-10相比，容易看出电磁学知识内容的认知层次较力学知识内容的认知层次偏高，主要体现在中英物理试卷中考查的单一结构水平的电磁学知识内容非常少。可见，电磁学知识内容更侧重考查考生对物理规律的理解及应用。

（3）实验知识内容的认知层次比较。

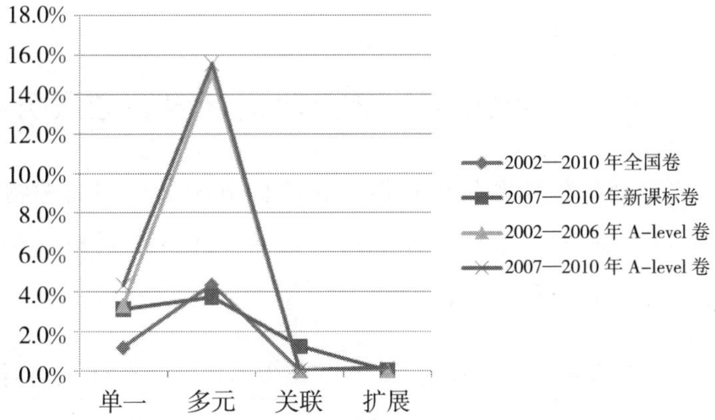

图 9-12　实验知识内容的认知层次比较

实验知识内容是物理试卷中必不可少的一部分，由于中国高考的考试时间有限，对实验知识内容的考查相对英国 A-level 卷要少很多。由图 9-12 可以看出，全国卷与英国 A-level 卷中对实验知识内容考查的认知层次较为相似，都是以多元结构水平为主，单一结构水平为辅；新课标卷则相对重视对单一和关联结构水平的实验知识内容的考查。此外，虽然改革前后英国 A-level 卷中实验部分的调整最大，但是实验知识内容的认知层次变化很小。

3. 中英试卷的认知层次特点小结。

由于中英大学入学物理考试的试卷结构差异很大，使得中英试卷中考查的各认知层次的知识内容数量有很大差别，即英国 A-level 卷中考查的知识内容数量在单一、多元和扩展三个认知层次上的知识内容数量都比中国的全国卷和新课标卷多。但从各认知层次的知识内容数量在试卷中占的比例来看，中英物理试卷的整体认知层次组成差别不大，均呈现以多元和单一结构水平的知识内容考查为主的特点。微小的差别体现在中国物理试卷中考查关联结构水平的知识内容的比例稍高，这主要是因为中国高考物理试卷中对力学和电磁学等知识内容的认知层次要求较高，而英国 A-level 卷中对所有物理知识内容的考查均呈现以多元结构水平为主的特点，对关联结构水平的知识内容的考查极少。

第八节　中英大学入学物理试卷内容效度分析

在规定的分析框架和编码标准下，我们分析了中国高考物理试卷与英国 A-level 物理试卷考查内容上的一致性，计算得到的所选择的研究对象间的平均一致性系数见表 9-7。

表9-7　英国A-level物理试卷与中国高考物理试卷间的一致性系数

	2002—2006 年 A-level	2007—2010 年 A-level
2002—2006 年 A-level	1	
2007—2010 年 A-level	0.745	1
2007—2010 年新课标	0.533	0.518
2002—2010 年全国卷	0.525	0.537

表 9-7 中的平均一致性系数的计算方法和中国高考物理试卷与美国 AP 物理试卷间的一致性相同。显然表 9-7 中的数据说明 A-level 物理试卷间的一致性明显高于中国高考物理试卷与 A-level 物理试卷间的。如果使中国高考物理试卷和英国 A-level 物理试卷互为效标，评定其内容效度，表中的数据显示：英国 A-level 物理试卷与中国高考物理试卷间一致性系数基本在 0.53 左右。

我们统计了 2002—2010 年全国卷、新课标卷和 A-level 卷中每个物理知识内容类别下分别处于单一、多元、关联和扩展四个认知层次的知识内容数量，得到一个二维矩阵。为使得中英不同物理试卷的数据具有可比性，对该矩阵进行了归一化处理，采用二维曲面图表示中英大学入学物理试卷的物理内容和认知层次分布情况，如图 9-13 至图 9-16 所示。图中的横轴是代表不同物理知识内容的符号，纵轴代表四个不同的认知层次。图中不同的颜色区域代表归一化后的相应物理知识内容的知识内容数量占该试卷中全部知识内容总量比例的取值范围。颜色越密集的区域代表峰值越高，即处于该认知层次的物理内容的知识内容数量占该试卷中全部知识内容总量的比例越大。

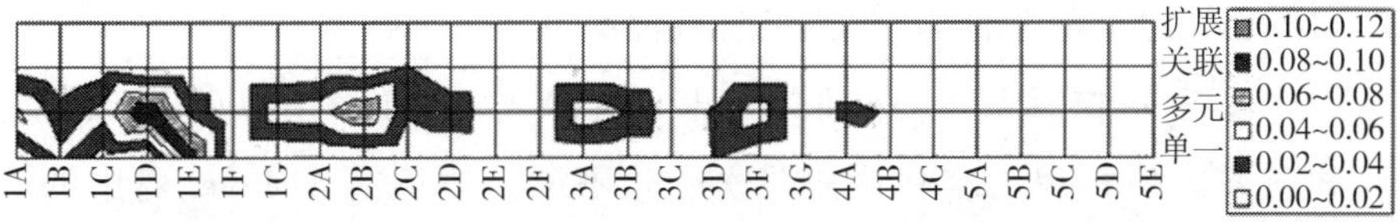

图 9-13　2002—2010 年全国卷的物理内容与认知层次曲面图

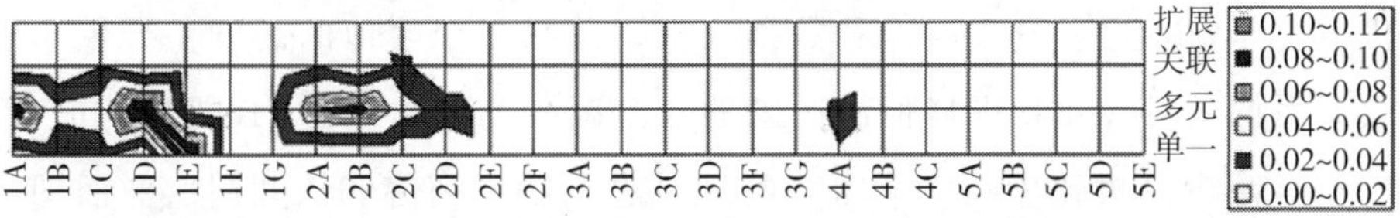

图 9-14　2007—2010 年新课标卷的物理内容与认知层次曲面图

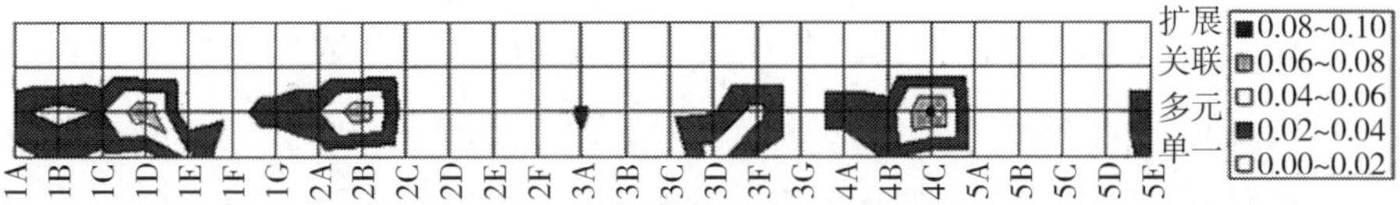

图 9-15　2002—2006 年 A-level 卷的物理内容与认知层次曲面图

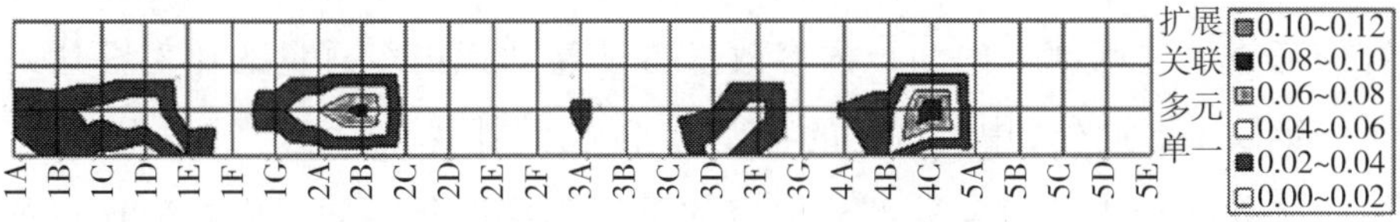

图 9-16　2007—2010 年 A-level 卷的物理内容与认知层次曲面图

观察以上四幅图，若将归一化后各认知层次的知识内容数量占该试卷全部知识内容总量的比例不低于 0.06 的区域作为峰值区，可以看出中国的全国卷和新课标卷整体的物理内容和认知层次较为相似，主要表现为图 9-13 和图 9-14 中的峰值都集中分布在力学和电磁学部分，并且峰值的数量和具体分布点几乎完全一致。其中，有三个峰值均分布在多元结构水平，涉及的物理知识内容分别是 1A 质点的运动、1D 机械能、2B 电路。只有一个峰值分布在单一结构水平，涉及的物理知识内容为 1E 受力分析。差别仅在于新课标卷比全国卷还多了一个峰值区，即多元结构水平的 2A 电场。从所有峰值区的高度来看，全国卷和新课标卷的最高峰值均为多元结构水平的 1D 机械能，只是峰值的高低稍有差异。此外，全国卷与新课标卷整体的物理内容和认知层次还存在一些差异。如图中 1B 力这部分知识内容考查的认知层次不同，全国卷较多在单一结构水平考查，新课标卷较多在多元结构水平考查；全国卷中处于多元结构水平的 3A 热学、3F 振动与波两部分内容也占有一定的比例，但新课标卷中除力学和电磁学之外的其他内容所占比例极少。

比较图 9-15 和图 9-16 可以看出，英国 A-level 卷在 2007 年改革前后试卷整体的物理内容和认知层次变化不大。改革前 A-level 卷中的峰值大致有三个，均出现在多元结构水平，涉及的物理知识内容分别是 1D 机械能、2B 电路、4C 误差和数据分析，并且三个峰值的高度差异较小。改革后的 A-level 卷中峰值由原来的三个减少为两个，对 1D 机械能的考查相对减少。对比中英大学入学物理试卷的物理内容和认知层次曲面图，可以发现英国 A-level 卷对 2C 磁场、2D 电磁感应两部分内容的考查较少，对实验部分内容的考查较多，其中最为重视 4C 误差与数据分析的考查。

通过以上的分析，可以发现中国高考物理试卷与英国 A-level 物理试卷在物理内容上普遍涉及力学、电磁学、热学、光学、原子物理、振动和波及实验等物理学的基本组成部分，且均非常重视力学和电磁学内容的考查，这两部分的知识内容数量占试卷知识内容总量的比例都达到了一半以上。此外，中英试卷的物理内容既有共同特点，又存在一定差异。不同之处在于中英对实验部分内容的重视程度明显不同，主要表现在英国 A-level 卷中实验内容的考查方式、考查数量和具体内容都比中国的全国卷与新课标卷丰富得多。以上特点在试卷的物理内容和认知层次曲面图中能得到更直观的体现。

从试卷考查的认知层次来看，中英物理试卷中考查的知识内容的认知层次在整体上基本一致，表现为多元结构水平的知识内容最多，其次是单一结构水平的知识内容，关联和扩展结构水平的知识内容最少。但具体到力学、电磁学、实验等主要知识内容的认知层次上，中英试卷又存在一定的差异，主要表现在中国的全国卷和新课标卷中力学和电磁学内容的认知层次较 A-level 卷高。该差异从试卷的物理内容和认知层次曲面图上能够明显看出。

中国高考物理试卷与英国 A-level 物理试卷在物理内容和认知水平上两个维度上的共同特征决定了中英物理试卷间的一致性。这些共同的特征也反映出大学入学物理考试的本质和规律，从另一个侧面提供了大学入学物理考试内容效度评定的证据。

第九节　中英大学入学物理考试比较研究概述

本章在比较中英两国考试方式和高校招生方式后，对中英大学入学物理试卷进行了定量的比较研究。文中选取了具有代表性的全国卷、新课标卷与英国的 A-level 卷作为研究对象。首先，对以上三种物理考试的试卷结构进行了比较，通过对题量、题型、考试时间、分值及试题的物理内容情境等方面的分析，得出中英大学入学物理考试在试卷结构上的差异；然后，应用 SOLO 理论建立了中英大学入学物理知识内容的 SOLO 认知层次标准，对中英物理试卷考查的知识内容总量、物理内容及认知层次等方面进行比较。下面将分别从中英大学入学物理考试的试卷结构、试卷考查的知识内容总量、物理内容、认知层次等方面来概括和分析中英大学入学物理试卷的差异和共性。

1. 试卷结构。

中英大学入学物理考试的试卷结构表现出很大差异。英国的 A-level 物理考试包含五份试卷，中国的高考理综物理部分只有一份试卷。因而英国 A-level 卷的题量和考试时间都远大于中国的全国卷和新课标卷。通过比较不同题型的特点发现，英国 A-level 卷中的试题综合性小，每题考查的知识内容少，主观性试题的分值比例较大；中国的全国卷和新课标卷中的试题综合性强，每题考查的知识内容多，客观性试题的分值比例较大。

从试题考查的物理内容情境来看，中英物理试卷中的试题涉及的物理内容情境基本一致，但是各部分物理内容情境的试题在试卷中占的分值比例差异较大。在英国 A-level 卷中，实验内容情境的试题在试卷中所占的分值比例最大；在中国的全国卷和新课标卷中，力学和电磁学内容情境的试题在试卷中所占的分值比例最大。

2. 试卷的知识内容总量。

中英物理试卷考查的知识内容总量差异较大，每套英国物理试卷中考查的知识内容总量几乎是中国物理试卷考查知识内容总量的五倍。但是从每小时需解决的知识内容数量来看，中国高考物理试卷对学生解决问题速度的要求却比英国 A-level 卷更高一些。

试卷的知识内容总量差异显著是由中英物理试卷的考试时间直接决定的，而考试时间的差异受考试组织形式及试卷结构的影响，从根本上取决于中英大学入学考试的性质和功能。英国 A-level 物理考试在性质上更偏向于学业水平考试，同时也承担着为高校选拔人才的功能。中国高考完全属于选拔性考试，其功能就是为高校选拔人才。因此，中英大学入学物理考试在性质和功能上的差异决定了考试组织形式、考试时间必然存在很大不同。英国 A-level 物理考试的时间从原来的 390 分钟增加为现在的 465 分钟，而中国的高考物理考试时间（理综）一直在 60 分钟左右，可见中英大学入学物理考试在考试时间上是完全不对等的。所以中英物理试卷中考查的知识内容总量差异较大也是合理的。

若消除考试时间对试卷知识内容总量的影响，即从单位时间内需要解决的知识内容数量来看，中国高考物理试卷对考生解决问题速度的要求比英国 A-level 物理考试更高一些。这主要是因为中国高考物理的考试时间相对较少，考试题目的综合性较强。例如，中国试卷中的选择题为 8 道不定项选择题，英国试卷中的选择题为 40 道单项选择题，虽然在题量上中国不如英国多，但每题考查的知识内容数量一般比英国多。

3. 试卷的物理内容。

总体来看，中英物理试卷中考查的物理内容基本一致，除了应用物理部分是英国 A-level 卷中的特色考试内容外，其他七个部分如力学、电磁学、热学、光学、原子物理、振动和波、实验都是中英物理试卷的共同考试范围，并且上述各部分的知识内容数量在试卷中的组成比例既有共性，也有差异。共性体现在对力学和电磁学内容的普遍重视，差异主要体现在对实验内容的考查。

中英两国的大学入学物理考试都比较重视力学和电磁学两部分知识内容的考查，这主要是由物理学科本身的知识体系所决定的。力学和电磁学是物理学的两个重要组成部分，其发展历史最为悠久，知识体系最为完善。尤其是牛顿力学体系和麦克斯韦电磁理论的建立，在整个物理学中占有核心地位。因此，中英大学入学物理考试必然重视这两部分基础知识内容的考查。但是中英两国对力学和电磁学知识内容的重视程度有所不同。中国的全国卷和新课标卷中力学和电磁学两部分的知识内容数量占整套试卷知识内容总量的比例高达 70%~80%，这使得试卷给其他知识内容留下的考查空间非常有限。英国 A-level 物理试卷中力学和电磁学两部分的知识内容数量占整套试卷知识内容总量的比例为 50% 左右，这给其他物理知识内容尤其是实验部分内容的考查留下了一定的空间。

实验作为物理学科的一个重要组成部分，也应该是大学入学物理考试必不可少的组成部分，这样可以充分体现物理学科的特点。从实验部分的考试形式来看，中国采用单一的笔试形式，英国采用笔试与操作相结合的形式；从实验部分考查的知识内容数量来看，中国的全国卷和新课标卷实验部分的知识内容数量占整套试卷知识内容总量的百分比均不到 10%，而英国 A-level 物理试卷中实验部分的知识内容数量比例达到 20% 左右；从实验部分考查的具体内容来看，英国 A-level 物理试卷更重视"误差与数据分析"的考查。以上差异是由中英大学入学考试的组织形式决定的，中国高考物理试卷由一次考试完成，考试时间有限。实验操作和误差与数据分析部分内容的考查一般需要较长的时间，因此中国高考物理试卷中一般不直接考查这两部分的实验内容。

4. 试卷的认知层次。

中英物理试卷的认知层次在整体上表现出相似的特征，即试卷中考查的多元结构水平的知识内容数量最多，其次是单一结构水平的知识内容，关联和扩展结构水平的知识内容数量最少。但从力学、电磁学等不同知识内容的认知层次来看，中英物理试卷存在一定的差异，即中国试卷中对关联结构水平的知识内容的考查较英国试卷多一些。

中英物理试卷认知层次的考查情况在整体上所表现出来的相似性，说明了虽然中国的全国卷和新课标卷只有一份试卷，英国 A-level 卷中包含五份试卷，三者在试卷结构和考试的组织形式上存在着明显差异，并且三种试卷中考查的知识内容总量差异也很大，但是试卷的认知层次并没有在上述差异的影响下而呈现显著的不同。可见，作为承担为高校选拔学生功能的中英大学入学考试在认知层次上是非常相似的。中英试卷在力学、电磁学等内容的认知层次上表现出来的差异，说明了中国高考物理试题的综合性较英国 A-level 物理试题的综合性要强，对知识内容的考查较系统。这在中英物理试卷的题型上可以得到反映，例如中国的计算题一般只有一问，但是每道计算题考查的知识内容数量较多。英国的结构化试题一般有若干问，但每道结构化试题考查的知识内容数量较少，经常多问考查同样的知识内容。

综合以上四个方面的比较，可以发现中英大学入学物理试卷的差异主要体现在三点：(1) 试卷结构明显不同，英国 A-level 物理考试包含五份试卷，中国高考理综物理部分只含一份试卷，中英物理试卷在考试时间、题目的综合程度上存在较大差异；(2) 试卷考查的知识内容总量差异显著，英国 A-level 卷考查的知识内容总量几乎是中国高考物理试卷考查知识内容总量的五倍；(3) 实验部分内容的考查差异较大，英国 A-level 卷对实验内容的考查在形式上较中国高考物理试卷丰富，实验情境的试题在试卷中占的分值比例较中国高考物理试卷大，实验考查的知识内容数量在试卷中占的比例也较中国高考物理试卷大。

除以上差异外，通过比较还可以发现中英大学入学物理试卷存在一些共性，主要表现为两点：(1) 中英物理试卷中考查的物理内容在组成上基本一致，都包含了力学、电磁学、实验等基本物理内容；(2) 中英物理试卷中考查的知识内容在认知层次上非常相似，都以多元和单一结构水平知识的考查为主。

中英大学入学物理试卷存在上述差异和共性的主要原因在于，中英大学入学物理考试在功能上既有差异也有共性。英国 A-level 考试除了承担为高校选拔人才的功能，同时还承担着学业水平考试的功能，而中国高考只承担为高校选拔人才的功能。

第十章　总结与展望

教育测量理论中，用于评定考试质量的量化指标有四个:难度、区分度、信度、效度。难度是描述试卷（或试题）对于被试者来说的难易程度；区分度是描述试卷（或试题）对于被试者的区分程度；信度是描述考试提供的稳定的、非模棱两可信息的稳定程度，表征的是考试的可信程度；效度表征的是测评结果与测评目标间的符合程度。在这四个量化指标中，效度是最难以评定的，也是最为重要的。如果测评得到的结果与测评目标不符合，那么无论测评的信度有多高，这个测评也是没有意义的，因为没有效度。效度是任何一个考试必须评定的首要指标。大学入学考试的效度越高，说明选入大学学习的学生越符合大学的要求，也意味着大学培养出优秀人才的概率越高。提高大学入学考试的效度是我国高考改革的重要任务之一。

第一节　总结：试卷与课标间的一致性

高考虽然是为高中生进入大学而设置的选拔性考试，但其对中学教学的影响却是非常重要的。高中课程标准是高中教学的指导性、纲领性文件，是高中毕业生必须达到的最低要求。高考的目标与课程标准的目标间存在差异既是合理的，也是必需的，它们的差别代表着高中毕业生的高水平与低水平之差。高考的目标除了要为大学选拔人才外，还要有利于中学教学，为中学教学服务。所以我们以高中物理课程标准为效标来评定高考物理试卷的内容效度，寻求高考物理试卷的内容对高中物理课程标准的代表程度的证据。

为此，我们首先构建了高中课程课标与大学入学物理试卷的分析框架和编码标准体系，然后从物理内容认知水平两个维度研究了海峡两岸暨香港的大学入学物理考试与其对应课标之间的一致性。

对于我们选定的研究对象，在构建的比较框架和编码标准下，分析大学入学物理试卷和高中物理课程标准间的一致性，得到的一致性系数取值在 0.23~0.75 范围内，均不能达到统计意义上的一致性系数的临界值 0.7446。因此，大学入学物理试卷与高中物理课程标准间的差异还是很大的，而这样差异的存在也是合理的。这个差异代表着高中生的最高水平和最低水平的差别：大学入学物理试卷与高中物理课程标准间的一致性系数越小，表明高水平的高中生和低水平的高中生差别越大；这个一致性系数越大，表明高水平的高中生和低水平的高中生差别越小。

我们的研究发现台湾和大陆大学入学物理考试试卷与其相应课标之间不具有显著意义上的一致性。香港高级程度会考与高级程度之间虽不具有显著意义上的一致性，但已经很接近临界值。

计算得到的一致性系数如下：新课标卷与课标的一致性系数约为 0.42；海南卷与课标的一致性系数约为 0.43；台湾指考物理卷与课纲的一致性系数约为 0.53。但因为临界值为 0.745，所以新课标卷、海南卷、台湾指定科目考试卷及其对应课标不具有显著意义上的一致性。高级程度会考与高级程度的一致性系数约为 0.704，但因为临界值为 0.763，所以香港高级程度会考与香港高级程度之间不具有显著意义上的一致性，但结果已非常接近。

分析引起海峡两岸暨香港的高考物理试卷与其对应的物理课程标准间一致性差别的因素发现，每套物理试卷考查的知识点的数目是一个重要因素。香港每套试卷考查的知识点数平均为 140 个左右，台湾每套试卷平均为 40 个左右，内地每套试卷为 40~50 个。此外，台湾和香港试卷中考查的认知水平比内地试卷更接近课标。所以在一致性上的表现为香港最高，台湾次之，而内地最低。

海峡两岸暨香港的每套物理试卷设置的考查知识点数目差异如此巨大，是由各地的物理考试的形式、考试时间、试卷的结构（题型和数量）及考试竞争的激烈程度决定的。香港物理科目是单科考试，考试总时间为 6 小时，共计 56 道试题；台湾物理也是单科考试，考试时间为 80 分钟，共计 26 道试题；新课标卷是理综考试，考试时间约为 60 分钟，14 道试题；海南物理卷是单科考试，考试时间为 90 分钟，16 道试题。平均来说，解答每道试题所需要的时间内地的试卷是最少的，而台湾试卷是最多的。对于考试的竞争程度来说，内地无疑是最高的；换言之，内地高考的选拔性最强。以上因素也是产生试卷与课标间不一致性的原因。

试卷与课程标准间的比较，从物理内容的分布上看，台湾和大陆的大学入学考试试题与课程标准在内容分布上考查的侧重点不一样，课标要求的知识分布较均衡，而试卷则侧重考查电学、运动与力等主题；台湾和大陆试卷中考查的知识点个数与课程标准有较大差异。香港高级程度会考与香港高级程度在知识分布上接近一致；高级程度会考考查的知识点个数略低于高级程度中要求的知识点个数。

具体来说，内地课标中要求最多的主题是电学，物性学、运动与力、波、能量也相对要求较多；而在试卷当中，新课标卷考查的重点集中在电学主题，其次则是运动与力、能量主题，其他主题则考查较少，2007—2012 年海南卷考查的重点集中在运动与力、电学和能量三个主题。台湾八四课纲与九五暂纲要求的内容集中在波、电学、运动与力三个主题，其次是能量、物性学两个主题，但九五暂纲比八四课纲增加了科学的本质（要求的认知水平是记忆）这个主题；台湾指考物理卷考查最多的内容是运动与力，其次则是电学和波。香港高级程度与香港高级程度会考要求和考查的知识分布最多的均为电学主题，其次是波、运动和力主题，再则即为物性学和能量主题，比例最少的均是热学及其平衡，且均低于总内容的 5%。海峡两岸暨香港相应的课标中要求的知识点个数均为 200 个左右，但大陆和台湾试卷中考查的知识点个数均只有 40 个左右，香港高级程度会考试卷中考查知识点个数为 140 个左右。

试卷与课程标准比较，从认知水平上看，台湾和香港的课标中要求最多的是理解，内地课标中要求最多的是记忆（理解比记忆略低）；在海峡两岸暨香港的试卷当中考查最多的均是理解，其次是应用。台湾和香港在认知水平的一致性上比内地要好。

具体来说，内地课标要求的认知水平集中在记忆和理解水平，在运动与力、能量内容中有部分考查到应用水平。而试卷考查的认知主要是理解和应用水平，分析、记忆水平考查得较少，评价则只在新课标卷中考查少许，海南卷未考查，创造水平更是基本未考查。台湾课纲要求的认知水平集中在记忆和理解水平；台湾指考试卷考查的认知水平集中在理解和应用，且理解多于应用。香港高级程度中要求的理解水平占了 65%，记忆和应用水平占了剩下的各一半；在香港高级程度会考试卷中，占绝大多数比例的也是理解，且和香港高级程度中要求的理解比例近似，其次是应用水平，占了香港高级程度会考当中的 30% 左右，是香港高级程度中要求的约两倍，记忆、分析和评价水平几乎平分了剩下的比例，创造水平只在 2010 年的试卷中考查少许，记忆水平在 2011 年则完全未考查。

第二节　总结：大学入学物理考试比较

为了进一步评估大学入学物理考试的内容效度，我们选择中国高考物理考试、美国 AP 物理考试和英国 A-level 物理考试，对其进行了比较研究。以 SOLO 分类理论为基础，从物理试卷考查的学生输出的学习成果角度，构建了大学入学物理试卷的比较框架和编码标准。在这个比较框架和编码标准下，分析比较了中国的高考物理试卷、美国的 AP 物理试卷及英国的 A-level 物理试卷。采用定性和定量两种方法对我们选择的对象进行了分析比较。

通过比较研究我们首先发现，虽然中国高考物理考试、美国的 AP 物理考试和英国的 A-level 物理考试都是大学入学考试，承担着为大学选拔人才的功能，但是由于三个国家的高中毕业生进入大学的选拔、评价体系不同，因此这三种考试的目标也各不相同。中国的高考物理考试是全国统一考试，可以说高考的成绩是大学入学的主要标准，所以中国高考物理考试用一套试卷来区分所有考生，也就是用一把“尺子”来区分所有考生。

在美国，大学入学考试有多种考试，如 SAT、ACT 和 AP 考试等。这些考试的成绩是大学录取学生的重要依据，但不是唯一的依据。AP 考试是由美国大学理事会主持的大学选修课程考试。由于研究显示，拥有优异 AP 考试成绩的高中生在未来的大学学习中有更加出色的表现和发展，所以美国各大学将 AP 成绩看作衡量学生学习和研究能力以及应付高难度大学课程能力的重要指标。参加 AP 考试科目多、考分高的学生被美国名校录取的可能性很大。总体来看，美国的大学选拔学生是通过多种形式的考试来实现的。可以说美国是采用多把“尺子”来区分高中毕业生的水平、选拔大学入学的人才。AP 物理考试则通过设置 B 和 C 两个难度等级的试卷来区分学生，采用 AP 物理 B、C 力学和 C 电磁学三套试卷区分不同水平的学生，这三套物理试卷的内容难度不同。AP 物理考试用三把“尺子”来测评和区分所有考生。

英国的大学入学考试和美国一样也有多种形式，也是由多种考试来承担大学选拔人才的功能，这些考试成绩是大学录取学生的重要依据。A-level 考试是 CIE 主持的英国规模较大的一种高中资格认证考试。A-level 考试既是高中毕业考试，也是大学入学考试，主要为 14 岁到 19 岁学生提供国内与国际认可的高中资格证书。A-level 证书是英国国内与许多国外大学录取学生主要参考的依据，也是高中毕业生找工作的重要凭证。由于 A-Level 物理考试是一种高中毕业的资格考试，所以 A-level 物理考试考查的内容应包括高中物理的全部内容。为了满足这种需要，英国的 A-level 物理考试包含五份试卷，也就是用五把“尺子”来测量考生，以全面地、科学地评价和区分所有考生。

这三种考试的目标和功能各不相同，也决定了它们的试卷的结构、题型、考查的知识总量和内容各不相同。中国新课标理综卷物理部分考试时长不到一个小时，设置题目数量较少；中国高考试卷试题的综合性较强，新课标卷物理部分选择题每道题目考查的 SOLO 知识点数目几乎都在三个以上，赋分向更有难度的主观题倾斜，考查的知识总量较少。新课标卷考查的 SOLO 知识内容平均仅为 55 个左右。而美国 AP 物理试卷则在较长的时间内设置更多的题目，趋向于考查学生对单个物理 SOLO 知识点的理解，每道选择题几乎考查不到两个知识点，难度较高的主观题也设计为包含多个小问题以便降低难度。AP 物理考查的知识点数目比中国高考要多，例如每份 AP 物理 B 试卷多达 161 个，远高于中国高考的物理试卷。英国 A-level 物理考试的总时间为 460 多分钟，是研究对象中考试时间最长的，试题的数量也最多。试题的综合度不高，倾向于每道试题考查一个 SOLO 知识点，这一点与 AP 物理试卷相似。英国 A-level 物理考试中考查的知识内容总量几乎是中国物理试卷考查知识内容总量的四到五倍，是我们所研究的物理考试中考查知识点最多的。以上这些不同是由这三种物理考试各自的考试目标和功能决定的。

下面来看这三种物理考试在考查内容上的比较结果。总体来看，中国高考物理试卷、美国 AP 物理 B 试卷、英国 A-level 物理试卷中的物理内容基本一致。在我们的定量比较框架和编码标准体系下，定量分析后得到中国高考物理试卷间的一致性系数大多数处于 0.5~0.75，美国 AP 物理试卷间的一致性系数也处于这个区间，英国 A-level 物理试卷间的一致性系数也处于这个区间。中国高考物理试卷与美国 AP 物理 B 试卷的平均一致性系数约为 0.61，与 C 力学卷间的一致性系数约为 0.54，与 C 电磁学间的一致性系数约为 0.31；中国高考物理试卷与英国 A-level 物理试卷间的一致性系数约为 0.53。从具体内容上看，中国高考物理试卷、美国 AP 物理试卷和英国 A-level 物理试卷考查的内容基本上包括力学、电磁学、热学、光学、原子物理、振动和波、实验，其中以力学和电磁学为重点考查内容。其差别重点体现在实验方面，中国高考物理试卷和美国 AP 物理试卷采取纸笔测验方式，而英国 A-level 采用实验操作与笔试相结合的形式。在内容上，中国高考物理试卷以实验仪器和实验技能的考查为主，而美国 AP 物理试卷则以实验技能和数据分析为主，英国 A-level 物理试卷更重视对误差与数据分析的考查。

相对于物理内容，这三种考试的每份物理试卷在认知水平要求程度和各个认知水平的分布情况上，都极其相似。中国高考物理试卷、美国的 AP 物理试卷以及英国的 A-level 物理试卷在每份试卷中都具有这样的特征：对多元结构水平的知识内容的考查数量最多，其次是单一结构水平的知识内容，关联和扩展结构水平的知识内容数量最少。这反映了物理试卷命制过程中在认知水平分布上应遵循的规律。处于单一结构水平的学生输出学习成果的表现是理解物理概念的含义或是只知道物理概念的某一个方面，这是学习物理课程目标的最低要求。处于 SOLO 分类多元结构水平的学生输出其物理学习成果的表现是能够掌握基本定律和物理量的定义式，这些表现正是高中物理课程目标的要求。关联和扩展结构水平则是高中物理课程目标的高水平要求。

在我们的比较框架和编码标准体系下，这三种物理考试的每份物理试卷在物理内容和认知水平两个维度上反映出的相似性从另一个侧面给出了这些物理考试的内容效度的证据。这些物理试卷互为效标，彼此认证了各自的物理考试的内容效度。对于不同基础教育体系和大学入学考试评价和选拔体系，三个特色鲜明、差异非常之大的大学入学物理考试的物理试卷既具有物理内容上的相似性，更具有认知水平分布的相似性，这无疑反映了大学入学物理试卷所具有的规律。同时也给我们提供了一个评估大学入学物理考试内容效度的证据。

第三节 展望：以测评学生素质为目标的高考命题立意

众所周知，高考是中国教育的大事，近几年来，每年有数百万考生踏入高考考场。自1977年恢复高考制度以来，高考便被赋予一种“改变命运”的色彩。对于每一个高中生来说，高考无疑是人生中重要的节点。进入大学学习是很多人生道路中的重要一条，尽管它并不是唯一的出路。高考的确不能百分之百地改变一个人的命运，因为人的命运除了靠自己的能力和努力外，还需要机会和机遇，而后者往往是可遇不可求的。但是，历史的经验和事实一再证明，在学历越来越重要的今天，受教育程度越高，学到的东西越多，就越能在激烈的竞争中占据先机和有利位置。众多权威的学术研究与严谨的调查研究都表明，学历诚然并不一定代表千真万确的真才实学的能力，但毋庸置疑的是，学历越高的人，整体上而言，普遍比学历低的人的能力更强。

有些人会举被誉为“打工皇帝”的香港富商李嘉诚、从大学辍学自主创业的美国微软公司创始人比尔·盖茨、全球著名社交网站Facebook的创办人马克·扎克伯格的例子来说明没有大学学历也能够获取人生的成功。但我们应该知道李嘉诚独一无二的人生经历是无法复制的，比尔·盖茨和马克·扎克伯格都是经由参加美国“高考”而进入世界顶级大学哈佛大学，他们辍学时已经拥有丰富的知识理论储备，受过必要的技能训练，所以辍学并不影响其后的创造性。

毫无疑问，高考是人生的重要起点。对于国家来说，高考是为国家选拔人才的公平的方式。人才质量的好坏决定着国家未来的发展。在今天这个各方面愈加高科技化、管理愈加精细化的时代，世界各国都越来越重视人才的培养。采取全国统一高考形式的国家和地区有很多，例如韩国、日本，中国香港和中国台湾地区。从苏联解体后至2000年，俄罗斯的中学毕业生需参加两次由学校自主命题的考试才能进入大学学习。但2001年起，俄罗斯在部分地区试行统考制度；此后，逐年扩大统考试点地区范围和增加所适用的高校数量，最终于2009年起在全国范围内实行统考。对于没有明确规定全国统考的国家，也有相应的大型的考试作为高校选拔人才的依据。例如美国的SAT、ACT考试，英国的AS、A-level考试。不论是采用国家统一考试的形式，还是多个考试的形式都需要严格地保证考试的质量，以起到能够有利于选拔人才，且有利于基础教育发展的作用。

对于测量而言，测量工具的准确性和精密性无疑是保证测量结果正确、有效的前提。高考试题命制是保证和提高大学入学考试质量的前提，高考试卷命制的质量无疑是高考质量控制中的重中之重。我国历来对高考命题非常重视，梳理和研究我国高考命题的立意变革，对于提升高考命题质量是非常重要的。

在我国多年的高考中，高考命题先后出现了三种命题范式和两次范式转变[1]。从新中国成立初期的立意范式转变到1978年恢复高考以后的知识立意范式，再从知识立意范式转变到1999年以后的能力命题立意范式，主要表现为高考命题以能力立意为原则，各个能力成分目标清晰。“能力立意”的命题理念深入人心，“有利于高校选拔人才，有利于中学教学，有利于素质教育”的高考命题的原则被社会各界广为接受，“总体保持稳定，深化能力立意，积极改革创新”的命题风格也得到了充分的展示。

我们关于大学入学物理考试内容效度评定的研究显示了大学入学物理试卷与对应的高中物理课程标准间的一致性。我国高考物理试卷与高中物理课标间的平均一致性系数仅为0.4左右，这意味着，在物理内容和认知水平两个维度上高考物理试卷与课标间的相似性只有40%左右。这也解释了我国高中教育为什么对课程标准的关注相对于高考要少很多。高考的要求与课程标准的要求相差太大。

我国高中新课程改革从2000年至今已经进行了十多年了。在新课改之初就将培养高中生的素质放到了首位，高中教育的根本任务是提高全民的整体素质，为学生终身发展奠定基础。尽管高中课程标准是以培养学生素质为根本任务，但是高考仍以选拔人才为首要目的，且我们的研究显示两者间存在着巨大的差别。因此我们需要使高考命题的指导思想

[1] 陈昂，单旭峰，任子朝. 我国高考命题的范式和范式转换研究［J］. 中国高教研究，2015（3）：10-14.

和高中课程标准的目标相同，将高考命题的能力立意范式转变为素质立意范式。

高考命题素质立意的指导思想应是以高中课程标准为依据，以促进高中素质教育发展和高校选拔人才为目的；着重考查考生思维的深刻性、灵活性和创造性；科学设计命题内容，增加基础性、综合性；鼓励考生自主思考、独立判断，促进考生养成科学的思维方法和良好的学习态度，使考生的创新意识和实践能力得到提升。

第四节 展望：建立科学、全面的高考物理内容体系

高考是一个系列工程，包括高考的目标、高考内容、高考命题、高考的组织与实施、高考评价等一系列部分。高考的目标决定着高考命题的立意，而高考的内容是高考目标的承载体，是高中教师的关注点，对高中教学有绝对的影响力。高考内容由试卷和试题的呈现形式、考查的内容及其评价细则三部分组成。高考内容，特别是高考试卷的内容是高中教学的指挥棒，可以说高考试卷考什么，中学教学就教什么；高考试卷怎样考，中学教学就怎样教。例如：我国高考物理试卷中设置了考生在 3 道试题中选择 2 道试题作答的要求，这 3 道试题考查的物理内容分别是分子动理论与热力学第一定律、振动与波、原子物理与动量守恒。这三个内容分别对应物理课程标准中的三个选修内容，教科书以三册书的形式呈现。我们的很多高中在物理课程的教学过程中就删减了这三个内容之一，有的学校不讲授分子动理论与热力学第一定律，有的学校不讲授原子物理与动量守恒等。这三个内容不论缺少哪一个都会使得学生的物理知识体系出现缺陷，不利于学生科学素养的培养和终身的发展。

随着我国高考改革的深入，高考命题的范式也应经历新的转变，从高考命题的能力立意范式转变为素质立意范式。伴随着高考命题素质立意范式的要求，高考内容也应做出相应的变化。高考内容在命题的素质立意范式下应做怎样的变革，是我们需要回答的问题。

为了保证高考物理考试内容能够满足高考命题素质立意范式的要求，实现高考物理考试因考生素质的不同而进行选拔、区分高中毕业生的目标，一个科学、完善的高考物理内容评价体系是必不可少的。什么样的高考物理内容才能满足要求呢？他山之石，可以攻玉，英美教育发达国家的关于大学入学考试的成功经验是值得我们借鉴的。

不论是美国还是英国的高中物理教育都没有被贴上应试教育的标签。分析其原因不难发现，英美的大学入学物理考试内容起到了很大的作用。我们关于中国高考物理考试、美国 AP 物理考试和英国 A-level 物理考试

内容的定量比较研究结果显示，在中国的高考物理考试、美国的AP物理考试和英国的A-level物理考试中，用于选拔和区分学生的物理试卷的形式差异很大。中国高考物理试卷每次只有一份，且试卷所考查的知识点数目最少，采用同一把“尺子”区分评价占每年数百万的考生一半数量的理科考生；美国AP物理考试采用三份试卷来区分评价学生。美国AP物理考试不仅仅是大学入学的考试，也是大学选修课程考试。其选拔考生的任务由两种不同水平的试卷来承担。AP物理B试卷考查的内容与我国的高考物理试卷相似，略低于我国高中物理课程要求的水平；而C试卷考查的内容则高于我国高考物理试卷的水平，相当于大学基础物理程课的水平。AP物理考试用三把“尺子”（三份试卷）来选拔和区分考生,测量考生的“尺子”明显要长于我国的高考物理考试。英国的A-level物理考试虽然具有大学入学考试的作用，但其实质是水平证书考试，考试的主要目的是使学生掌握物理学科相关的知识，培养学生物理学科相关的能力、技能和素养。为此，A-level物理考试由五份试卷组成，用五把“尺子”来区分考生。A-level物理考试更多的是评价学生高中物理课程的学业水平,其测量考生的“尺子”在我们研究的三类考试中“最长”。

以上的研究显示，适当地改革我国高考物理试卷的形式，增加用于区分不同水平考生的试卷种类,以增加测评考生物理素养和能力的“尺子”的“长度”是必要的。客观地看,我国高考物理考试用一把“较短的尺子”区分数百万的考生显然是一件非常困难的事。在考生的个性化及个体差异日趋明显的今天，对高考命题者的挑战变得越来越严峻。

中国高考物理考试、美国AP物理考试和英国A-level物理考试内容的定量比较研究结果还显示，中国的高考物理试卷、美国的AP物理试卷和英国的A-level物理试卷在物理内容总体上来说基本相似，SOLO认知水平的分布基本相同。这说明目前我国高考物理考试内容是符合大学入学物理考试规律的，为什么我国高考物理对于高中物理教育的指挥作用这么巨大呢？比较中国的高考物理试卷、美国的AP物理试卷和英国的A-level物理试卷在内容上的差别就不难发现，我国的高考物理试卷通过力学和电磁学的数学计算和综合性试题来选拔和区分考生，而美国的AP物理试卷和英国的A-level物理试卷则通过考查对物理内容的理解、应用和试卷所包含的知识量的数量来区分考生。美国的 AP 物理试卷和英国的 A-level 物理试卷虽然也以力学和电磁学为主要考查内容，但其试题涉及的范围比中国高考物理试卷要广泛很多。例如：在 AP 物理 B 卷中涉及流体力学、逻辑电路、简单机械，A-level 物理试卷中涉及应用物理等内容。AP 物理试卷和 A-level 物理试卷所包含的试题数目远多于我国高考物理试卷，但试题的综合程度低于我国的高考物理试题。我们曾将我国的高考物理试题展示给美国大学讲授基础物理课程的教师，请他们评估一下我国高考物理试题的难度。他们给出的回答是美国的大学生也不会解答中国的高考物理试题。

上面的讨论显示了大学入学物理考试内容对于高中物理教学的影响，由此可见，确定科学、全面的高考物理内容是高考改革的重要内容，也是实现高考物理命题素质立意范式的重要条件。

第五节　展望：建立多元的高考命题质量评价体系

提高和保证高考质量的首要、核心条件是保证高考命题质量。命题质量是高考质量的核心，高考试卷是评价考生能否进入大学学习的测量工具。如果测量工具的质量有问题，那么测量结果就会变得没有意义，就如同用标度不准的尺子测量，其测得的数值既不准确也没有说服力。因此如高考试卷的质量有问题，那么高考的权威性、公信力和公平性等都要受到质疑。

自 1977 年我国恢复高考制度以来，高考试卷的质量一直是社会公众关心的焦点问题，对其质量的质疑也时有出现。对于高考试题提出质疑和争议的文章也时有出现在一些学术期刊上。由此可见，建立高考命题质量的保障体系是非常重要的。

从教育测量学的角度来说，影响高考试题命制质量的因素有两个方面：一个是试题命制技术，另一个是试题质量评价体系。目前我国对于高考试题命制技术比较重视，各省（区、市）的命题部门都很重视试题命制技术，进行了大量研究并取得了一定的成效。相对而言，对于试题质量评价体系的研究却非常不足。目前的评价工作难以对社会的质疑、批评给出有效的回应，也不能够对后续试题的命制提供充分的、可借鉴的信息。

高考试卷命制的质量可分为两部分。一部分是试卷固有的品质特性，如：试题是否与所测的行为目标一致，题干是否叙述清晰，设问是否合理，试卷的总长度是否恰当，赋分是否合理等。另一部分是试卷满足服务对象要求的程度，如：试卷是否充分反映了学生的实际水平，试卷是否满足了高校的选才需要，试卷是否与中学教学内容一致，试卷是否考查了学生的主干知识，试卷的难度是否适当，试卷是否引起了考生过度的焦虑或紧张等。

高考试卷命制服务的对象，按照从直接到间接服务的关系应包含四类：高考考生、高校、中学和社会。具体实现的过程是：通过优质的试卷将不同能力程度的考生区分出来，形成准确的高考成绩；考生根据高考成绩，依据个人兴趣报考各类院校；高校根据需求，参考高考成绩录取考生；中学依据高考成绩，检测自身教学过程；社会依据高考成绩，合理调节人才资源。

依据高考试卷命制服务的对象，可以看到对于高考试卷质量的评价，不同的服务对象有不同的要求和评价侧重点。如高校与中学对于高考命题的需求就不尽相同：高校希望通过高考选拔优秀的人才，而中学则希望通过高考检验自身教学，为教学改进提供依据。所以好的高考试卷的质量应兼顾不同服务对象的需求。

高考效度是评价高考是否实现其目标的量化指标，高考内容效度是评价高考试卷内容的代表性程度的指标，不论是评估高考内容效度还是评估高考试卷质量都需要建立在各种证据的基础之上。比较高考内容效度和高考试卷质量的内涵，我们会发现高考试卷质量的内涵比高考内容效度更为丰富。同样，高考试卷质量的评价也更应建立在各种证据的基础之上。这是由高考的重要性决定的，可以说高考关乎考生、高校、中学的切身利益。在国外，考生质疑试题质量、将考试机构告上法庭也是存在的现象。考试组织部门（我国的各个考试命题部门）必须给出充分的证据，证明所命制的高考试卷是高质量的、有效的、公平的和合理的。

现行的由考试管理部门提供的高考后考试数据及其分析远远不能满足公众对高考试卷命制质量评价的需求，不能够提出充分的证据论证我国目前的高考试卷质量。目前我国对高考试卷质量评价的大多数研究仅进行了试题品质、考后数据分析等命题质量的内部效度评定[1]，例如对高考试卷考评的目标、特性、内容等一些固有品质和依据考后数据对试卷质量的分析（难度、区分度等）。而对高考试卷的外部效度评定则很少，例如高考成绩与考生升入大学后的学业成就和考生在中学学习期间的一致性，考生和教师对高考试卷满意度分析等。

与美国的大学入学考试试题质量评价体系相比，我国缺少专门的研究人员和机构进行全面、客观的研究。在美国大学理事会和美国教育考

［1］陈士俊，陈畅. 高考命题质量评价体系的缺陷及对策分析［J］. 天津师范大学学报（社会科学版），2011（1）：72-75.

试服务中心（ETS）中除了有专门的研究部门，还有一批专业的研究人员负责大学入学考试的效度研究，也有来自其他研究机构或是高校的专家进行相关的研究，同时有相应的研究经费支持。高水平的研究人员是保证高考效度研究科学性和规范性的重要条件之一，而我国正是缺少这样一批专业化的研究人员，使得相关研究的科学性难以得到保障。此外，我国研究的样本量偏小，样本的代表性不够。而在美国，由于得到美国大学理事会及使用大学入学考试成绩高校的各种支持，研究人员进行大学入学考试效度研究能较易获取样本，所以相关的研究所采用的样本量非常大，样本也具有很好的代表性，如美国大学理事会 2008 年 4 月的一份有关 SAT 效度的研究，样本量高达 151316 份，涉及全美 110 所学院和大学[1]，如此大样本量的研究在我国几乎没有。因此，建立专门的高考质量评价的研究机构、培养高水平的研究队伍、开放高考测量数据库是构建高考试卷质量评价体系的重要内容。

高考是选拔性考试，更是教育评价的行为，其根本属性是教育服务。高考的服务对象要求优质的产品。高考是为国家利益服务的，是为全体公民服务的公众产品。高考命题必须树立服务理念，命题者必须考虑服务对象的需求，倾听服务对象的声音。高考试卷质量评价体系应从服务对象的角度审视高考试卷命制的质量。不但要研究评价高考命题质量的内部效度，更要研究评定高考命题质量的外部效度，也就是从高考服务对象的满意度出发，研究高考的命题质量。这就需要从多种评价角度和方面、多个评价角色来评价高考试卷质量，借鉴英美的经验可以看到建立独立的第三方教育测量与评价机构，特别是第三方教育测评研究机构是可以尝试的。

目前，我国的教育测评及其研究主要来自教育行政部门内部（教育部考试中心、教育考试院），这容易使我国的教育测评存在“主体单一”“模式单一”“指标单一”等问题，不利于基础教育课程改革的发展。“考试不改，教育难兴。”要改变这种现状，引入教育测评研究的第三方模式是

[1] MATTERN K D，PATTERSON B F，SHAW E J，et al. Differential validity and prediction of the SAT®. Research Report No. 2008-4 [J]. College Board，2008.

一种很好的、有效的尝试。这种方式具有独立和天然公正的优势，能够满足高考的可靠性、可信性，特别是公信力的要求。教育发达国家，如英、美等国也都采用第三方的模式。因为第三方评价与被评价方无隶属和利益关系，因而能不受干扰地进行评价，可以避免在发现问题、分析原因和做出结论时避重就轻、主观评价；第三方评价的独立性有助于保障评价过程的公开、公正；第三方评价机构拥有专业的评价人才和技术，拥有专业的理论基础和工具，可大大提高评价的科学化水平，有利于增强评价结果的可信度和权威性。

主要参考文献

[1] 美国教育研究会，美国心理学协会，全美教育测量学会 . 教育与心理测试标准 [M] . 燕妮琴，谢小庆，译 . 沈阳：沈阳出版社，2003：12.

[2] 王孝玲 . 教育测量（修订版）[M] . 上海：华东师范大学出版社，2005：64.

[3] MCLNTIRE S A，MILLER L A. 心理测量 [M] . 骆方，孙晓敏，译 . 北京：中国轻工业出版社，2009.

[4] GUILFORD J P.Three faces of intellect. [J] .American Psychologist，1959，14：469-479.

[5] WEBB N L. Alignment of science and mathematics standards and assessments in four states（Research Monograph NO. 18）[J] .Monthly Notices of the Royal Astronomical Society，1999，289（3）：559-569.

[6] 刘学智，马云鹏 . 美国"SEC"一致性分析范式的诠释与启示——基础教育中评价与课程标准一致性的视角 [J] . 比较教育研究，2007，28（5）：64-68.

[7] 安德森，等 . 学习、教学和评估的分类学——布卢姆教育目标分类学修订版（简缩本）[M] . 皮连生，主译 . 上海：华东师范大学出版社，2008：56-80.

[8] 张力 . 台湾教育体制概述 [J] . 资治文摘（管理版），2010（6）：151.

[9] 王全 . 台湾地区高中物理课程纲要对大陆高中物理课程改革的启示 [J] . 中学物理，2009（5）：4-7.

[10] 吴金财 . 香港高中新学制及课程设置与考试评价 [J] . 教育与考试，2010（1）：80-83.

[11] 彼格斯，科利斯 . 学习质量的评价　SOLO 分类理论　可观察的学习成果结构 [M] . 高凌飚，张洪岩，译 . 北京：人民教育出版社 2010.

[12] 冯翠典，高凌飚 . 现状与反思：SOLO 分类法国内应用研究十年 [J] . 教育测量与评价（理论版），2009（11）：4-7.

［13］王宏博 .SOLO 分类理论在物理教学中的应用研究［D］. 北京：北京师范大学，2009：20–31.

［14］郭晨跃 . 利用 SOLO 理论研究高考试题［D］. 北京：北京师范大学，2012：19–33.

［15］陈晓云 . 中外高校招生制度比较与研究［J］. 比较教育研究，2003，24（4）：25–30.

［16］王立科 . 英国高等院校招生考试研究［D］. 厦门：厦门大学，2007.

［17］陈昂，单旭峰，任子朝 . 我国高考命题的范式和范式转换研究［J］. 中国高教研究，2015（3）：10–14.

［18］陈士俊，陈畅 . 高考命题质量评价体系的缺陷及对策分析［J］. 天津师范大学学报（社会科学版），2011（1）：72–75.

［19］MATTERN K D，PATTERSON B F，SHAW E J，et al. Differential validity and prediction of the SAT®.Research Report No. 2008–4［J］.College Board，2008.

附　　录

附录1　中国台湾地区物理考试试卷示例

第一部分：选择题（80分）

一、单选题（60 分）

说明：第 1 题至第 20 题，每题有 5 个选项，其中只有一个是正确或最适当的选项，请画记在答案卡之“选择题答案区”。各题答对者，得 3 分；答错、未作答或画记多于一个选项者，该题以零分计算。

1. 在吉他空腔的圆孔前以管笛吹奏某特定频率的声音，即使不弹奏吉他，吉他也可能会发出声音并看到弦在振动，这主要是下列何种物理现象造成的？

（A）回声　（B）绕射　（C）反射　（D）折射　（E）共鸣

2. 欲使核电厂之核子反应炉内的连锁反应停止，可以注入大量的硼酸，这是因为硼酸很容易吸收下列何者？

（A）热　（B）质子　（C）中子　（D）辐射线　（E）铀原子

3. 已知在某一温度下，同种气体分子的运动速率有大有小。今将同为 5 摩尔及 100℃的氦气及氮气注入同一密闭隔热的真空钢瓶内，钢瓶上装设有一速度选择阀，当此阀门开启时可以使到达该阀门而速率高于 400m/s 的钢瓶内任何种类气体分子单向通过此阀门而脱离钢瓶。待氦气与氮气达到热平衡后开启此速度选择阀一段时间，然后关闭。当存留于钢瓶内的氦气与氮气再次达到热平衡后，则下列关于钢瓶中氦气与氮气的叙述，何者正确？（氦气分子量为 4，氮气分子量为 28）

（A）氦气的温度较氮气高　（B）氮气的温度较氦气高

（C）氮气的分压较氦气高　（D）氦气的分压较氮气高

（E）两种气体的分子数目相等

4. 空间中某区域的电力线分布如图 1，其电场方向如箭头所示，下列叙述何者正确？

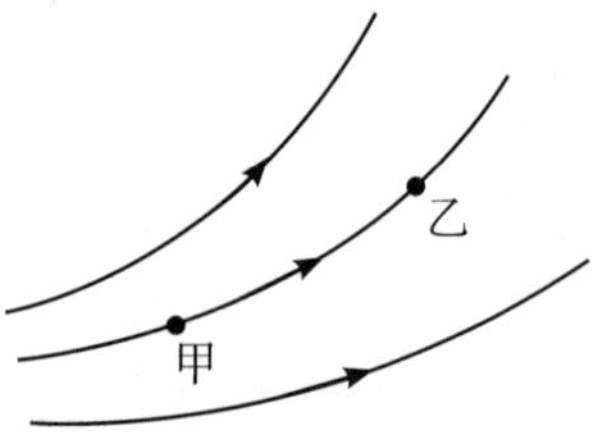

图 1

（A）甲点的电场较乙点强

（B）甲点之电位低于乙点之电位

（C）若甲点没有电荷存在，则可以有两条电力线通过甲点

（D）带电粒子在甲点所受之静电力之方向即为甲点电场之方向

（E）在甲点附近以平行电力线的方向移动带电粒子时，电场所施之静电力不会对该粒子做功

5. 有一质量可忽略的理想弹簧一端固定，另一端系有一质点，在光滑水平面上做一维简谐运动，则在一个周期内，弹性势能 U 随时间 t 的变化图最可能为下列何者？

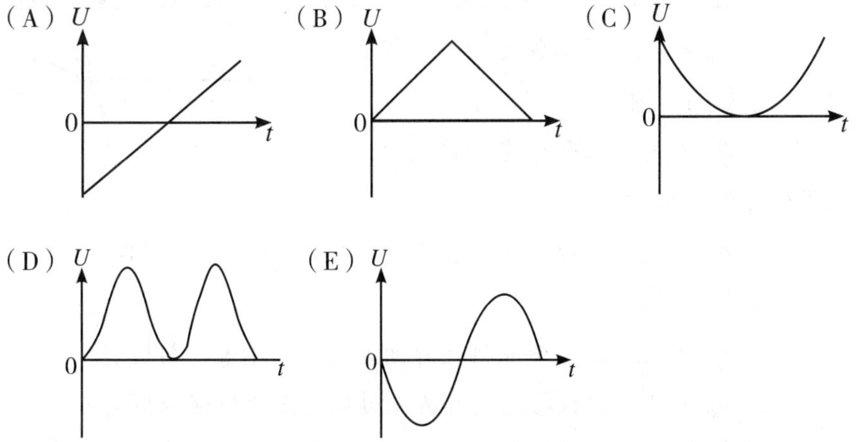

6. 某生以水波槽观察水波的传播，将厚玻璃板平置于水波槽底，形成浅水区与深水区，并以直线起波器产生直线波。以下各图中，v 与 v' 分别为深水区与浅水区的波速，箭头所示为波传播的方向。下列关于连续波前与波传播方向的关系示意图，何者正确？

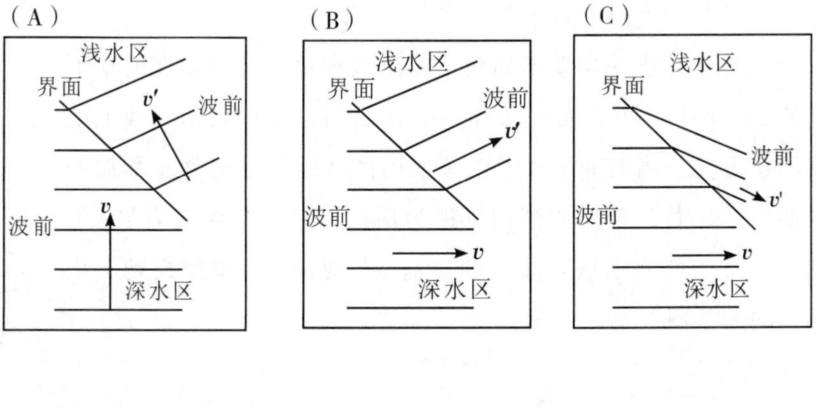

（D）

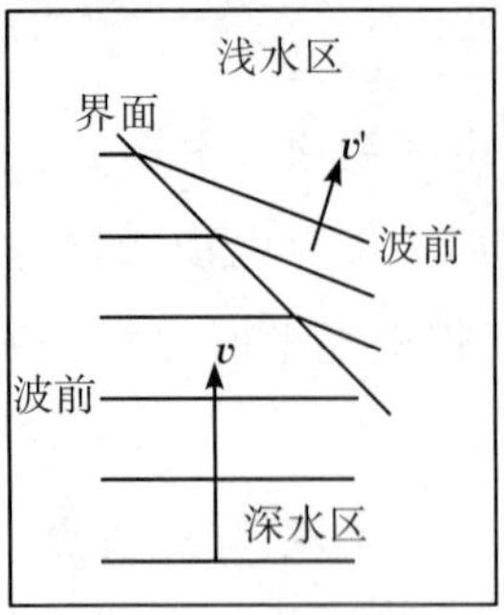

（E）

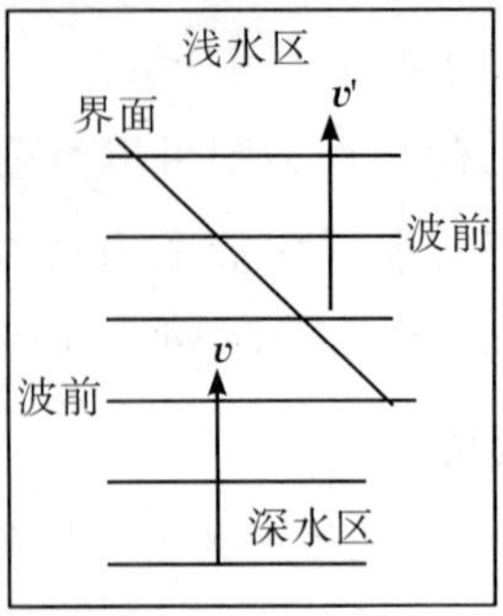

7. 如图 2 所示，空气中一球形水滴，红、蓝两道平行的单色光分别从 P、Q 两点入射，其入射角分别为 θ_P、θ_Q，则下列相关叙述，何者正确？

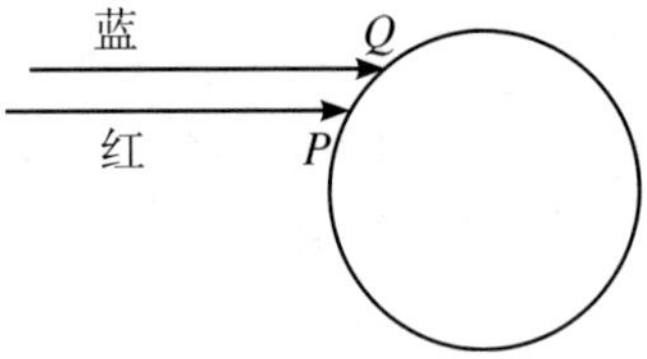

图 2

（A）$\theta_P < \theta_Q$，且两色光均将在界面处同时发生反射与折射

（B）$\theta_P > \theta_Q$，且两色光均将在界面处同时发生反射与折射

（C）$\theta_P < \theta_Q$，且仅红光将在界面处同时发生反射与折射

（D）$\theta_P < \theta_Q$，且仅蓝光将在界面处同时发生反射与折射

（E）$\theta_P > \theta_Q$，且仅红光将在界面处同时发生反射与折射

8. 在波耳（注：大陆译为“玻尔”）的氢原子模型中，假设 E 为电子绕原子核的力学能，K 为电子的动能，L 为电子的角动量，n 为主量子数，h 为普朗克常数，则下列的关系式何者正确？

（A）$E=K$　（B）$E=\ 2\ K$　（C）$E=-\frac{1}{2}K$

（D）$L=(n+1)\frac{h}{2\pi}$　（E）$L=n\frac{h}{2\pi}$

9. 一细长磁铁棒系于棉线下端形成单摆，并于此摆的正下方放置一环形导线，如图 3 所示，箭头所示方向表示导线上电流的正方向。当时间 $t=0$ 时，单摆由图 3 的位置自静止释放而来回摆动，若此单摆的摆动可视为周期运动，其周期为 T，下列何者最可能表示该导线上的电流 i 与时间 t 在单摆摆动一周期内的关系图？

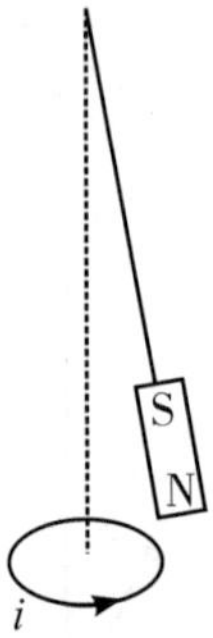

图 3

（A）

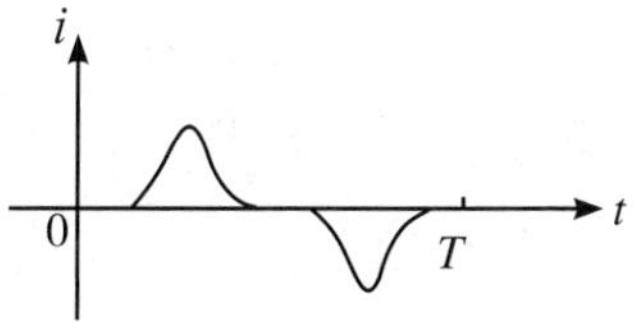

（B）

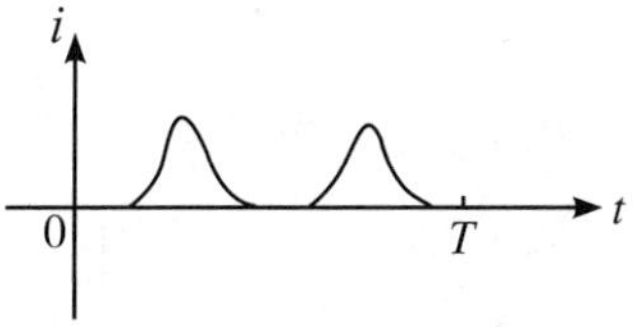

（C）

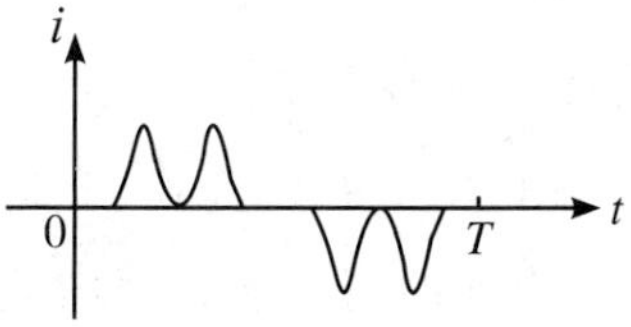

（D）

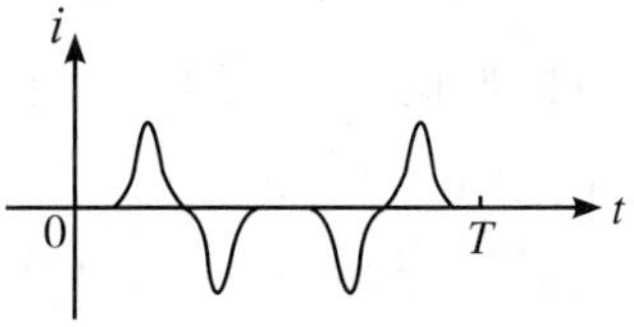

（E）

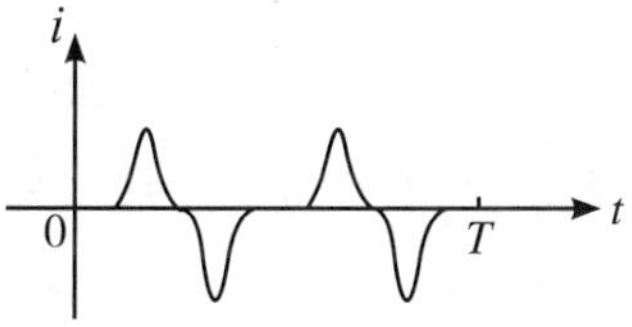

10. 核能电厂遇突发事故时可以关闭反应炉，停止连锁反应，反应后的产物仍具有放射性，也会持续产生余热，因此仍需用水来冷却反应炉。假设某反应炉正常运转的发电功率为 2.1×10^{9}W，停机以后某时段内余热的发热功率为正常运转时发电功率的 4.0%。已知水的比热容为 4.2×10^{3}J/（kg·℃），如果用 20℃的水来吸收此余热，且不能让水沸腾而蒸发，则每秒至少需要多少质量的水？

（A）8.4×10^{1}kg　（B）2.5×10^{2}kg　（C）7.5×10^{2}kg

（D）1.0×10^{3}kg　（E）6.3×10^{4}kg

11. 重量为 8000 牛顿的车子，在水平的道路上以 12m/s 的速率直线前进，如果车子忽然紧急刹车后，滑行了 4.0 秒才停住，取重力加速度为 10m/s^2，则在刹车过程中所产生的总热能最多约为多少？

（A）4.8×10^{3}J　（B）5.8×10^{4}J

（C）1.2×10^{5}J　（D）5.8×10^{5}J

（E）4.8×10^{6}J

12~13 题为题组

质量为 2kg 的物体原先静止于一光滑水平面，t=0s 时因受外力而开始沿一直线运动，测得该物体之加速度 a 与时间 t 的关

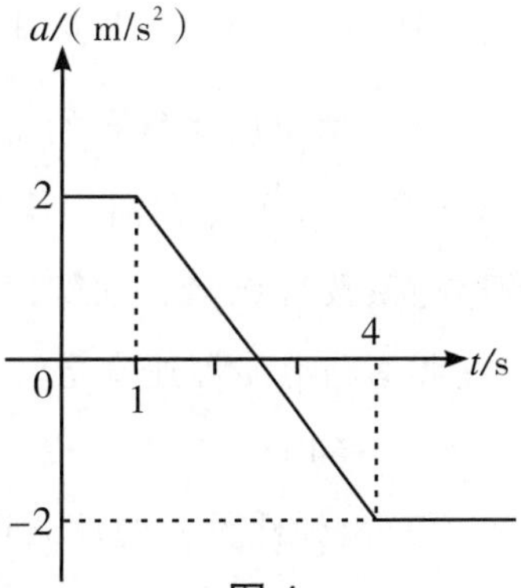

图 4

系如图4。

12. 时间由0至4s之间，该物体所受之冲量为多少？

（A）2N·s （B）4N·s （C）6N·s

（D）8N·s （E）10 N·s

13. 时间由0至4s之间，外力对物体共做多少功？

（A）0 （B）2 J （C）4 J （D） 6 J （E）8 J

14. 一容积为 V 的氧气筒内装有压力为 p 的高压氧，筒内气体的绝对温度 T 与室温相同。设病患在大气压力 p_0 下利用压力差使用此氧气筒。假设筒内的氧气为理想气体，气体常数为 R，且每单位时间流出的氧分子摩尔数固定为 r，过程中氧气筒内外温度皆保持为 T，则此筒氧气可使用的时间为何？

（A）$\dfrac{Vp}{rRT}$（B）$\dfrac{rp_0}{PV}$（C）$\dfrac{VR(p-p_0)}{rT}$（D）$\dfrac{T(p-p_0)}{rRV}$（E）$\dfrac{V(p-p_0)}{rRT}$

15. 有一行星绕某一恒星以正圆轨道运行，轨道半径为恒星半径的1000倍。若该恒星的半径因演化而增加为原来的2倍，而此时行星的正圆轨道半径也因故变为原来的$\frac{1}{2}$，但两者的质量皆保持不变，则下列叙述何者正确？

（A）行星的绕行周期变为原来的$\frac{1}{4}$

（B）行星的绕行周期变为原来的 $2\sqrt{2}$ 倍

（C）恒星的表面重力加速度变为原来的$\frac{1}{4}$

（D）行星所受恒星的重力变为原来的$\frac{1}{4}$

（E）恒星所受行星的重力变为原来的$\frac{1}{2}$

16. 一汽车开在曲率半径为16m的弯曲水平路面上，车胎与路面的静摩擦系数为0.40，动摩擦系数为0.20，取重力加速度为10 m/s^2，则汽车在此道路上能等速安全转弯而不打滑的最大速率约为下列何者？

（A）64 m/s （B）32 m/s （C）16 m/s （D）8.0 m/s （E）5.7 m/s

17. 由弹性物质的性质可知，若将一弹性绳对折，相当于将此弹性绳裁剪成相同长度的二段绳，每段绳在相同的外力作用下，其伸长量为原来的一半。今有原长20厘米的弹性绳，其外力与伸长量的关系如图5所示，将此弹性绳对折，其两端点固定于天花板同一位置，并于对折点铅垂悬吊一物体，然后再缓慢放手，平衡后发现物体下降2.0厘米，则该物体重约为多少牛顿？

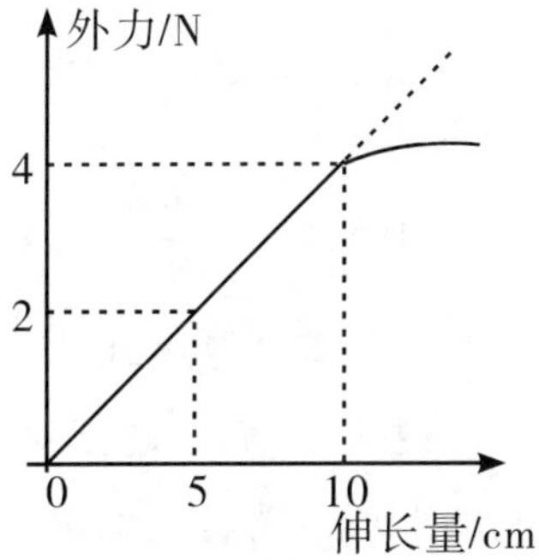

图5

（A）0.8　（B）1.6

（C）3.2　（D）6.4　（E）9.6

18. 某生欲以间距为1.6mm的双狭缝，来测知另一单狭缝的缝宽。当雷射光（激光）垂直入射双狭缝后，在屏幕上测得相邻两暗纹的间距为0.60cm，在所有器材与实验设置不变的情况下，仅将双狭缝更换为单狭缝后，在屏幕上中央亮带的同一侧，测得相邻两暗纹的间距为6.0cm，则单狭缝的缝宽为何？

（A）0.16mm　（B）0.32mm　（C）1.6mm　（D）3.2mm　（E）3.2 cm

19. 在常温常压下，一长度为1.50m、两端固定的弦，所能产生的最低音频为264 Hz。下列有关此弦振动时的叙述，何者正确？

（A）弦振动的基频为132Hz

（B）基频振动的波长为1.50m

（C）音频愈高，则弦波波长也愈长

（D）弦可以产生频率为528Hz的声波

（E）弦以基频振动所产生的声波，在空气中传播的波速为792m/s

20. 有一个边长为L、电阻为R的方形封闭回路自静止自由落下，如图6，经过L的铅垂位移后开始进入一水平方向的均匀磁场B中，磁场方向与回路面垂直，图6中虚线以下为磁场区域。假设g为重力加速度，而且方形回路在开始进入该磁场后而未完全进入磁场区的过程中，做等速铅直运动，则此过程中方形回路上的电流I及其质量m分别为何？

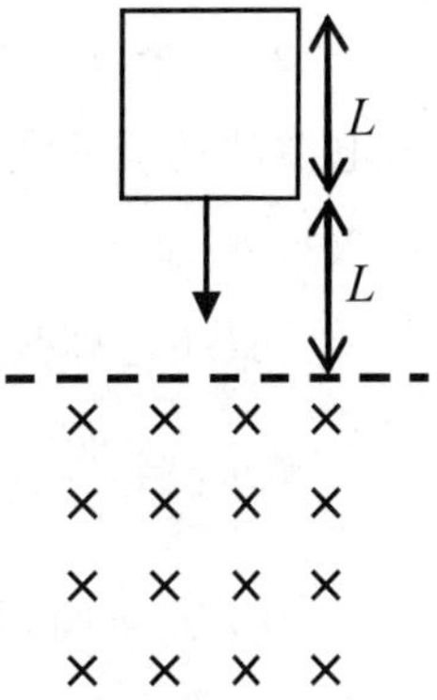

图6

（A）$I=\dfrac{BL\sqrt{2gL}}{R}, m=\dfrac{\sqrt{2L}}{\sqrt{g}R}B^2L^2$

（B）$I=\frac{BL\sqrt{2gL}}{R}$，$m=\frac{\sqrt{Lg}}{R}B^2$　（C）$I=\frac{\sqrt{BgL}}{R}$，$m=\frac{\sqrt{L}}{\sqrt{g}R}BL$

（D）$I=\frac{\sqrt{BgL}}{R}$，$m=\frac{\sqrt{L}}{\sqrt{2g}R}BL$　（E）$I=\frac{\sqrt{BgL}}{R}$，$m=\frac{\sqrt{L}}{\sqrt{g}R}BL^2$

二、多选题（20分）

说明：第21题至第24题，每题有5个选项，其中至少有一个是正确的选项，请将正确选项画记在答案卡之“选择题答案区”。各题之选项独立判定，所有选项均答对者，得5分；答错1个选项者，得3分；答错2个选项者，得1分；答错多于2个选项或所有选项均未作答者，该题以零分计算。

21. 某生用电子做双狭缝干涉实验，在狭缝后的屏幕上有电子侦测器，每次电子在垂直入射双狭缝后，会撞击侦测器显示出一亮点。用许多电子逐一重复上述步骤后，统计屏幕上各处侦测器所显示的亮点数目，可以得到类似光波的干涉条纹。在屏幕上有甲、乙、丙三点，甲点与乙点分别位于两个狭缝的正后方，丙点为甲、乙之中点。下列叙述哪些正确?

（A）使用不同速率的电子重复实验，丙点一定是亮点

（B）使用速率较大的电子重复实验，所形成的干涉条纹较密

（C）使用不同速率的电子重复实验，甲、乙两点一定是亮点

（D）将电子换成中子，且将电子侦测器换成中子侦测器，丙点不会是亮点

（E）电子射出的时间间隔增长为原来的两倍，重复实验，则干涉条纹的间隔将增为两倍

22. 一个电子经过电位差 V 加速之后，撞击金属靶而将动能完全转换为电磁波的光子能量。若此过程能够辐射光子的最短波长为 λ_s，普朗克常数为 h，光速为 c，基本电荷为 e，则下列有关此最短波长光子及入射电子的叙述，哪些正确？

（A）$\lambda_s=\frac{hc}{V}$　（B）光子的动量量值为$\frac{eV}{c}$　（C）光子的能量为 eV

（D）光子的频率为$\frac{hc}{\lambda_s}$　（E）电子的动能为$\frac{1}{2}eV^2$

23. 在一个光滑的水平面上，有两个质量相同、半径均为 r 的光滑弹珠 P 和 Q 发生弹性碰撞。碰撞前弹珠 P 的球心沿直线 L 以等速度 $\vec{v}_0$ 向右移动，Q 则是静止的，Q 的球心到直线 L 的垂直距离是 $1.6r$，如图 7 所示。若令碰撞后弹珠 P 与弹珠 Q 的运动方向与 $\vec{v}_0$ 的夹角分别为 α 与 β，则下列关系式哪些正确？

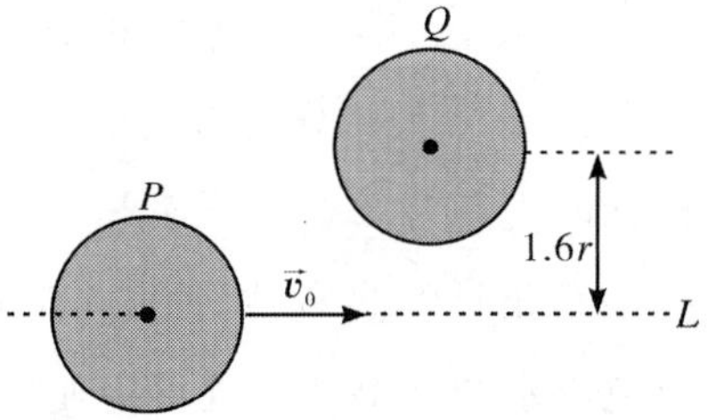

图 7

（A）$\sin\alpha=\frac{3}{5}$ （B）$\sin\alpha=\frac{4}{5}$ （C）$\sin\beta=\frac{3}{5}$ （D）$\sin\beta=\frac{4}{5}$ （E）$\alpha+\beta=60°$

24. 如图 8，电动势为 0.10 V 的电池，连接一安培计 A，两者的内电阻均可忽略。电池的一端连接一长度为 1.0 m 导线的右端，安培计的另一端接上导线的某一点，x 为接点与导线左端的距离，导线由一段钨线（电阻率为 $5.6\times10^{-8}\,\Omega\cdot\text{m}$）和一段铜线（电阻率为 $2.8\times10^{-8}\,\Omega\cdot\text{m}$）串接而成，其截面积相同。由安培计测得的电流 I，所推得的电路总电阻 R 和 x 的关系如图 9。下列选项哪些正确？

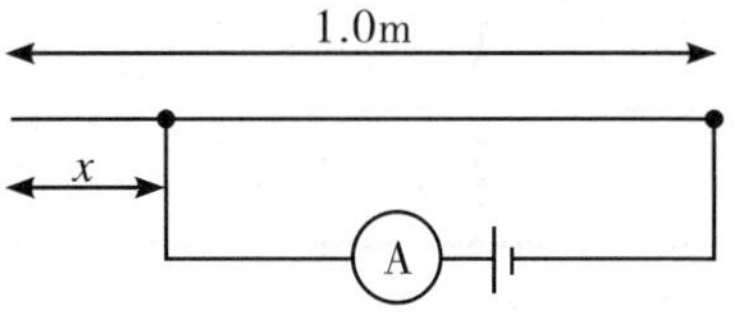

图 8

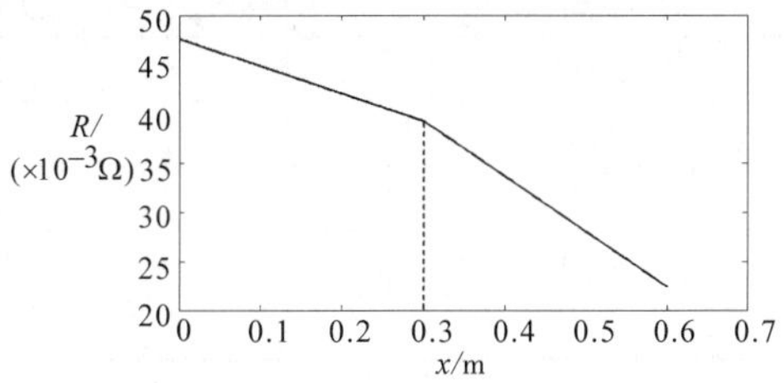

图 9

（A）钨线在左，长度为 0.3 m

（B）铜线在左，长度为 0.3 m

（C）导线的截面积约为 $1.0\times10^{-8}\text{m}^2$

（D）当 x=0.3 m 时，电路的总电阻约为 38 Ω

（E）当 x=0.5 m 时，电池消耗的功率约为 0.36 W

第二部分：非选择题（20分）

说明：本部分共有二大题，答案必须写在“答案卷”上，并于题号栏标明大题号（一、二）与子题号（1、2、……）。作答时不必抄题，但必须写出计算过程或理由，否则将酌予扣分。作答务必使用笔尖较粗之黑色墨水的笔书写，且不得使用铅笔。每一子题配分标于题末。

一、某生为了测得一个凸透镜的未知焦距，进行以下实验：将光源 A、光源屏 B、薄透镜 C、像屏 D 等依序水平排列，如图 10 所示。若该生由 B、C 之间面对光源屏 B，会看到光源屏如图 11 所示，其中黑色的箭头图案即为光源屏的可透光区。每当改变 BC 的距离，则经调整 CD 的距离后，便可在像屏 D 上清楚看到带有箭头的影像。某生针对五个不同的 BC 距离，分别测量对应的 CD 距离，记录于表 1。

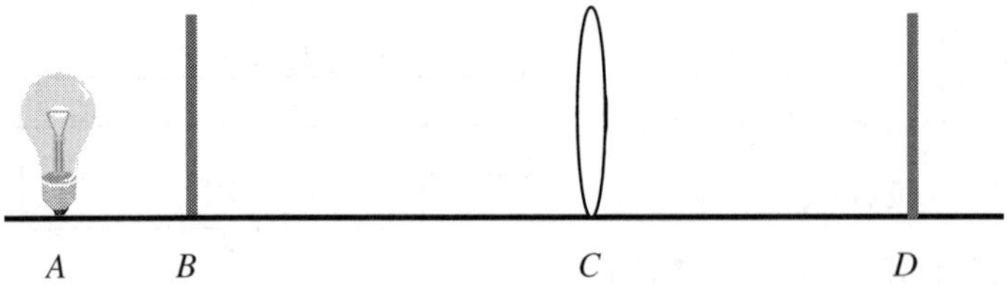

图10

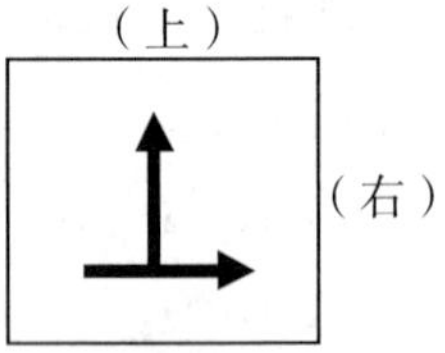

图11

表1

次序	BC 距离 /cm	CD 距离 /cm
1	20.0	20.0
2	25.0	17.0
3	30.0	15.0
4	40.0	13.0
5	50.0	12.5

1. 在表 1 中“次序 1”的实验过程中，若由 C、D 之间面对像屏 D，画出像屏上所看到的透镜成像图案（标出像屏的上及右）。比较该影像与光源屏 B 之图案的尺寸大小，并说明理由。（3 分）

2. 利用薄透镜成像公式，将表 1 的数据做适当的运算或组合后，在答案卷的作图区画出合适的关系图，以明确验证薄透镜成像公式，并说明可以明确验证的理由。（4 分）

3. 若要见到光源屏 B 上箭头图案的虚像，则 BC 的距离大小有何限制？

要如何以实验方式测量出该虚像的像距？请简要说明实验操作步骤。(3分)

二、以一对分别带有等量正、负电荷的平行板作为电子的转向装置，其中带正电的下板挖有相距1.0 cm的两个小缝，侧视图如图12所示。设有一电子以4.55×10^{-19}J的动能及45°的入射角，从一缝进入，由另一缝射出，而且电子的射入与射出方向的夹角为90°。已知电子的质量为9.1×10^{-31}kg，电量为-1.6×10^{-19}C，若重力可以忽略不计，试回答下列问题：

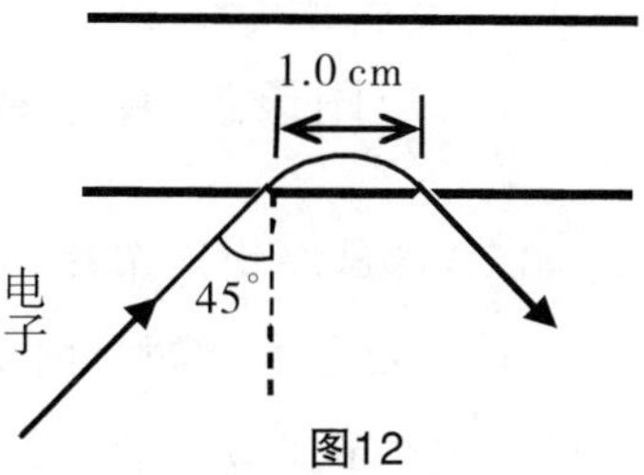

图12

1. 电子的入射速率为何？（3分）

2. 电子在平行板电场中的运动轨迹为何种曲线？为什么？（3分）

3. 平行板间的电场量值约为多少？（4分）

（该试卷已由中文繁体字转换为中文简体字，有改动）

附录2 中国香港高级程度会考物理试题示例

i. 全部试题均须作答。

ii. 必须在本试题簿内所提供的空位上作答，在解答计算题时，须列出所有主要的解题步骤。

iii. 设：在空气中光的速率 $=3\times10^{8}\mathrm{m\cdot s^{-1}}$

重力加速度 $=10\mathrm{m\cdot s^{-2}}$

题号	1	2	3	4
分数	15	15	13	11

1.

a）平直玻璃片上有一层水薄膜，以钠灯照射，使光线法向入射（i=0°），并观察反射光。水薄膜的厚度是 t。已知钠灯光的波长为 590nm，水的折射率为 1.33，而玻璃的折射率为 1.50。

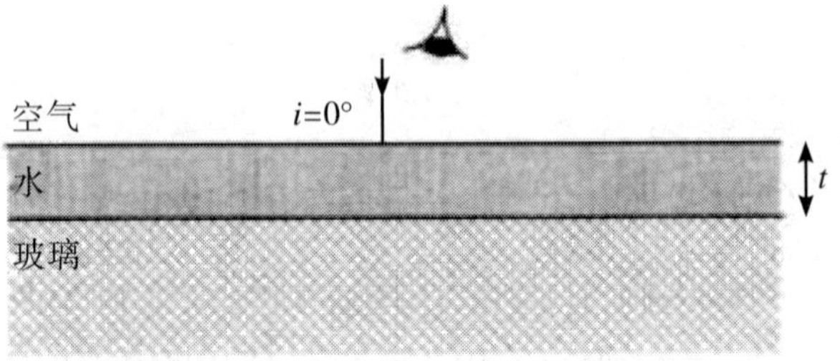

i. 写出在两个界面反射时的相位改变，以 t 表达在两个界面所反射光线之间的相位差。

ii. 要让相消干涉发生，t 的最小值是多少？

iii. 可见光的波长介乎 380nm 和 750nm 之间，对（a）（ii）部的水薄膜，钠灯的光辉产生相消干涉。在法向照射该薄膜时，有没有其他波长的可见光会产生相消干涉？辅以计算说明之。

iv. 写出薄膜反射光相消干涉的一个应用。

b）现将钠灯放于一张处于竖直圆环内的肥皂膜旁，如图 1.1（a）所示，观察到反射光的干涉图样，由于肥皂液向下流动，膜的厚度 t_s 从上至下逐渐增加，如图 1.1（b）所示。假设光线接近法向入射。

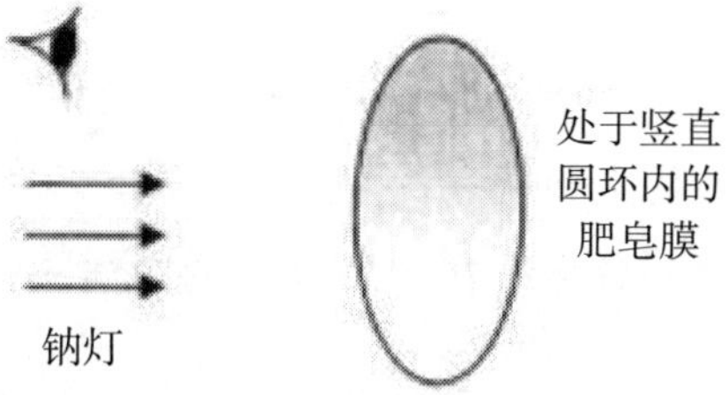

图 1.1（a）

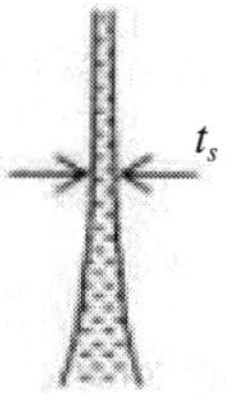

图 1.1（b）

i. 在肥皂膜厚度 t_s 跟（a）（ii）部答案相同的位置，解释在该处所观察到的是相长或相消干涉。假设肥皂溶液的折射率跟水的相同。

ii. 描述在肥皂膜上的干涉图样。

2.

a）图 2.1 所示为氦原子的部分能级。

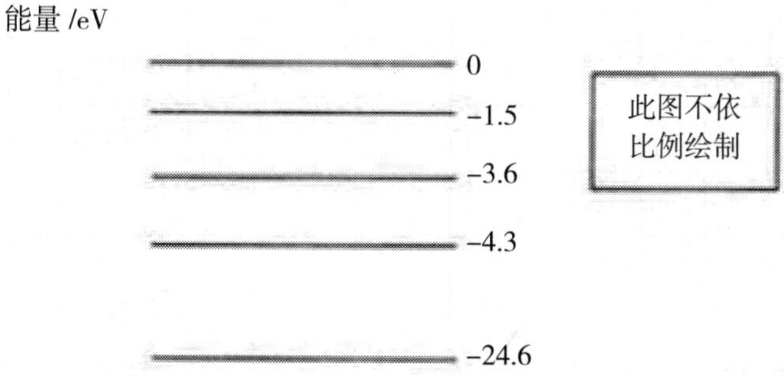

图 2.1

在图 2.1 中标出可能会发生波长 587.6nm 黄色谱线的电子跃迁。写出你的步骤。

b）两名学生透过检测氦放电管的发射谱以找出一衍射光谱每毫米的线数。放电管中段的狭窄管身可当作线源。实验装置的草图显示两把米尺 *A* 和 *B* 在实验台上成 L 形放置。

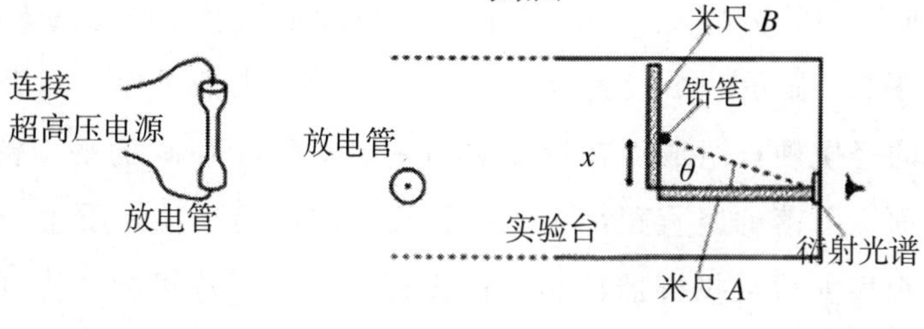

图 2.2

i. 放电管的位置以⊙标示。描述放电管和相对光栅和台面正确的设置方向。

ii. 第一级和第二级光谱皆可见。学生决定量度第二级光谱的位置以求衍射角 θ。指出他们所做决定的优点和缺点各一个。

iii. 该两名学生量度第二级光谱各谱线在米尺 B 上的距离 x，并计算相应的衍射角 θ。

Ⅰ. 描述量度 x 读数的步骤。

Ⅱ. 每一谱线的相应波长以及所得结果列表如下：

x/m	0.280	0.295	0.316	0.377	0.437
λ/nm	447.1	471.3	501.6	587.6	667.8
θ					
$\sin\theta$					

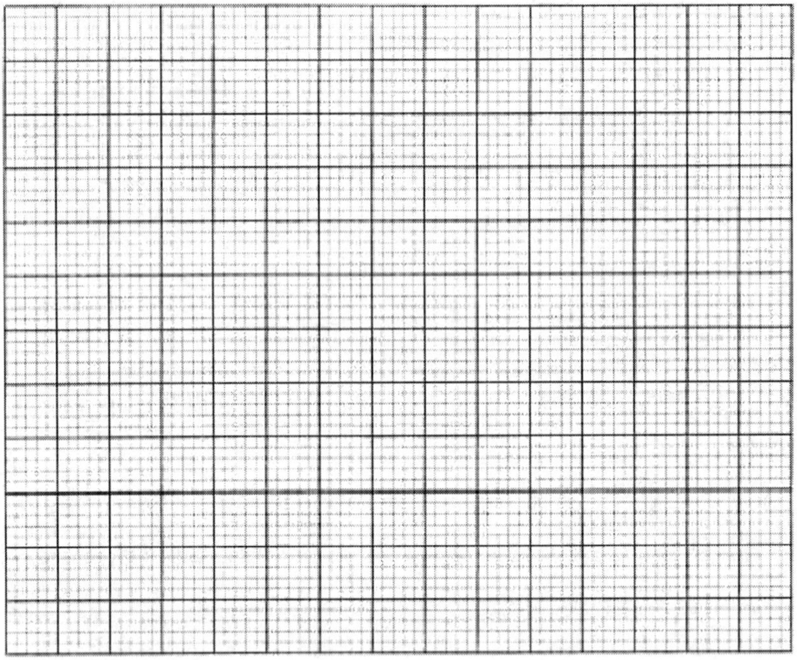

完成上表并标绘 λ 对 $\sin\theta$ 的图线。据此求衍射光栅每毫米的线数。

3. 图 3.1 显示一个投掷器，由一个质量较大的基座，以及一个可绕其转动的轻质硬杆组成。在投掷器的一端，质量为 M 的平衡锤从静止下坠至地面，下落的竖直距离为 H。在投掷器的另一端，质量为 m 的球上升竖直距离 h 后从投掷器抛出。假设球和平衡锤均可视作点质量，而空气阻力可略。

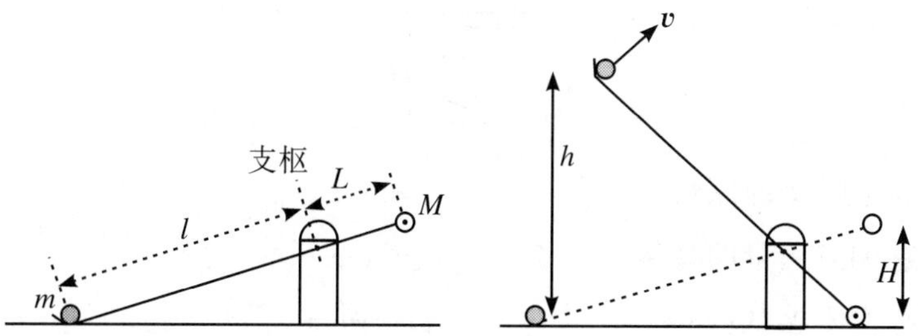

图 3.1

a）

i. 以图 3.1 所示的 H、L 和 l 表示 h，并证明球飞离投掷器时的投射速率 v。指出在推导中所做的一项假设。

ii. 已知 l=1.0m，H=L=0.2m，M=2.0kg。若球的投射速率 v 为 8.0m/s，求它的质量 m。

b）利用该投掷器射击一个半径 0.2m 的竖直圆形靶子。靶心离地面高 2.0m，在靶子水平距离 5.0m 处把球投出，如图 3.2 所示。球的投射速率 v=8.0m/s，并跟水平成夹角 θ=33.6°。

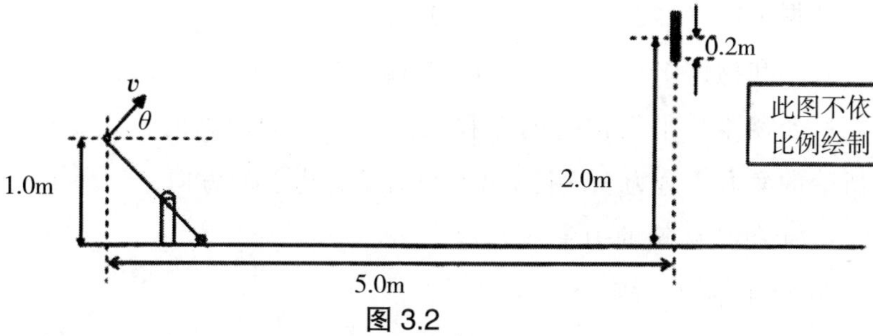

图 3.2

i. 球能否击中靶子？写出你的步骤。

ii. 在不改动投掷器结构的情况下，提议两个不同的方法以减低球的投射速率。

4. 以下（a）和（b）部分描述两名学生小明和志华各自所建议量度两物体质量的方法。

a）小明装置一个弹簧秤，用以量度物体 X 的质量。步骤 1：将一轻弹簧悬挂在坚固的支撑点下，量度弹簧的原长 l_0。步骤 2：将 1kg 的质量悬挂在弹簧的下端，量度弹簧的长度 l_s。步骤 3：将物体 X 代替该 1kg 的质量，量度弹簧的长度 l_X。

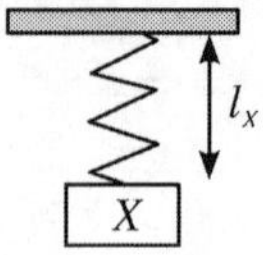

数据：弹簧的原长　　　　　　　l_0=5cm

挂有1kg质量的弹簧　　　　　　l_s=7cm

挂有物体X的弹簧　　　　　　　l_X=10cm

求弹簧的力常数，由此求物体X的质量。

b）志华装置一个振荡器，用以量度物体Y的质量。步骤1：在一光滑的水平面上，将质量1kg的容器以两条水平轻弹簧连接到两边墙上，如图所示。每条弹簧的力常数皆为k，而它们的初始伸长皆为e。

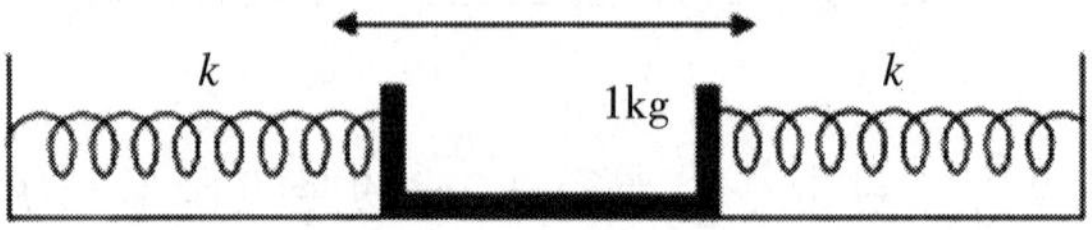

步骤2：将该空置容器振荡，量度振荡周期T_0。

步骤3：将物体Y夹紧在该容器内，量度振荡周期T_Y。

数据：空置容器　　　　　T_0=1.1s

容器和物体Y　　　　　　T_Y=2.1s

i. 当容器从平衡位置向左移x（$x < e$）的距离时，以k和x表达容器所受的净力（合力），并写出该净力（合力）的方向。

ii. 求每条弹簧的力常数k。

iii. 求物体Y的质量。

c）要在环绕地球运行的太空船上量度一物体的质量，以上哪个方法不适用？简略地说明。

附录3 美国AP物理试卷示例

AP物理B卷客观题

说明：本卷共 70 题，满分 80 分，时长 90min。所有问题中可近似 $g=10\text{m/s}^2$。

1. 一个人将小球竖直上抛，等小球落下后在原高度接住。假设空气阻力忽略不计，以下哪个选项正确表明小球上升和下降过程中位移 y 随时间 t 变化的图像？

（A）
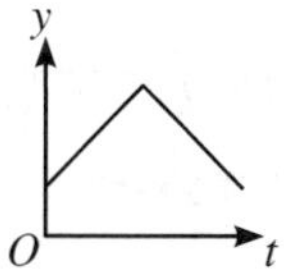

（B）
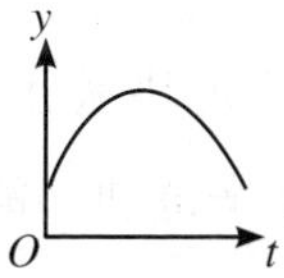

（C）
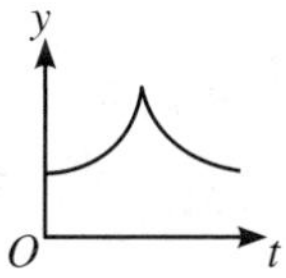

（D）
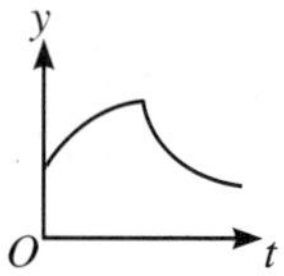

（E）
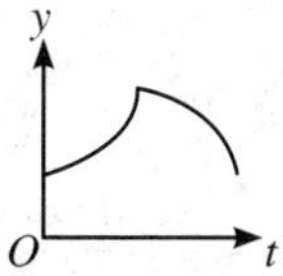

2. 火箭携带着航天器飞离地球表面，地球半径为 R，地表时航天器重力为 W，当地球给航天器的万有引力为 $W/2$ 时，火箭距离地心多远？

（A）R　（B）$\sqrt{2}R$　（C）$2R$　（D）$2\sqrt{2}R$　（E）$4R$

问题 3~4 情景：一个物体以初速度 v 从地表抛出，假设它在空中时摩擦阻力忽略不计，且重力加速度的大小和方向不变。

3. 如果将物体竖直上抛，则在空中时它的加速度的方向和大小是：

（A）向上，变大　（B）向上，不变　（C）向下，减小

（D）向下，增大　（E）向下，不变

4. 如果将物体水平抛出，则在空中时它的加速度的方向和大小是：

（A）向上，变大　（B）向上，不变　（C）向下，减小

（D）向下，增大　（E）向下，不变

5. 如下图，一个重 50N 的物体放在轻杆上，距离支点 3m 远。竖直向下的力 F 作用在支点另一端，距离支点 4m 远。则力 F 的大小是：

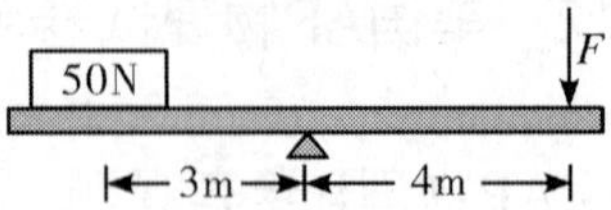

（A）10N （B）37.5N （C）90N （D）120N （E）160N

6. 以下关于惯性最好的理解是：

（A）使物体保持匀速运动的力 （B）使物体静止的力 （C）克服摩擦的力 （D）负责阻碍物体运动状态改变的特性 （E）负责使物体减速的特性

问题 7~9 情景：如下图，小滑块从 A 点由静止释放，无摩擦沿轨道滑下后绕圆形轨道一周，最后水平滑动。滑块不曾离开轨道。

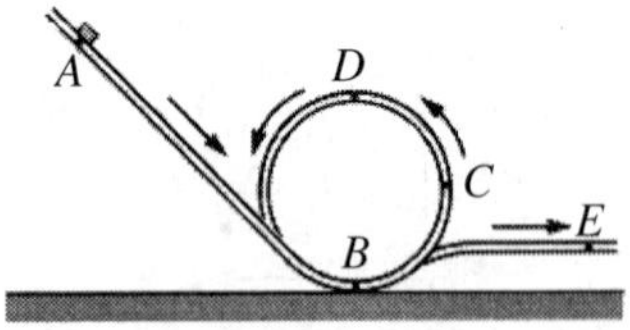

7. 将滑块释放后，以下位置的速度从大到小的正确排序为：

（A）$BCDE$ （B）$BECD$ （C）$DCEB$ （D）$EBCD$ （E）$EDCB$

8. 在 C 点时，滑块受到的合力的描述正确的是：

（A）方向竖直向下 （B）方向竖直向上 （C）方向向左

（D）方向向右 （E）有向左和竖直向下的分力

9. 以 B 点为重力势能零点，则以下哪点的重力势能和动能最可能相等？

（A）A （B）B （C）C （D）D （E）E

问题 10~11 情景：如图为一份理想气体的 $p-V$ 循环图 $abca$。

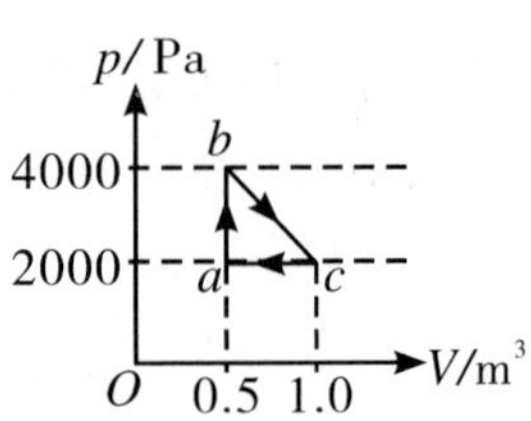

10. 过程 bc 中的气体内能改变量是多少？

（A）−1500J （B）−500J （C）0J

（D）+500J （E）+1500J

11. 若在 ab 过程中将 1000J 能量加入气体，

则 bc 过程中的气体内能改变量是多少？

（A）–2000J　　（B）–1000J　　（C）0J

（D）+1000J　　（E）+2000J

12. 在室温和一个标准大气压下，以下哪种材料是最好的热的良导体？

（A）空气　（B）氦气　（C）银　（D）水　（E）木头

13. 质量为 4.5×10^{-5}kg，电荷量为 9×10^{-9}C 的物体在 5000V/m 的电场中的加速度是多大？重力可忽略不计。

（A）0.05m/s^2　（B）0.5m/s^2　（C）0.9m/s^2

（D）1.0m/s^2　（E）5.0m/s^2

14. 半径为 R 的导体球壳带电荷 q，电荷均匀分布于外表面，电场强度 E 随到球心的距离 r 变化的图像如右图。当电荷加倍为 $2q$ 时的 E-r 图像为：

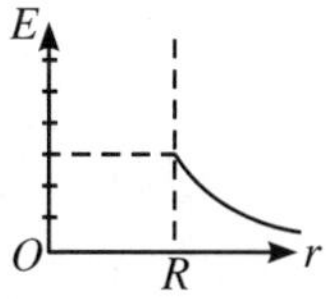

（A）
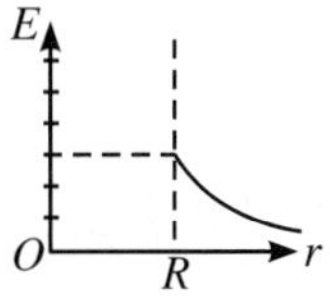

（B）
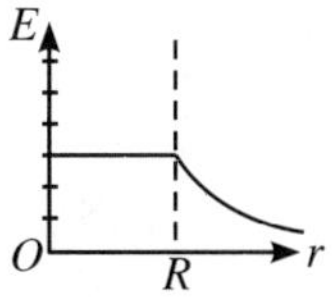

（C）
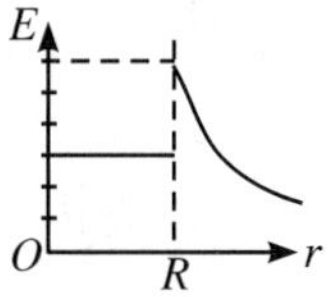

（D）
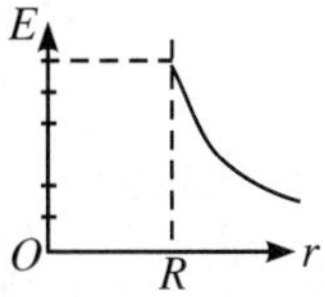

（E）
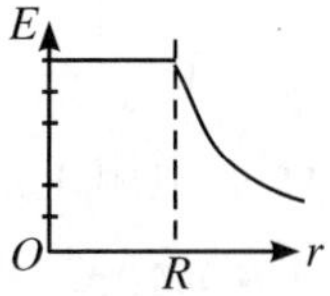

15. 一个带电粒子处于电场和磁场的叠加场中，如下图粒子在 X、Y 两点的动能分别为 9μJ 和 11μJ，如果仅有电磁力作用在粒子上，粒子从 X 运动到 Y 的路径如图，则电场力对粒子做的功是多少？

（A）0μJ　（B）1μJ　（C）2μJ　（D）11μJ　（E）12μJ

16. 两个电荷量未知的点电荷 q_1、q_2 位置如图，P 点的场强为零，距离电荷 q_1 更近。以下关于电荷的电性和大小判断正确的是：

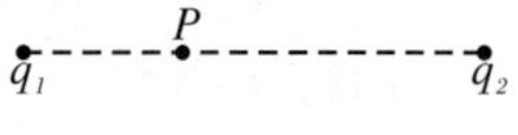

电性	大小

（A）相反　相等

（B）相反　$q_1>q_2$

（C）相同　相等

（D）相同　$q_1>q_2$

（E）相同　$q_1<q_2$

17. 一个灯泡功率为60W，电压为120V，则其电阻为：

（A）0.5Ω　（B）2.0Ω　（C）120Ω　（D）240Ω　（E）480Ω

问题18~19情景：如下图电荷$+Q$位于空心金属球的圆心处。球壳上的净电荷为零。

18. 球壳内外表面的感应电荷分别是多少？

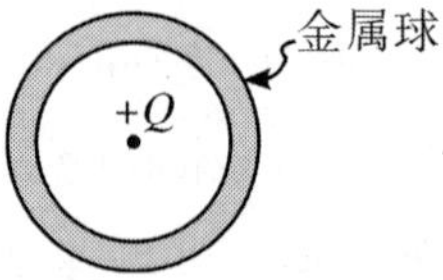

	内表面	外表面
（A）	0	0
（B）	$-Q$	0
（C）	$-Q$	$+Q$
（D）	$+Q$	$-Q$
（E）	$+Q$	$+Q$

19. 如果球壳内表面的电势为V，则外表面的电势是多少？

（A）小于0　（B）0　（C）在0和V之间

（D）V　（E）大于V

20. 如图电路，大小为5Ω的电阻上通过的电流是多少？

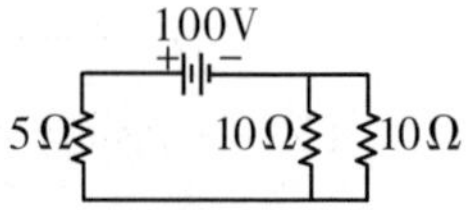

（A）40A　（B）25A　（C）20A

（D）10A　（E）4A

21. 将小球1和2从同样的高度水平抛出，球2的初速度更大。如果不计空气阻力，两球的加速度大小和碰到地面的时间大小如何？

	加速度	碰地时间
（A）	球2更大	球2更大
（B）	球2更大	相等
（C）	相等	球2更大
（D）	相等	球2更小
（E）	相等	相等

22. 两物体X和Y从静止以同一恒定加速度开始加速，X加速的时间

是 Y 的两倍。则在它们加速结束的时候，以下说法正确的是：

（A）X 和 Y 的速度相同

（B）X 的速度是 Y 的 4 倍

（C）X 和 Y 经过的距离相同

（D）X 经过的距离是 Y 的 2 倍

（E）X 经过的距离是 Y 的 4 倍

23. 工人以木质墙代替水泥墙，希望二者的面积和热流率相同。木头和水泥的导热性系数分别为 0.1 和 0.8，如果水泥墙厚 40cm，墙面间的温度差相同，则木墙的厚度是多少？

（A）2cm　（B）4cm　（C）5cm　（D）20cm　（E）32cm

24. 实验中测量了恒温氮气样本的一系列压强 p 和体积 V 值，为了通过图像的图线标明该气体为理想气体，应该如何设计画图？

（A）p-V 图　（B）V/p-V 图　（C）p/V-V 图

（D）p-$1/V$ 图　（E）$1/p$-$1/V$ 图

25. 将一物体放在凹面镜前 12cm 处，成倒立、等大的实像，也在镜前 12cm。则镜子焦距是多少？

（A）3.0cm　（B）4.0cm　（C）6.0cm　（D）12cm　（E）24cm

26. 观测到一个波的两连续波峰需要时间 0.2s，则以下正确的是：

（A）该波的波长为 0.2m　（B）该波的波长为 5m

（C）该波的周期为 5s　（D）该波的频率为 5Hz

（E）该波的波速为 5m/s

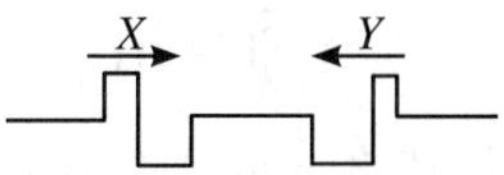

27. 如上图两个脉冲波 X 和 Y 在同种媒介中相向而行，则相遇时瞬间可能出现的波形为：

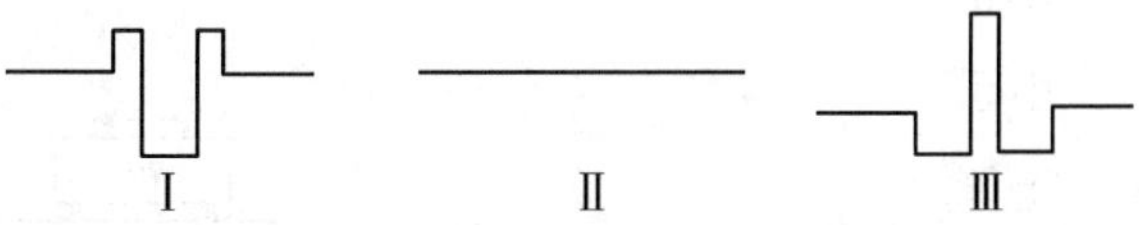

（A）仅Ⅰ　（B）仅Ⅱ　（C）仅Ⅰ和Ⅲ　（D）仅Ⅱ和Ⅲ　（E）全部三种

28. 以下哪个实验观测能最好地佐证“光具有波动性”？

（A）光能通过镜子发生反射

（B）光通过烟雾会发生散射

（C）单色光通过双缝会形成明暗条纹

（D）白光通过棱镜分成多色光

（E）光在重力场中弯曲

29. 当光波从空气进入玻璃介质时，以下量不变的是：

Ⅰ. 频率　Ⅱ. 波长　Ⅲ. 速度

（A）仅Ⅰ　（B）仅Ⅱ　（C）仅Ⅰ和Ⅲ　（D）仅Ⅱ和Ⅲ　（E）全部三种

30. 如下图为氢原子能级图的一部分，可能的能级跃迁已用Ⅰ、Ⅱ、Ⅲ箭头标出。这三种跃迁放出的光波波长从小到大排序是：

（A）Ⅰ、Ⅱ、Ⅲ

（B）Ⅰ、Ⅲ、Ⅱ

（C）Ⅱ、Ⅰ、Ⅲ

（D）Ⅱ、Ⅲ、Ⅰ

（E）Ⅲ、Ⅰ、Ⅱ

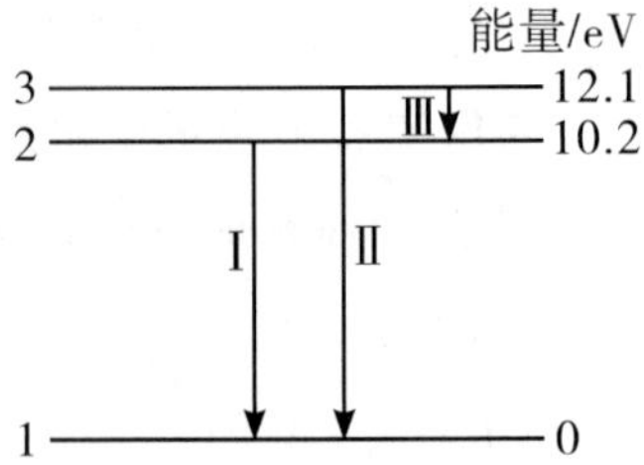

31. 经过一系列衰变放出8个氦核$^{4}_{2}He$和6个电子。则这一系列变化产生的同位素为：

（A）$^{222}_{66}Dy$　（B）$^{206}_{81}Tl$　（C）$^{206}_{82}Pb$　（D）$^{207}_{82}Pb$　（E）$^{214}_{88}Ra$

32. 氚核$^{3}_{1}H$与锂原子核$^{7}_{3}Li$反应，在质量和电荷守恒下，以下不可能是反应产物的是：

（A）$^{4}_{2}He+^{3}_{1}H+^{2}_{1}H$　（B）$2\,^{3}_{1}H+^{1}_{1}H+2\,^{1}_{0}n$　（C）$2\,^{4}_{2}He+^{1}_{0}n$

（D）$^{7}_{3}Li+^{2}_{1}H$　（E）$^{3}_{3}Li+^{1}_{1}H$

33. 一质量为m的小车以速度v运动，撞上质量为$3m$的小车随即与之相连，则相撞后整体的速度和动能大小与相撞前m小车的相比结果如何？

	速度	动能
（A）	小于	小于
（B）	小于	相等
（C）	相等	小于
（D）	相等	相等
（E）	大于	相等

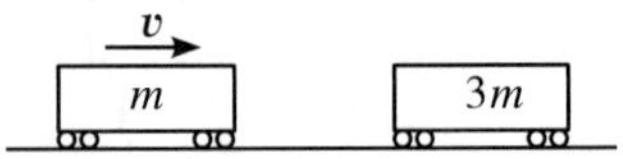

34. 质量为 m、动量为 p 的小球，动能大小是：

（A）$\frac{1}{2}\frac{p^2}{m}$ （B）$\frac{p^2}{m}$ （C）$2\frac{p^2}{m}$ （D）$\frac{1}{2}\frac{m}{p^2}$ （E）$2\frac{m}{p^2}$

35. 一个单摆由质量为 m 的小球和长 l 的绳组成，其周期为 T。则有以下成分的单摆，周期仍为 T 的是：

	小球质量	绳长
（A）	$m/2$	l
（B）	m	$l/4$
（C）	$\sqrt{2}m$	$\frac{l}{\sqrt{2}}$
（D）	$2m$	$4l$
（E）	$4m$	$2l$

（以上只是本书选择的部分客观题）

AP物理B卷主观题

说明：本卷共7题，满分80分，时长90min。第1和第3题建议作答时间为17min，其他题目建议作答时间为11min。

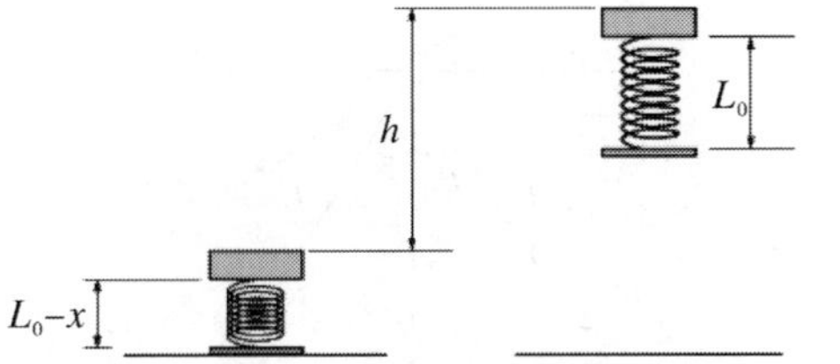

桌面上压缩的弹簧 弹簧释放到最大位置

1.（15分）实验中，某同学需要测量最初静止在桌面上的小玩具中的竖直弹簧的弹性系数 k 的值。将弹簧从原长 L_0 压缩了距离 x 后从静止释放，弹簧顶端上升的最高高度为 h。该学生改变弹簧顶端的物块质量 m 重复测量 h 的值，玩具底端和弹簧的质量忽略不计。

（a）以 m、x、k 和其他常量推导出高度 h 的表达式。

当每次将弹簧压缩的距离 x 为0.020m时，该学生得到如下数据。

	m/kg	h/m	
	0.020	0.49	
	0.030	0.34	
	0.040	0.28	
	0.050	0.19	
	0.060	0.18	

（b）i. 为了通过直线的斜率计算弹性系数 k 的值，应该以哪些量作为横纵坐标？

ii. 在上表中的空白列填入一或两个你需要的量和数值，并写出单位。

（c）在下图中描点并画出最能代表数据的直线，标出坐标轴和标度。

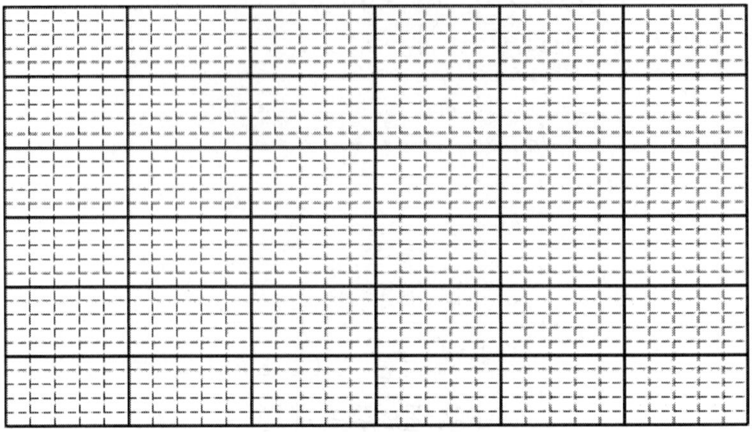

（d）通过上图直线计算弹性系数的数值。

（e）写出一种在实验中测量高度 h 的步骤（玩具在最高点仅为一瞬间）。

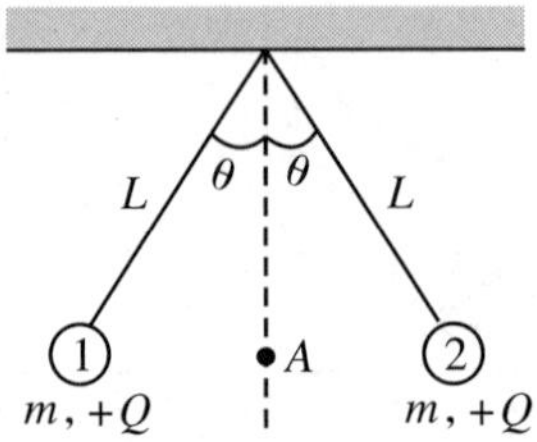

2.（10分）1、2 两个小球悬挂在长 L 的绳子上处于静止状态，小球的质量均为 m，所带电荷均为 $+Q$。假设绳子绝缘且为轻绳，通过 L、m、$+Q$、θ 和其他常量表达以下问题。

（a）在下图中虚线内画出两个小球引起的电场的二维图像。

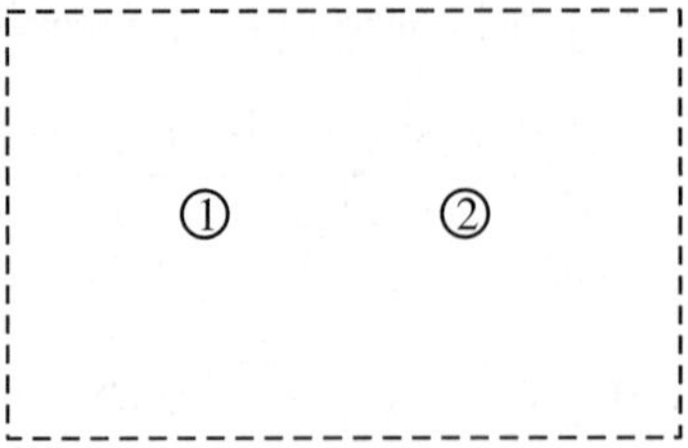

（b）A 点位于两电荷中点，推导 A 点的电势表达式。

（c）在下图中画出小球 1 的受力分析图。

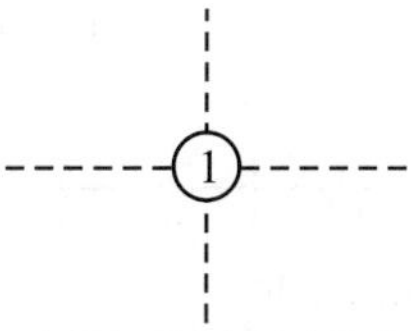

（d）通过平衡条件写出（但不用计算出结果）两个可以联立算出 θ 和绳子张力 T 的公式。

3.（15 分）如下图，质量为 0.22kg 的金属棒横跨桌面上相距 0.52m 的平行导体轨道。3.0 Ω 的电阻连接在导轨左侧，金属棒和导轨电阻值不计，二者间摩擦因数为 0.20。系统位于垂直桌面向内的 0.80T 的匀强磁场中。细绳拉着金属棒以 1.8m/s 匀速运动。

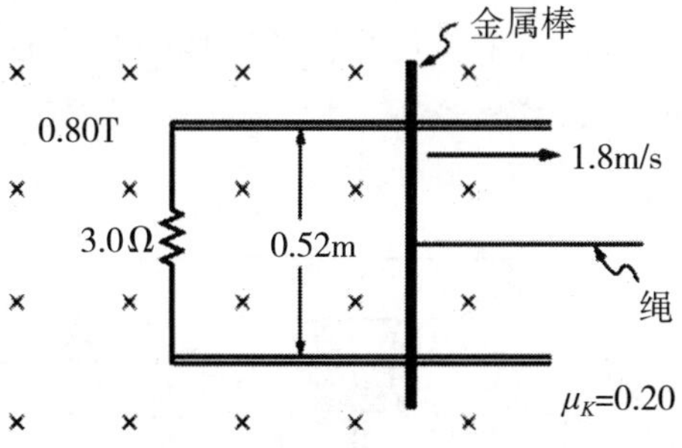

俯视图

（a）计算系统内的感应电流大小。

（b）计算要使金属棒向右匀速运动所需拉力值。

（c）计算电阻 2.0s 内损耗的能量。

（d）计算绳子拉金属棒 2.0s 内所做的功。

（e）比较上两问的答案，给出二者相等或者不等的物理学解释。

4.（10 分）如图柱体内水蒸气质量为 2.2kg，最初体积为 2.0m^3，绝对压强为 $3.0\times10^5\text{Pa}$。这个状态由下面 p-V 图的点 A 代表。水的摩尔质量为 10g，且水蒸气可认为是理想气体。

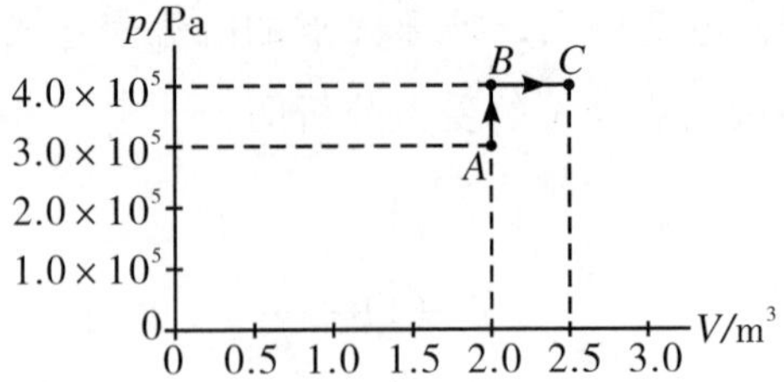

（a）计算 A 点时水蒸气的温度。

如上图，水蒸气的压强定容上升到 4.0×10^5Pa 到达 B 点，然后其体积等压增大到 2.5m^3 到达 C 点。

（b）计算 C 点时水蒸气的温度。

（c）在 $A\rightarrow B\rightarrow C$ 的过程中，水蒸气的内能是增大、减小还是不变？说明原因。

（d）计算 $A\rightarrow B\rightarrow C$ 的过程外界对水蒸气做的功。

5.（10分）如下图，三个质量相同的物体被绳子悬挂在大水箱内。

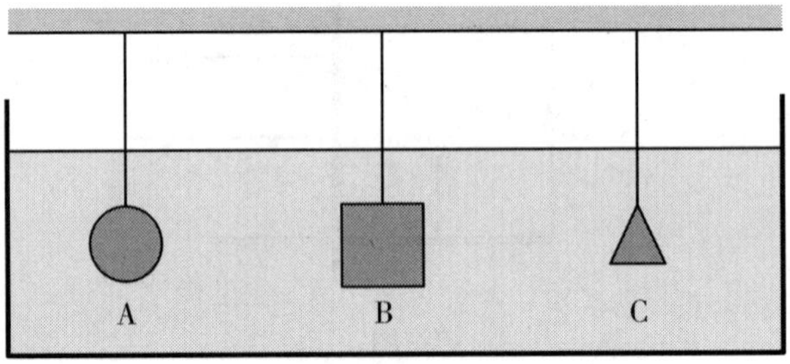

（a）三根绳子的张力相同吗？说明原因。

A 物体的体积为 $1.0\times10^{-5}\text{m}^3$，密度为 1300kg/m^3。悬挂 A 的绳子上的张力为 0.0098N。

（b）计算物体 A 受到的浮力。

（c）计算水箱内液体的密度。

（d）将水箱内部分液体倒出，直到 A 物体的一半露出水面。悬挂 A 的绳子上的张力会增大、减小还是不变？说明原因。

6.（10分）在室内环境中一束波长为 550nm 的单色光垂直入射宽度 w 为 1.2×10^{-6}m 的狭缝，两狭缝中心的间距 d 为 1.8×10^{-5}m。狭缝和光屏的距离 L 为 2.2m，以下为实验简图：

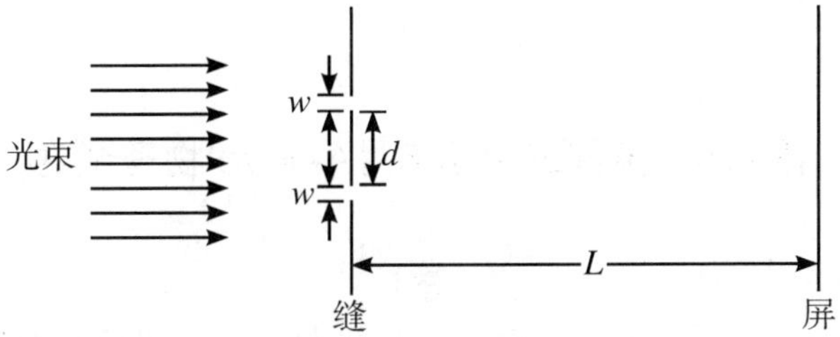

（a）计算光的频率。

（b）计算相邻暗条纹的间距。

将仪器浸入折射率为 1.4 的透明液体中。

（c）液体中入射光的频率是多少？

（d）暗条纹的间距会增大、减小还是保持不变？说明原因。

7.（10 分）波长为 250nm 的光子激发出一种金属内的电子，电子的德布罗意波长为 0.85nm。

（a）计算电子的动能。

（b）假设（a）问算出的动能为电子的最大动能，计算金属的溢出功。

（c）入射光子由一原子电子跃迁产生。在下图的能级图中，X 跃迁放出波长为 400nm 的光子。哪个跃迁过程会释放出原题设中的 250nm 光子？说明原因。

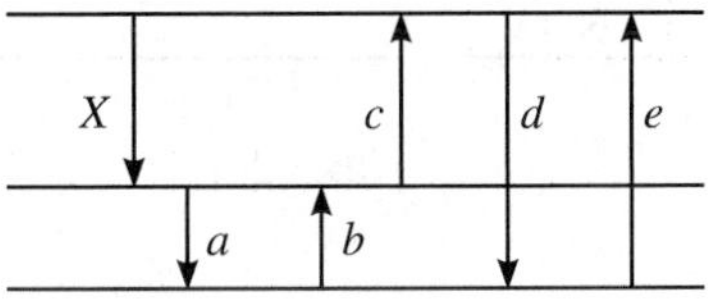

附录4 英国2010年6月A-level物理试卷

卷1

本卷共有40道题，请全部作答。每道题有4个可能正确的选项A、B、C、D。请选择你认为正确的选项，并将你的选项用软铅笔记录在另一张答题纸上。

请认真阅读答题纸上的说明。

每个正确选项都计1分，错误选项不计分，请勿在本试题卷以外的地方作答。

考试可能用到的物理量：

真空中光速 c	$3.00\times10^{8}\text{m}\cdot\text{s}^{-1}$	电子静止质量 m_e	$9.11\times10^{-31}\text{kg}$
真空磁导率 μ_0	$4\pi\times10^{-7}\text{H}\cdot\text{m}^{-1}$	质子静止质量 m_p	$1.673\times10^{-27}\text{kg}$
真空介电常数 ε_0	$8.85\times10^{-12}\text{F}\cdot\text{m}^{-1}$	普适气体常数 R	$8.31\text{J}\cdot\text{mol}^{-1}\cdot\text{K}^{-1}$
电子电量 e	$1.602\times10^{-19}\text{C}$	阿伏加德罗常数 N_0	$6.02\times10^{23}\text{mol}^{-1}$
普朗克常量 h	$6.63\times10^{-34}\text{J}\cdot\text{s}$	玻尔兹曼常数 k	$1.38\times10^{-23}\text{J}\cdot\text{K}^{-1}$
原子质量单位 u	$1.66\times10^{-27}\text{kg}$	引力常量 G_0	$6.67\times10^{-11}\text{N}\cdot\text{m}^2/\text{kg}^2$
重力加速度 g	$9.81\text{m}\cdot\text{s}^{-2}$		

考试中可能使用的公式：

匀加速运动	$s=v_0t+\frac{1}{2}at^2$ $v^2=v_0{}^2+2as$	串联电容器	$1/C=1/C_1+1/C_2+\cdots$
气体做功	$W=p\Delta V$	并联电容器	$C=C_1+C_2+\cdots$
引力势能	$E=-\frac{GMm}{r}$	电容器的能量	$W=\frac{1}{2}QV$
液体压强	$p=\rho gh$	电阻串联	$R=R_1+R_2+\cdots$
理想气体压强	$p=\frac{1}{3}nm\bar{v}^2$	电阻并联	$1/R=1/R_1+1/R_2+\cdots$
简谐运动	$a=-\omega^2x$	交流电流/电压	$x=x_0\sin\omega t$
简谐运动速度	$v=v_0\cos at$ $v=\pm\omega\sqrt{x_0^2-x^2}$	核衰变	$N(t)=N_0e^{-\lambda t}$
电势	$V=\frac{Q}{4\pi\varepsilon_0r}$	衰变常数	$\lambda=\frac{0.693}{T}$

1. 电势差的单位伏特V如何用国际基本单位表示？

(A) $kg\cdot m/(A\cdot s^3)$ (B) $m^2/(A\cdot s^2)$ (C) $kg\cdot m^2/s^2$ (D) $kg\cdot m^2/(A\cdot s^3)$

2. 压力和体积的乘积与下列哪个选项的单位一致？

(A) 能量 (B) 力 (C) 力/面积 (D) 力/长度

3. 一个离子在真空中经过一系列电极加速，作出这个离子能量随时间的变化曲线，那么在曲线图中的时间段内，曲线下方的区域代表什么含义？

(A) 离子动能的变化量 (B) 离子所受到的平均作用力

(C) 离子动量的变化 (D) 离子速度的变化

4. 下图为示波器上的方波图像，示波器屏幕上的每个方格边长为1cm，时间坐标设置为10ms/cm，那么这个方波的频率大概是多少？

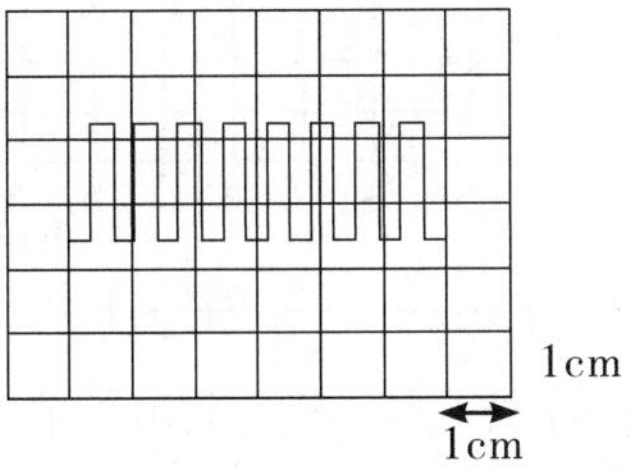

(A) 70Hz (B) 140Hz (C) 280Hz (D) 1400Hz

5. 矢量V被分解成两个相互垂直的矢量X和Y，矢量V和分矢量X的夹角为θ。现在角θ从0°变化到90°，那么随着θ角的变化，矢量X和Y的大小如何变化？

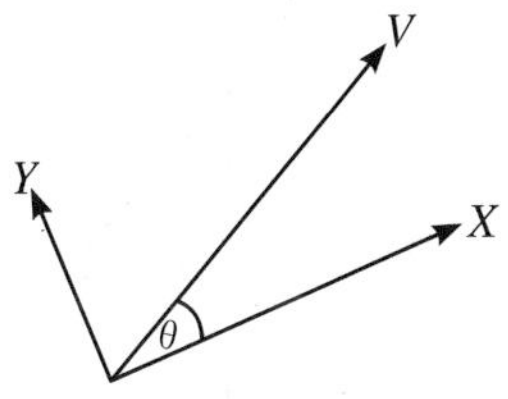

(A) X增加Y增加 (B) X增加Y减少

(C) X减小Y增大 (D) X减小Y减小

6. 一个学生通过测量某液体的质量和体积来得出它的密度，下面是他的测量结果：

空烧杯质量：20g ± 1g 液体和烧杯的质量：70g ± 1g 液体的体积：$10cm^3 \pm 0.6cm^3$

他准确地得出液体的密度为$5g/cm^3$，那么该值的不确定度是多少？

(A) $0.3g/cm^3$ (B) $0.5g/cm^3$ (C) $0.6g/cm^3$ (D) $2.6g/cm^3$

7. 使用螺旋测微器来测量铜线的直径，读数如图1所示，之后把铜线拿掉，将螺旋测微器旋紧，发现此时读数如图2所示，那么铜线的直径大小是多少？

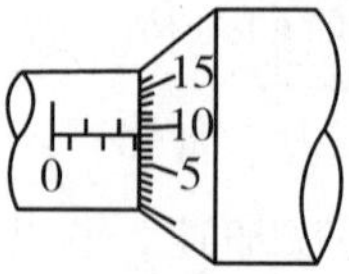

图1

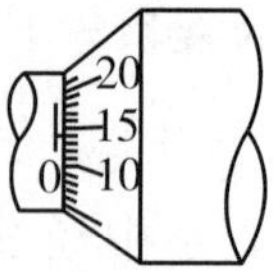

图2

（A）1.9mm　　（B）2.45mm　　（C）2.59mm　　（D）2.73mm

8. 下图表示一辆车的速度－时间图像，汽车的初速度为4m/s，在t=0的时刻开始加速，那么该车在3s时的加速度大小为多少？

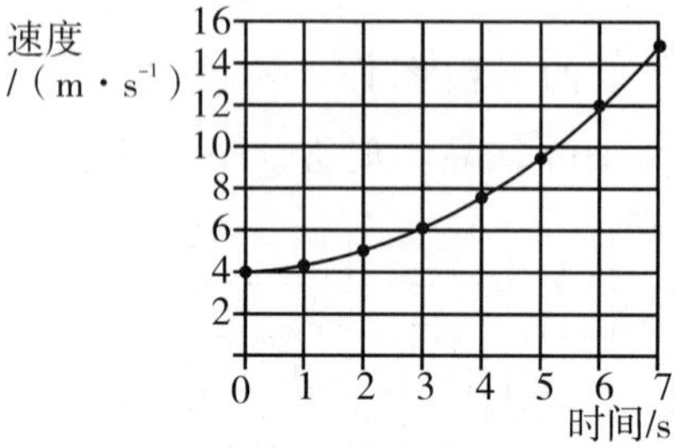

（A）0.67m/s^2　　（B）1.0m/s^2　　（C）1.3m/s^2　　（D）2.0m/s^2

9. 一个小钢球从静止释放，在重力作用下自由下落，下列哪个图最好地反映了小球高度随时间t的变化？

（A）
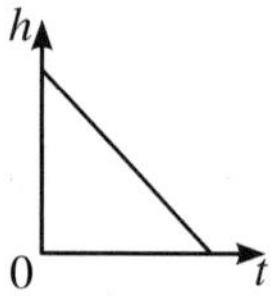

（B）
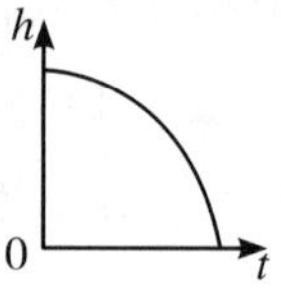

（C）
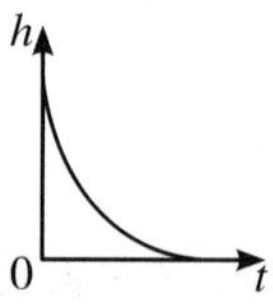

（D）
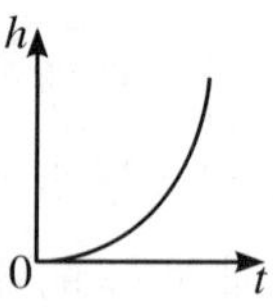

10. 两个质量相同的滑块在光滑平面上相向运动，它们的速度分别为60cm/s和40cm/s，碰撞后粘连在一起继续运动，那么在碰撞后它们的速度大小为多少？

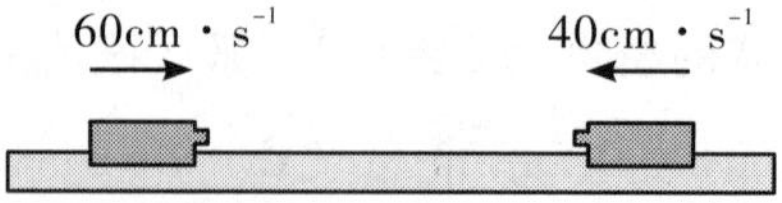

（A）10cm/s　　（B）20cm/s　　（C）40cm/s　　（D）50cm/s

11. 一个重20N的木块在斜面上静止，木块的重力在平行斜面方向上的分力大小为10N，木块同时受到4N大小的摩擦力作用，那么木块在下滑时的加速度大小是多少？

（A）$0.3m/s^2$　（B）$0.8m/s^2$　（C）$3m/s^2$　（D）$8m/s^2$

12. 下图为两个相同的球体*X*和*Y*，起初，*X*以速度*v*朝*Y*运动，*Y*静止，两球发生弹性碰撞，那么结果是怎样的？

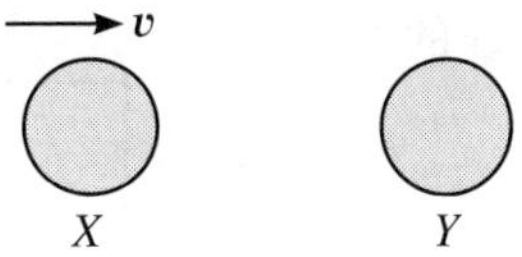

（A）*X*球以0.5*v*朝右、*Y*球以0.5*v*朝右运动

（B）*X*球以*v*朝左运动、*Y*球保持静止

（C）*X*球以0.5*v*朝左、*Y*球以0.5*v*朝右运动

（D）*X*球静止，*Y*球以*v*朝右运动

13. 一个物体受到3N、4N、5N三个力的作用，这三个力的夹角可以变化，那么这些力合力的最小值是多少？

（A）0N　（B）在0N到2N之间　（C）2N　（D）在2N到4N之间

14. 一个物体浸没于水中受到浮力的作用，那么这个浮力产生的物理原因是什么？

（A）物体与液体密度不同

（B）液体密度随深度增加而增加

（C）液体压强随深度增加而增加

（D）重力加速度*g*随液体深度增加而增加

15. 提起起重机的吊钩使它稳定上升需要1000N的力，使用该起重机举起一个1000kg的重物，并使它以0.5m/s的速度上升，则起重机的电动机功率应该至少为多少才能使它举起这个重物？

（A）5kW　（B）5.5kW　（C）20kW　（D）22kW

16. 恒力*F*作用在质量为*m*的汽车上，使它在斜坡上运动了距离*s*，并达到速度*v*，斜面的倾角为*α*，则下列哪个表达式能表示该过程的效率？

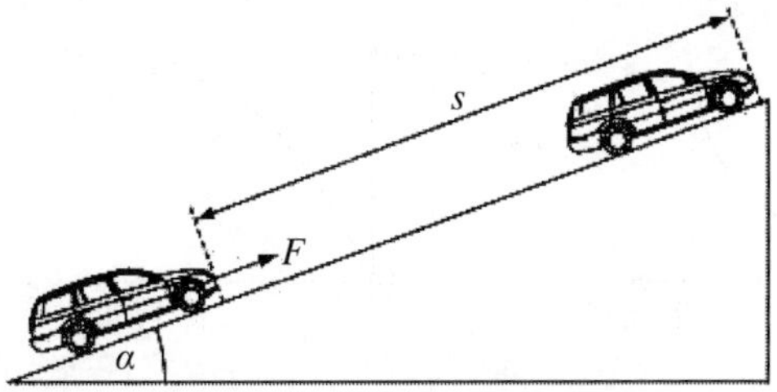

（A）$\frac{mgs\sin\alpha}{Fv}$　（B）$\frac{mv}{Fs}$　（C）$\frac{mv^2}{2Fs}$　（D）$\frac{mg\sin\alpha}{F}$

17. 海平面上的大气压为100kPa，海水的密度为1020kg/m^3，在海深多少的地方受到的总压强为110kPa？

（A）1m　（B）9.8m　（C）10m　（D）11m

18. 当冰融化时，它会收缩，那么当冰变成水时，下列哪个表述是正确的？

	分子间距离	密度
A	减少	减少
B	减少	增加
C	增加	减少
D	增加	增加

19. 用金属丝做应力实验，轴线的应力用10^8Pa来记录，轴线的伸长用百分比来表示，如下图所示，那么所用金属丝的杨氏模量大小为多少？

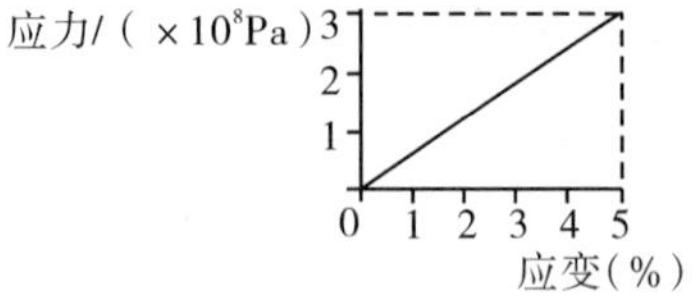

（A）6×10^7Pa　（B）7.5×10^8Pa　（C）1.5×10^9Pa　（D）6.0×10^9Pa

20. 一个弹簧受到一个力的作用而压缩，下图表示受力大小和弹簧长度的关系，则弹簧的劲度系数大小为多少？

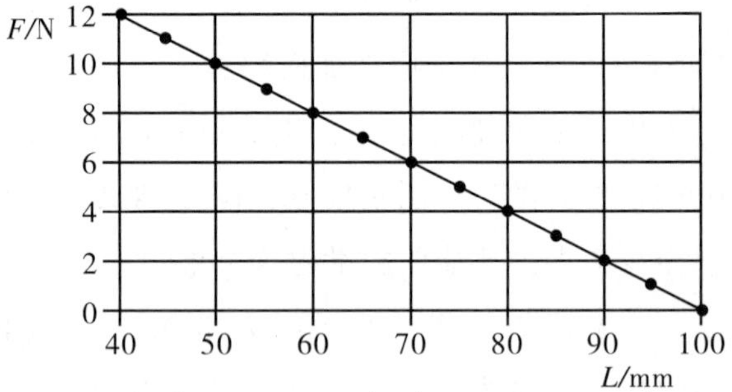

（A）0.2N/m　（B）5N/m　（C）100N/m　（D）200N/m

21. 下列哪个图最能表示一个临近断裂的橡皮筋里的弹力和伸长量的关系？

（A）
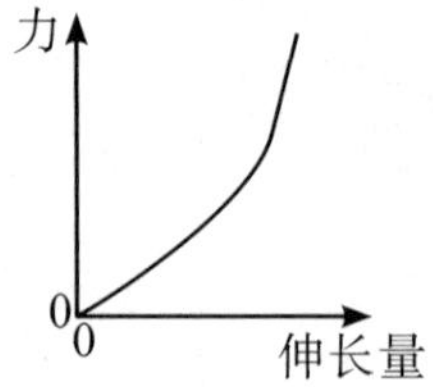

（B）
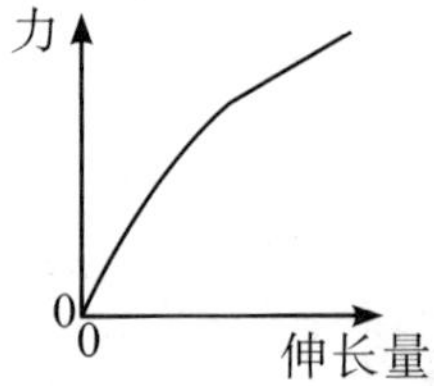

（C）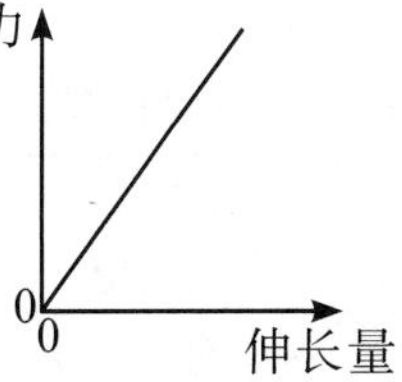

（D）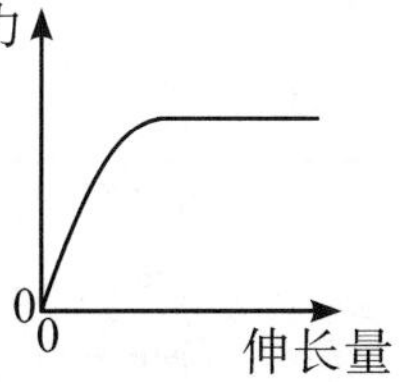

22. 一个未知波源发出来的电磁波在经过宽度为 10^{-5}m 的缝隙时可以明显地观察到衍射现象，那最可能是以下哪种波？

（A）无线电波　（B）微波　（C）红外波　（D）紫外波

23. 用单色光观察干涉现象，干涉图样显示在距离双缝 D 的屏上，双缝的间隙为 a，条纹的间距为 x。现在将 a 和 D 变为原来的两倍，那么新干涉图样的条纹间距为多少？

（A）$x/2$　（B）x　（C）$2x$　（D）$4x$

24. 图 1 为水波槽的实验，展示了平面波在经过金属片后的衍射现象，图 2 是采用了更宽的间隙，在每图中入射波和出射波已经标明在图 1 的实验中，如何做能使得衍射现象更弱从而产生更接近图 2 的出射波？

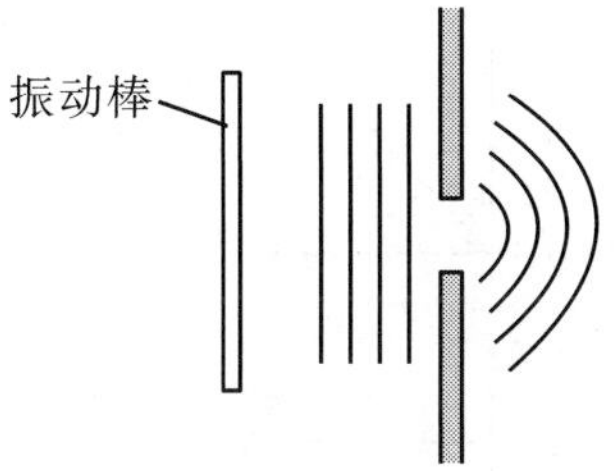

图 1

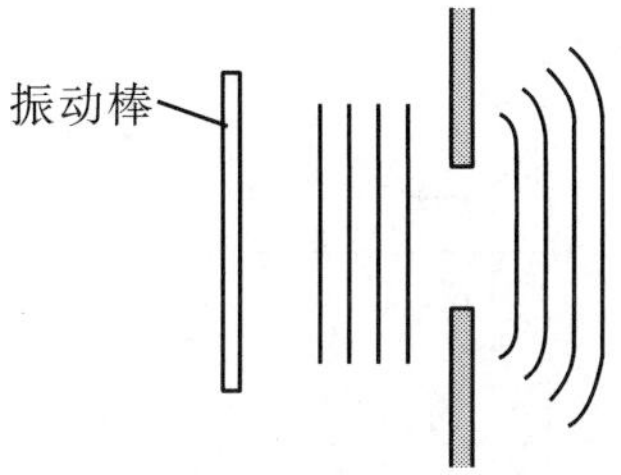

图 2

（A）增加振动棒的振动频率　（B）使水槽中的水更深以增加波速

（C）减少振动棒振动的振幅　（D）减少振动棒的长度

25. 下图为一端固定的钢丝，另一端通过滑轮被一个重物拉紧。一个振子被连接在钢丝固定的一端，产生一个周期的驻波，振子的振动频率为 f，为了在中间产生 2 周期的驻波，频率应该是多少呢？

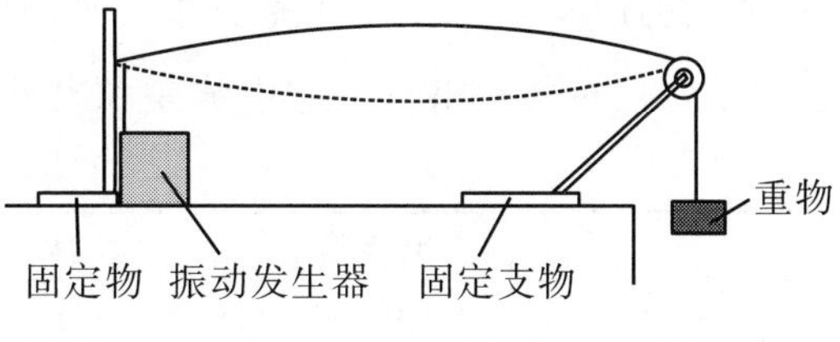

（A）$f/4$　　（B）$f/2$　　（C）$2f$　　（D）$4f$

26. 下列哪个选项正确描述了恒定电场中带电粒子的受力情况？

	带电粒子	受力方向
A	运动电荷	平行于电场
B	静止电荷	垂直于电场
C	静止和运动的电荷	平行于电场
D	静止和运动的电荷	垂直于电场

27. 右图为一半径为 r 的圆，P 和 Q 两点位于圆上与圆心连线夹角为90° 的地方。一个正点电荷置于圆心，并在 P、Q 两点都产生电场。哪个表达式为将一个点电荷从 P 点移至 Q 点所做的功？

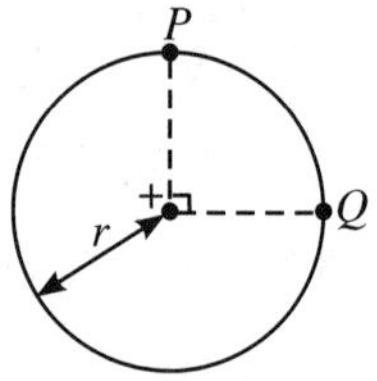

（A）0　（B）$E\times r$　（C）$E\times(\pi r/2)$　（D）$E\times\pi r$

28. 一充电平行电极板如图所示。一个电子从负极板处静止释放，朝着正极板运动，下列哪幅图能正确表示电子所受的力随距负极板距离 x 的关系？

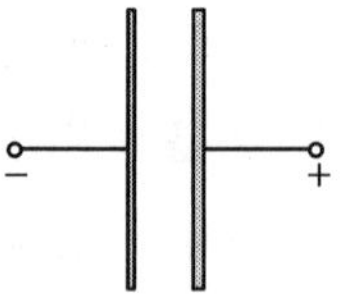

（A）

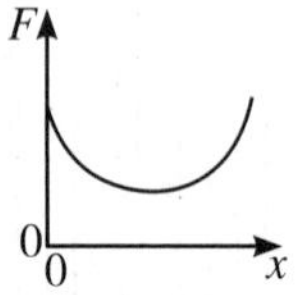

（B）

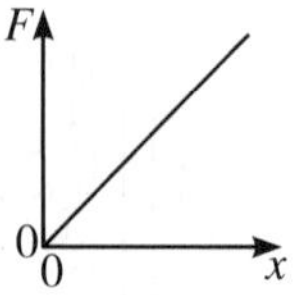

（C）

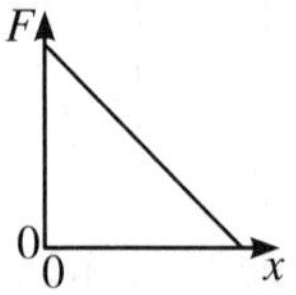

（D）

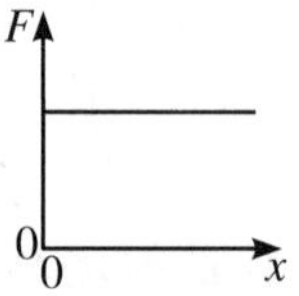

29. 图中阴影区域为一垂直于纸面向内的电场区域，一水平的电子束射入该区域，从左穿入从右侧射出，那么该电子束受到电场作用的偏转方向是怎样的？

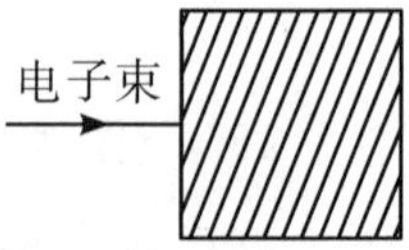

（A）水平向上　　（B）水平向下

（C）垂直于水平面朝内　　（D）垂直于水平面朝外

30. 已知将电荷 q 能量转移为 W，下列电势差和电动势的定义式正确的是哪个？

	电势差	电动势
A	W/q	W/q

	电势差	电动势
B	W/q	Wq
C	Wq	W/q
D	Wq	Wq

31. 电阻率的单位是什么？

（A）Ω/m^2　（B）Ω/m　（C）Ω　（D）Ωm

32. 热敏阻值的阻值与其温度有关，光敏电阻的阻值与光照强度有关，在下列哪种情况下会使得热敏电阻和光敏电阻的阻值都达到最大值？

	热敏电阻	光敏电阻
A	高温	高光强
B	高温	低光强
C	低温	高光强
D	低温	低光强

33. 右图回路中的电阻 P、Q、R 阻值大小相同，电池的内阻可以忽略，其电功率为12W，那么电阻 R 上消耗热能的功率为多少？

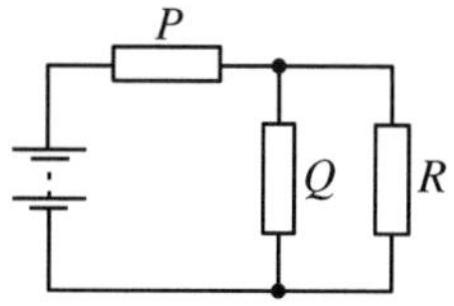

（A）2W　（B）3W　（C）4W　（D）6W

34. 为了得到三个阻值大小不同的电阻串联后的总电阻，我们用到了基尔霍夫定律，这运用到了什么物理原理？

（A）电荷守恒　（B）电荷是从负极向正极移动的

（C）每个电阻两端的电势差是相同的

（D）流过不同电阻的电流与其电阻大小成正比

35. 一电动势为9mV的电源，其内阻为6Ω，将它与内阻为30Ω的电流计相连，电流计中流过的电流大小为多少？

（A）250μA　（B）300μA　（C）1.5mA　（D）2.5mA

36. 在下列电阻构成的电路中，电流表的内阻为2Ω，当 P、Q 两端给予相同的电势差时，哪个电路中的电流表示数最大？

（A）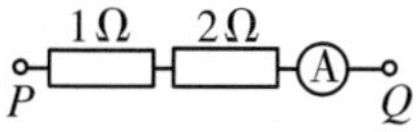

（B）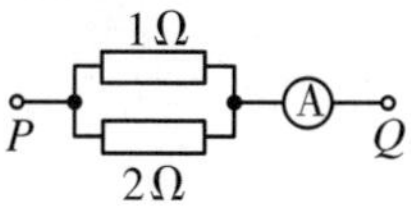

（C）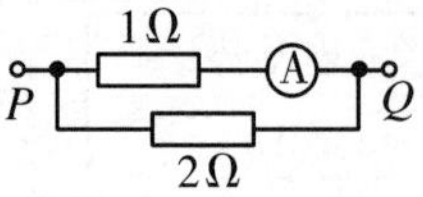

（D）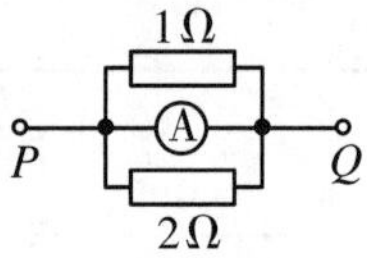

37. 下列关于 γ 射线和 β 射线的说法正确的是哪个？

	γ 射线	β 射线
A	高速电子	电磁辐射
B	电磁辐射	He 核
C	电磁辐射	高速电子
D	高速电子	He 核

38. 下表格为一系列核素根据其质子数和中子数多少排列的。若 ^{83}Li 核素衰变放射出 β 波，那么会产生哪种核素？

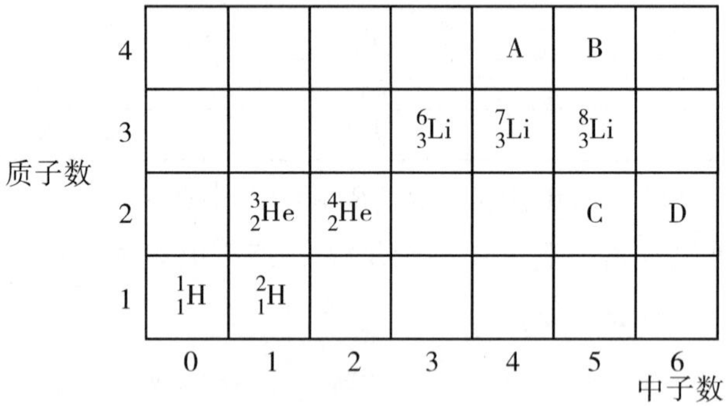

39. 在核反应中，下列不守恒的是哪个？

（A）电荷　　（B）动量　　（C）中子数　　（D）核子数

40. 下图表示由 2 个 α 放射和 β 放射组成的一系列放射衰变过程，则核素 X 是哪个？

$$^{217}_{85}\mathrm{At} \xrightarrow{\alpha} \mathrm{V} \xrightarrow{\alpha} \mathrm{W} \xrightarrow{\beta} \mathrm{X}$$

（A）$^{213}_{85}$At　　（B）$^{215}_{77}$Ir　　（C）$^{209}_{82}$Pb　　（D）$^{217}_{81}$Tl

图书在版编目（CIP）数据

大学入学物理考试内容效度研究 / 郭玉英主编. —南宁：广西教育出版社，2016. 12

（中国物理教育研究丛书）

ISBN 978-7-5435-8226-2

Ⅰ. ①大… Ⅱ. ①郭… Ⅲ. ①中学物理课—教学研究 Ⅳ. ①G633. 72

中国版本图书馆 CIP 数据核字（2016）第 320827 号

策　　划　黄敏娴　黄力平
责任编辑　李　燕　黄力平
装帧设计　刘相文
责任校对　杨红斌
责任印制　蒋　媛
封面题字　李　雁

出 版 人：张华斌
出版发行：广西教育出版社
地　　址：广西南宁市鲤湾路 8 号　　邮政编码：530022
电　　话：0771-5865797
本社网址：http://www. gxeph. com
电子信箱：gxeph@vip. 163. com
印　　刷：广西壮族自治区地质印刷厂
开　　本：787mm×1092mm　1/16
印　　张：19.5
字　　数：286 千
版　　次：2016 年 12 月第 1 版
印　　次：2016 年 12 月第 1 次印刷
书　　号：ISBN 978-7-5435-8226-2
定　　价：42.00 元